昭和前期の家族問題

1926～45年、格差・病・戦争と闘った人びと

湯沢雍彦 著

ミネルヴァ書房

まえがき

ここでいう「昭和前期」とは、昭和元（一九二六）年一二月二五日から昭和二〇（一九四五）年八月の終戦の日（一五日）までを指すものとする。さして長いとはいえないこの一八年八カ月間は、大変波乱に富み、光明から破滅まで狂瀾怒濤という言葉が当てはまる厳しい時代だったから、家族をめぐる社会現象を一口で表現することはとてもできることではない。

たとえば昭和五（一九三〇）年を例にとってみても、東京の大企業に勤めるエリートサラリーマンは、新婚旅行まで含めると八〇〇円を超える豪華な結婚式を挙げていたが、同じ年の東北農村の親は、その五分に一にも足りぬ一三〇円の金を得るために、娘を売春関係の仕事に身売りに出していた。もちろん、一家が飢えに瀕していたからである。その数は、一つの村だけで数十名を超え、東北全体となると数万にも達するほどの数となった。別に、六～七歳の子を売る風習もあった。東京でも東端の職人街では、わずか三銭（一〇〇銭が一円）で買い与えた「うずら豆五〇粒」を兄弟三人で奪い合って、母親は上の子をなぐりつける家もあった。この年、二〇八万人の子どもが生まれたが、乳児のうちにその一割以上に当たる二六万人が亡くなっている。都鄙を問わず衛生も医療も貧しかった。陽の当たる場所と当たらぬ地域とでは、激しい生活格差が同時に存在していたから、常に複眼で見る姿勢が大切なのである。

そして国全体としても、常に他国といざこざを起こして戦いを作り、のちには戦争を恨むものも出たが、半ばまでは戦争景気を謳歌する人々の方がずっと多くいたのである。厳しいこと、悲しいこと、嬉しいことが極端なまでに多様にありの、「マダラ模様」の「ゴッタ煮」の時代だったといえる。

しかし、戦争や景気の変動が、そのまま多くの家族の動きにつながるものではないことも分かってきた。家族はそれぞれの問題を持って動いていたのである。

本書が扱うこの「昭和前期」について、たいていの歴史の本を見ると、不況の連続から一五年も続く戦争に突入して、政治的にも経済的にも思想的にも、まことにひどい「暗黒の時代」だと描かれている。しかし、東京山の手の商家に生まれ育った私の目に映った昭和一〇年前後の姿は、結構明るいのどかなものだったとの思いがある。それは子どもの眼だったからだ、とばかりはいえない。かなりの割合の大人たちも、時勢に乗せられてこの世を楽しんでいたようだ。だがこの賑やかだった世相は多くの歴史書の解説とはくい違っている。

この大きなギャップに気付いてから以降、私は、二つの側面をどう理解したらよいか長いこと悩んできた。

とくに私の専門である家族問題がどうなっていたかもよく分からない。まとめて分析した研究書がほとんどないのである。そもそも戦前には、家族のような身近な問題を冷静に科学的に研究しようとする学問はほとんどなかったし、世論調査という手法もなかった。恩師のひとりである小山隆博士

（元日本社会学会会長）は、昭和一二年頃、俗に隠れキリシタンだといわれていた熊本県南西部の天草諸島の実態を調査しようとしたところ、「社会調査は社会主義につながる恐れがある」と警察から中止を命じられたと言う。まともな資料さえ入手できないのだから、分析・検討どころではなかった。だから、歴史を語る書物での昭和の前期は、戦争・政治・経済・争議・思想のことで埋められて、市民の日常家庭生活の記述は見当たらないのも、やむをえないことかもしれない。

だがいつまでも、それでいいわけはない。当時から八〇年近くも経過した現代の今こそ、埋もれた資料を掘り起こして検討しておかなくては、ますます暗闇が濃くなるばかりである。

そこで私は、この時期の家族に関する問題を「紛争」と限らず、「全体的状況」と「具体的諸行動」についてあらゆる資料を集め、広い立場から検討しようと志した。本書は形の上で拙著『大正期の家族問題』（ミネルヴァ書房、二〇一〇年）に続くもので、そこでとった手法を今回も踏襲した。とくに留意したのは次の二点である。

一つは、時代の先頭を走る人物のことよりも、平凡で普通の人々やその日常生活の過ごし方に重点をおいた。それが大多数を占めている社会の動きだからである。二つは整理された主張や理論ではなく、率直に語られたナマの言葉や文章を多く拾った。なるべく論評ではなく市民本人の言葉や行動の方が大切だと考えたからだ。

扱った時代範囲はほぼ昭和前期に限られているので、年号は西暦ではなく和暦を用いるのを原則とし、必要があると思われる場合のみ西暦を付記するようにした。なお、引用した方々の肩書や経歴は省略させていただいた。

終戦時までの約一九年間の時代について、軍事・政治・経済・文学・思想などの「昭和史」は数多く出されているが、家族を中心としたこのような角度からの考察は乏しかったように思われる。当時の家族が、昔ながらの「家族制度」の中に埋もれていたわけではなく、軍国主義の泥沼につかっていたわけでもない。疾病や貧困や戦争に揉まれながらも、たくましく生き抜いた家族も数多くいたことを知っていただきたい。起伏大きい波乱に富んだ人々の暮らしは、現代においても十分検討に値する問題なのだと思われる。

本書を読まれる方の大部分は戦後に生を享けられた方であろうが、とくにその方々のご参考になれば、まことに幸いである。

昭和前期の家族問題

——一九二六〜四五年、格差・病・戦争と闘った人びと

目次

目　次

序章　加速する時代変化と収入格差

1　時代と暮らしの動き

時代の動き

大正天皇が大正一五（一九二六）年の一二月二五日午前一時に亡くなられて、一世一元の定めから直ちに昭和元（一九二六）年に改められたが、元年は七日間しかなく、翌二年一月一日から実質的な昭和時代の幕が上がった。

これから昭和二〇（一九四五）年八月一五日の敗戦までの一八年八カ月間は、時間としてはさして長いものではないが、全体としては「狂瀾怒濤」といってよいほどのすさまじい時代であった。たとえば時代の混乱を象徴するかのようにこの間総理大臣が一五人も出たが、うち三人はテロで殺され、大正期の首相一人も殺された。敗戦直後の極東軍事裁判で二人が絞首刑となり、二人が獄死し、一人が服毒自殺するという激しい状況で、自然の死を迎えられた首相は半数もいなかった。

この間、日本が権益を強めたいと願って昭和三年から山東へ出兵していた中国大陸では、民衆による反日運動が高まっていた。復権を望む中国民衆に対し関東軍は昭和六年九月武力を行使して満洲事変を起し、のちの昭和二〇年にまで続くいわゆる「一五年戦争」の幕開けを作っていた。国内でも、左右の改革運動が活発となって、財閥幹部や首相を暗殺する血盟団事件、五・一五事件などが起こり軍内部でも二・二六事件が起こるなど、激しい暗闘が続いて太平洋戦争にまでなだれこんでしまった。最初から最後まで経済の混乱、不況、失業、思想・言論の弾圧、政争、事変、戦争などが次から次へと起こっていたので、この時代を描く歴史の教科書は、スペースの八割以上を事件の時代史で埋めているのも無理からぬことである。

明るい側面

しかしこれは、時の動きを真横から客観的に眺めることができたとすると、かなり一方に偏った見方ということになりはしないだろうか。家族のそして人々の動きは、それとは別の道を歩んだからである。

明治四三年に七二〇〇人にすぎなかった大学生（在学者総数）は、二五年後の昭和一〇年には七・七万人と一〇倍になり、旧制中学校生徒は一二万人から三四万人へ、高等女学校生徒は六万人から四一万人へと激増し[1]、知識層を厚くするとともに、マスメディアを中心とする大衆文化を押し上げる原動力となっていった。

大正九年の乳児死亡率（〇歳で死亡する子どもの割合、出生一〇〇〇人に対し）は一六五・七もあったが、昭和一五年には九〇・〇まで低下した。(2) これは、医学・化学を中心とした自然科学の進歩と衛生と医療の向上を物語る。大都市中心であったとはいえ、各種の生活技術の向上はガス・電気・水道の普及とあいまって、生活文化を向上させる原動力となった。だがこの面の近代化は農漁村にはほとんど普及せず、地方には前近代的な因習がなお多く残されていた。都市と農村との文化格差は、のちに詳しく触れるように、終戦時、いや戦後しばらくまでも大きく残されていたのである。

東京、大阪などの大都市を中心とした地域では、政治や戦争に直接関係しなかった一般市民、とくに大正末期から大都市に多くなってきたサラリーマン、すなわち都市市民中間層の人と家族は、(戦争の影響がそれほど厳しくなかった)昭和一二～一四年頃までは、装いを変えて登場してきた新しい大衆文化を結構楽しんでいたのである。ただ満州事変以降、当局の抑圧があまりに厳しくて空しいので、盛り場で憂さ晴らしをする雰囲気が自然に高まり、夜の盛り場では、宵闇迫れば悩みは涯《はて》なしの「君恋し」や「酒は涙か溜息か」を口ずさんではエログロナンセンスの世界に浸った男が多くなった。

文化の大衆化の波は、都市のみならず農村の生活様式にも少しずつ変化をもたらした。子どもの世代から洋服が普及するようになり、食生活も和洋折衷が増え、公共建築には鉄筋コンクリート造りが増えてきた。レコードに次いでラジオが普及することによって農漁村でも浪花節や流行歌が歌われ、大相撲や学生野球などのスポーツの普及にも大きく貢献した。

そして一方、真剣に世の中を憂慮する知識人や学生たちは、昭和初期には逮捕を覚悟で左翼に傾き、弾圧が厳しくなった昭和五年頃からの研究者たちは哲学講座や文学全集に結集して、若者に優れた西欧思想を伝えようとした。文学界も復興した。そのような意味では、昭和五年頃から一二年頃までは、新中間層の家族はそれなりに安定し、戦前日本文化の最盛期でもあったのである。

暗い側面

このように、大都会の恵まれた階層の家庭に明るい光をもたらしていたと同じ時代に、反対側の都市の裏側と農村の大部分では信じられないほどの暗い事態が進行していた。

大正最後の一五年の九月頃から株式市場・商品市場がともに大暴落を始めて、物価は下がる一方となり、大正中期からの不景気はますます深刻になった。政府による経済のかじ取りが大きく狂ったためだが、それだけのことではない。政治の世界では周辺の利害にかまけて大衆を顧みない政争が続いて常に安定せず、はけ口を外に求めて帝国主義的な進出を続け、毎年軍事費を高めて民力を圧迫し、遂には昭和六年から十五年戦争の泥沼にはまり込んでいった。政治的・経済的には、昭和のひとケタは暗闇が続く時代の始まりでもあったのである。

すでに、大正七（一九一八）年の第一次世界大戦の終結後、戦争成金の日本は漁夫の利を失ってたちまち経済は苦境に立たされた。大正八年から貿易は輸入超過に転じ、重化学工業は輸入品の圧迫にあえいだ。大正七年から続けていたシベリア出兵も、七億六〇〇〇万円も費やしながら革命干渉の意味を失って失敗に終わり、一一年には撤兵した。そのうえ、大正一二（一九二三）年九月には関東大震災に襲われて、死者・行方不明者一四万人以上に上ったほか、全経済も大打撃を受け、被害総額は六〇億円に達した。

さらにその二年後の大正一四年一〇月には浜口デフレ（各種の統制法を作って独占の強化を助けた）で揺れ、昭和に入ってすぐの昭和二（一九二七）年には国会で震災手形の処理が諮られたが、一部銀行の不良経営状態が大臣の口から漏れ、ついに庶民は銀行に預金の払い戻しを求めて殺到する取り付け騒ぎを起こしたが銀行は対応できず、多くの銀行は休業・倒産に追いこまれた。いわゆる「金融恐慌」の始まりで、預金を受け取れず、窓口でトラの子の預金を下ろせずにおろおろと涙を流す老婆の写真が報じられた。昭和二年に全国で一四五五あった銀行は、昭和五年には九一三に減少してしまった。

続く恐慌と飢饉

さらにその二年後の一九二九年一〇月にニューヨークで起こった世界恐慌に巻き込まれた日本経済は、未曾有の危機に直面して（昭和恐慌）、輸出は大きく減少。直前に解禁したばかりの正貨は大量に海外に流出し、企業の操業短縮・倒産が相次いだ。そのため進められた一層の産業合理化によって工場労働者の賃銀引き下げと人員整理が行われ、失業者が増大した。都市の失業者は国勢調査に基く政府発表では三〇万人とされたが、一般の推定では少なくても一〇〇万、帰農者まで含めれば三〇〇万人にも上るだろうと推定された。三〇〇万人となると当時の工業人口六〇〇万人のほぼ半分、一般労働者全体から見ても三人に一人、つまり三世帯に一世帯は失業の危機に直面した。失業しないまでも、その他の労働者は「いつ減給されるか」「いつクビになるか」を思っておちおち眠れず、恐怖の時を過ごしていた。

大正一三年から一五年にかけて、日本電気、八千代生命、京都市役所、東京電気局、十五銀行などで激しい争議が続いていたが、昭和二年中に大量解雇が行われた主な企業は、十五銀行＝六〇〇人、鈴木商店＝五五〇人、川崎造船＝三〇〇人、東京電燈＝六一〇人、南満州鉄道＝二一〇〇人、白木屋＝一一〇人のほか、公庁職員である東京市＝一九〇人、神戸市＝一七〇人などがあった。

大正一五年をピークとしていた労働争議は、いったん減ったものの、昭和四年から再び急増を始め、参加者は全国で一七万人から五年には一九万人を超えるようになった。

貿易額は生糸・綿織物を中心に激しく減少し、四年から五年にかけては三割以上も減って国内物価の下落に拍車をかけた。重要商品八種は平均三七％も下落した。資本家はこの犠牲を労働者に求め、賃下げ・労働強化そして解雇を行った。労働者の実質賃金は、大正一五年を一〇〇とすれば昭和六年には六九・五までに下がった。失業者は民間だけではなく多数の下級官吏も免職させられた。

こうなると、大正七年の「大学令」でせっかく増設された大学や専門学校を出ていても、その肩書きで就職できることは夢となり、東京帝国大学の文学部を出た学生にもタクシー運転手になることを勧める教授が出たほどである。大学出で就職できた者は三人に一人だといわれる。昭和四年松竹蒲田撮影所でつくられた映画『大学は出たけれど』はそのまま流行語になる始末であった。

都市ではドン底といわれた昭和六年の不況が一番ひどかったが、昭和七年後半からは軍事予算が増えて景気がやや回復してきた。軍需工場の金が流れ出し「世の中が明るくなった」という声まで出た。だが農村では、昭和五年の恐慌で生糸価格が大幅に下落したあと、六、七年はさらに深刻になり、八年は飢饉、九年は大凶作と続き、困難さは深まるばかりであった。

明暗両面の対比

明暗の両者を対比して作った表序－1をよくご覧いただきたい。たとえば昭和五（一九三〇）年を見てみよう。

関東大震災の傷跡がようやく癒えて、東京では「復興祭」が開かれ、飾り立てた花電車が夕闇に人々を集めた。盛り場では喫茶店が次々と増え始めてレコードを響かせ、一段くだけた店はカフェと名乗って、ウェイトレスに大阪風のお色気濃厚サービスを持ち込んだ。キャバレーや軽演劇の舞台では、さらに意味のないエロティックでグロテスクなやりとりが喚声を集めていた。

文化住宅に住む恵まれた層の妻たちは、デパートで格安の買い物を楽しみ、街歩きを楽しんだ。定職・定収入が保証されていた家族にとっては、物価が下がって暮らしよくなり、昭和五年は悪くない時代であった。それは、反対側の厳しい世間とはまるで関係がないかのような明るい賑々しい表情に見えるものだった。

だが同じ年、世界恐慌のあおりを受けて産業界はたちまち昭和恐慌となり、失業者が巷にあふれ、金がなくなった男女は、鉄道線路を歩いて遠くの郷里へ帰って行った。だが、その農村も、昭和五年

暗からみた年表

	暗い側面	明るい側面
大正15＝昭和元 一九二六	小作争議多発 東京市内小学生に毛じらみ多数	文学全集・円本盛ん、モボ・モガ銀座に登場、不況で貸家急増、浅草映画街・新国劇全盛
昭和2 一九二七	3金融恐慌、生活苦の報道、山東出兵、5野田醤油争議、東洋モスリン争議	チャンバラ映画、ラジオ甲子園野球中継、三越ファッションショー、東京に地下鉄開通
昭和3 一九二八	三・一五事件、関東軍爆殺事件、左翼教授追放始まる、南米移民激増、児童が内職	普通選挙実施、ラジオ全国放送、ラジオ体操開始、大衆娯楽雑誌全盛
昭和4 一九二九	4共産党大検挙、10世界恐慌起こる、不況始まり、失業者続出	飛行船ツェッペリン号来日、国内定期航空開始、国産ウイスキー誕生、「東京行進曲」
昭和5 一九三〇	世界恐慌、生産減少、歩いて帰郷、農業恐慌（大豊作で大暴落）、統帥権干犯、学生運動盛ん	帝都復興祭、特急ツバメ登場、喫茶店増え始め、カフェ濃厚サービス、エログロナンセンス
昭和6 一九三一	中国で排日運動、労働争議最多、9満州事変、失業者激増、10東北大冷害、ネズミを食う農家も、身売り多数	婦人雑誌付録競争、下町では紙芝居が盛ん、「のらくら二等兵」・「酒は涙か溜息か」、映画館の男女別座席撤廃
昭和7 一九三二	上海事変、3満州国建国、五・一五事件、特高警察強化、心中流行、欠食児童二〇万人	ラジオ受信者一〇〇万人、浪花節が人気一位、日本ダービー始まる、スポーツでは野球が人気一位（六大学・中学）
昭和8 一九三三	3国際連盟脱退、三陸大地震・大津波、左翼弾圧、自殺増加	小学生の受験補習激化、ヨーヨーブーム、「東京音頭」、ガスが家庭燃料の第一位に
昭和9 一九三四	室戸台風、赤色リンチ事件、東北大凶作、身売り欠食増加、出生減、軍需景気始まる	大衆文学黄金時代、結婚ブーム、同潤会アパート増える、アメリカ大リーグ来日

表序-1　生活の明

昭和10 一九三五	天皇機関説問題、小作争議が最多	芥川賞・直木賞始まる、「日本少国民文庫」・「綴方教室」・「二人は若い」・「野崎小唄」
昭和11 一九三六	二・二六事件、軍縮会議から撤退、日独防共協定、千人針、インフレで争議と内職激増	プロ野球始まる、人絹生産世界一、結婚式・七五三盛ん、「講談社の絵本」
昭和12 一九三七	7日支事件始まる、満蒙開拓本格化、軍需景気始まる「国体の本義」	東京の株式最高を記録、盛り場にぎわう、「愛国行進曲」
昭和13 一九三八	政府メーデーを禁止、学生狩り、木炭バス登場、青少年義勇軍、「大陸の花嫁」募集	浮かれ学生三四八六人逮捕、後楽園でスキージャンプ大会、女剣劇登場
昭和14 一九三九	9第二次世界大戦始まる、戦時経済体制へ移行、国民徴用令、物価統制令、パーマ・ネオン禁止、米・味噌など配給制、ノモンハン事件	関門トンネル開通、ラジオ・レコード・スキー繁盛、双葉山人気、浅草など盛り場にぎわう
昭和15 一九四〇	大政翼賛会に統一、隣組発足、ぜいたく品全面禁止、軍国調に統一	紀元二六〇〇年行事、スキーのみ大人気
昭和16 一九四一	日ソ条約、国民服・モンペ姿「臣民の道」、新聞は朝夕刊とも四頁、12太平洋戦争始まる	賃金上昇 都内の盛り場は繁盛
昭和17 一九四二	所得・法人大幅増税、衣料品点数制、乗車券制限、戦争での敗退始まる	少年工の収入は上昇
昭和18 一九四三	就業時間令廃止、空地の菜園化、映画館月2休、学徒出陣	
昭和19 一九四四	マリアナ・サイパン玉砕、一億総武装、中学生・女学生勤労動員、学童疎開、建物疎開	
昭和20 一九四五	3~8大空襲続く、8無条件降伏、15年戦争終わる	

出所：筆者作成。

はまれなる大豊作に恵まれながら、そのためかえって米価は大暴落し、すぐあとには冷害が続いた。小作と労働の争議は激化し、収入の乏しい人々は絶望した。人間性は分裂し、刹那の逃避を求めてアモーラルな（既成道徳とはかけ離れた）態度をとっていたのだ。

では次に、昭和九年の出来事に目を移してみよう。

九月に最大級の「室戸台風」が上陸し、関西を中心に死者三〇六六人、全壊・流失家屋四万戸という被害をもたらしたが、これはむしろ小さな被害だった。東北・北海道の地域では、大きく広がった冷害と大凶作で暮らせなくなった農家の子女は五万人以上も身売りされた。青森県では女子の離村者数が七〇八三人、北海道では二七五六人と記録されている。女中・子守一万九〇〇〇人、女工一万七〇〇〇人のほか、酌婦・娼妓などになった者も一万五〇〇〇人含まれる。東北本線沿線では、弁当を持てない児童が速度を緩めた汽車の窓から捨てられる食べ残しを拾う姿も見られた。

ところが東京では、同潤会をはじめ近代的なアパートが竣工し、地下鉄や私鉄が伸び、デパートでは男女洋服売り場を拡大、渋谷や浅草にはターミナルデパートも出現し、文化住宅も増えるなど、始まった軍需景気と綿布輸出で七％も経済が成長し、消費文化はますます盛んになっていた。だが、都市の中でも、下町に多かった（肉体）労働者や小さい商人、職人の家族たちは低収入が続いて、義務教育が済むと奉公に出される子がほとんどだった。

このように、大都市と農村との間にあたかも別々の国のようにすさまじいほどの大きなズレがあり、都市の中でも上中サラリーマンと労働者・職人等の間にも生活の大差があったことが昭和前期の一大特色だった。

激しくなる戦争と家族

昭和一二年後半に入ると、七月七日盧溝橋《ろこうきょう》で始まった支那事変は、それまでとは異なる空気をもたらした。とはいえ内地での軍事色が急に強まったわけではない。むしろ中小企業と大企業の軍需景気が高まって東京の株式市場は最高を記録し、社会は景気の向上に浮き立った。大学生の就職は引っぱりだこに変わってきた。一三年には、盛り場でフーリガンのように浮かれ回っていた大学生三四八六人が逮捕されたほどである。中国戦線では、昭和一二年一二月一三日、首都南京を占領したとの報道は、国民に勝利感と陶酔のうずをまき起こした。全国市町村で祝勝提灯行列が行われ、万歳の声がこだました。また一三年一〇月、最大の激戦地といわれた国民政府のある武漢を攻略した時には、臨時ニュースが流れ、都会では花電車が走り、街は再び提灯行列でうずまった。

本土の市民と家族の大部分は何ら苦しむところなく、前線の勝利に酔いしれていれば良かった。二つの首都を攻略したのだから、戦争は終わるだろうとの思いもあった。

だが一四年になると、支那事変は泥沼化した上に欧州では第二次世界大戦が始まり、米英仏和（オランダ）などの石油・鉄鋼などのしめつけが強くなって、日本は嫌でも戦時経済体制へ移行せざるをえなくなってきた。主食の米をはじめ味噌・塩などが配給制になって、家庭生活にも緊張が始まった。綿製品にはスフが混用され、一五年にはすべての生活用品が統制されて、代用品の時代へ移っていくが、非常時だから辛抱すれば家庭生活は何とか維持できた。

しかし、太平洋戦争に突入した昭和一六年頃からは、生活物資がなくなった都会は精彩を失って、資源を持つ農村の方が相対的な優位に立ったものの、結局両者とも、戦時色一方の時代になってしまった。そして一九年になると、召集が強化されたほか学童疎開・学徒動員が強制されて家族員はバラバラになり、二〇年には全国の主要都市が大空襲を受けて多くの家族は家を失い、人を失って破滅していったのである。

以上のように、大変複雑な時代なので、以下の章は全体を大きく二つに分け、昭和一一年頃までを第Ⅰ部、昭和一二年以降を第Ⅱ部とし、それぞれを三～四つの章に分けさらにこまかく四〇のテーマごとにくくる方法をとってみた。これが私なりの、「家族からみた昭和戦前史」なのである。

2　激しい収入格差

ほとんどが貧しい階級

家族のあり方は、時代によって異なるだけではなく、所属する地域や階級によっても大きく異なっていた。

日本でも、明治二〇年代の日清戦争を契機として資本主義が本格的に発足し、明治末期には日本なりの産業革命を経て工業を中心とした資本主義を確立した。大資本が発展するとともに、支配的な階層とそれの数百倍もの労働者階層が生まれた。労働者層は無数の職業に分かれて日々の収入を得たが、その金額と内容は職業によって大きな違いがあった。

大正九年の国勢調査時に約一五〇万人と計上された「職員」は、毎月安定した給料をえられる羨ましい存在だったが、全国の就業者二五八〇万人からみると六％程度にすぎなかった。しかし、一〇年後の昭和五年には東京市に限ると一二年前の六％から二二％に急増し、「月給とり」と呼ばれた名前もしゃれて「サラリーマン」と呼ばれるようになっていた。学問的には「新中間層」と呼ばれる階級で、それまでの商店主や地主層に代わって、社会の中核を担い強い発言力を持つ人々となるのである。

だが、サラリーマンは数量的にはまだまだ小さな存在で、大都市でこそ昭和五年に七〇万家族に達したかとみられたが、全国的にみれば一二六〇万世帯の中の一〇〇万もないという例外的存在なものであった。職業によって全体の階層区分をとらえてみるとおおよそ図序－1のようになる。

全体としては、都市では工場（肉体）労働者と商店への住み込み奉公人が、農村では農地を持たない小作農が圧倒的に多い時代で、大橋隆憲の『日本の階級構成』(3)の分類に従えば、この被支配階級は全体の約七五％にも達するほどの大きな存在であった。

職業格差

ところで、昭和初年の各家庭はどのくらいの収入があったのだろうか。複数の家族が働いていればその合算となり、家賃・株などの収入がある家はそれが加算されたが、それらは例外的少数とみて、

図序-1　階級構成の分布

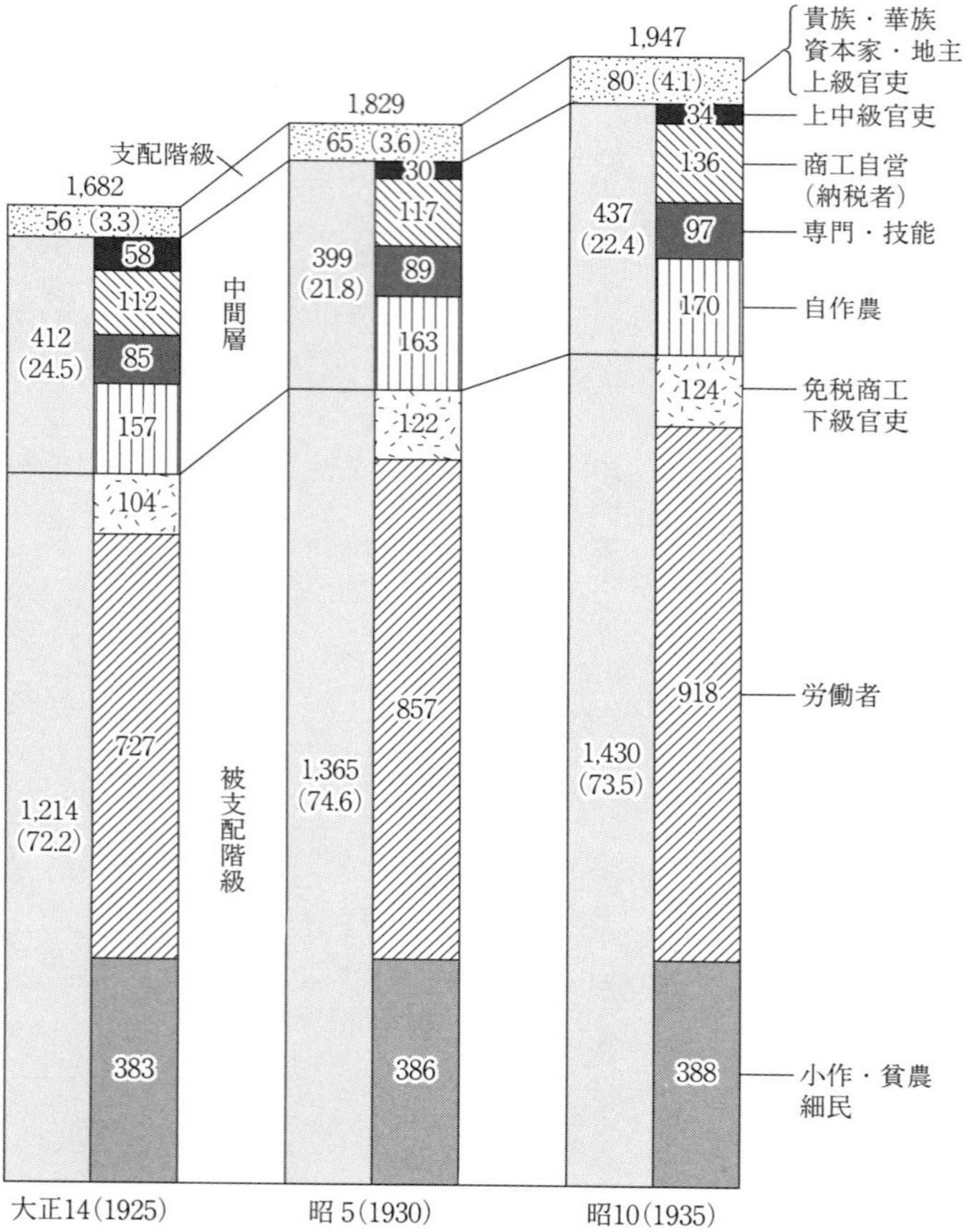

注：単位は万人または戸主だが，ほぼ家族とみなすこともできる。
出所：大橋隆憲『日本の階級構成』26～27頁より作成。

まずは一人当たりの賃金ないし給料を探ってみよう。

週刊朝日編の『値段史年表』(4)によると、銀行員の初任給は、昭和二年から一五年までずっと「七〇円」で動いていない。これは第一銀行の大卒出の給料だが、都市銀行のほぼ共通の水準だという。公務員は、大正一五年も昭和一二年もともに基本給だけで「七五円」で銀行員より少し高い。もっともこれは高等文官試験に合格した大卒エリートコースの高等官吏の話であって、公務員全体のごくごく一部である。

同じ公務員でも「小学校教員の初任給」は、大正九年「四〇〜五五円」、昭和六年「四五〜五五円」とあって、その中間の年は不明である。

東京の巡査の初任給も、大正九年「四五円」、昭和一〇年「四五円」で、教員の場合と同じく基本給でこれに若干の諸手当がついた。地方の巡査は三〇〜三五円が多かった。

これらの中でも利益があがっている大会社に採用されたエリートたちは、どれほどの給料を得ていたのであろうか。昭和二年の初任給が示されている例を見てみると、帝国大学法学部卒は六五〜八五円、私立大学卒は五〇〜七〇円、地方高商卒は五〇〜六五円と出身大学によって差が大きい。

だが実際には、中流および下流の社員がいなくては会社は立ち行かない。こちらのほうが数はずっと多かった。大会社の中で地位の低い日給社員の多くは（旧制の）中学校または商業学校・工業学校卒で初任給は二五〜三〇円くらいであった。しかも大銀行では入社の際、身元保証金として二〇〇円程度を積み立てることを強制された。就職に借金が必要だったのである。もちろん公務員の場合はそ

れらの積立金はないが、昇給が遅かった。(5)

サラリーマンの月給

以上は初任給をみたもので、普通のサラリーマンには年々の昇給とボーナスがあったので、昭和一〇年で四〇歳位になると中卒者でも月収七〇円程度になり一応安定した生活が出来た。さらに恵まれた場合には月一〇〇円に近く、高学歴大企業のエリートでは一五〇円以上になっていた。昭和ひとけたでは「月収一〇〇円以上」というのが豊かさの尺度であり、憧れの目標でもあった。いずれにせよ、このホワイトカラーサラリーマンはこの時代最も安定した収入取得者で、表序－2のすべての職種より勝っている。各種の職業を概算に近い価格の月収でみてみよう。

表序－2　昭和初期の月収一覧

職　業	昭和(年)	円
職業軍人（中尉）	4	85
工場労働者	6	50
巡　査	6	30～60
小規模商人	6	30～50
住込工員（食住つき）	6	12
住込奉公人（食住つき）	6	3～10
職　人	7	20～50
日雇労働者	9	20～30
通勤商店員（女性）	9	25
タクシー運転手	11	50～60
内　職	9	10～20
農村の女工	12	10（一食付き）

出所：筆者の調べにより作成。

このように、都市の中でも小商人・職人と上級サラリーマンの間には三倍から五倍以上もの所得差があり、農村には借金のみで飢餓線上にある人々が約四〇〇万家族もいた。

これらの収入が、必要な支出と見合うものであるならば問題ないが、普通はそうではない。経済学者大川一司の計算によれば、昭和一〇（一九三五）年を一〇〇としたときの物価指数と白米価格は図

図序-2　物価指数・白米価格指数と日雇労働者の日当

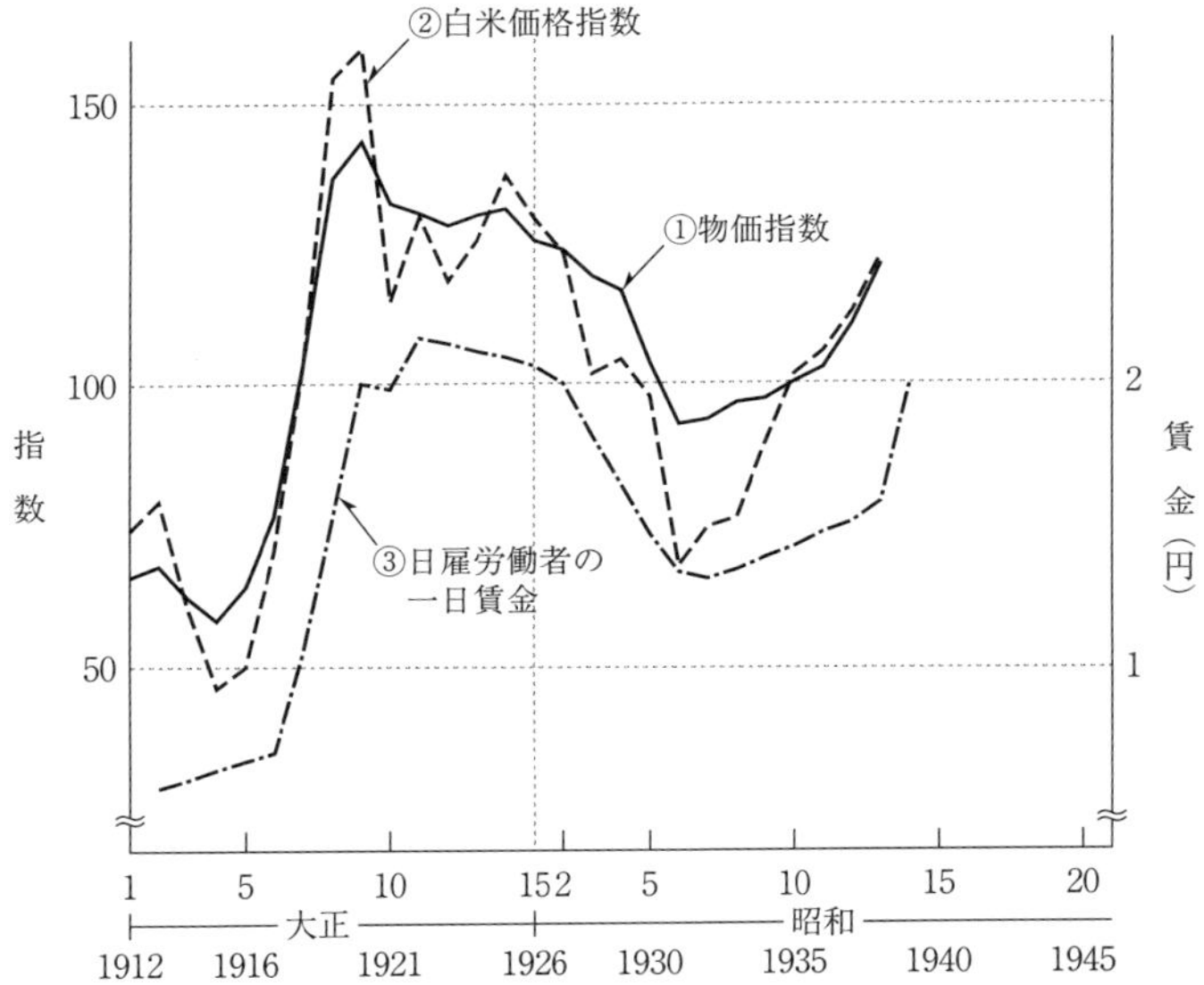

出所：①②は伊藤秋子『生活水準』5頁。③は朝日新聞社『値段史年表』より筆者作成。

序-2のように推移している。大きく見れば、戦前最も重要な食品であった白米の価格と物価の指数はほぼ比例して動いている。その中で大正七（一九一八）年から一九二〇年にかけて激しく米価が上昇したことが全物価を押し上げて全国的な「米騒動」を起したが、この時日雇労働者の賃金も二倍以上上昇して横ばいを続けた。しかし昭和三（一九二八）年から物価が大きく下落すると、日雇賃金は前の水準を維持できず三割も下落してしまうので、これらの階層の人々はさらに苦しい生活と付き合うことになるのである。

その点、図序-3にあるように、安定した企業の銀行員や巡査などの公務員は原則として給与は変わらないので、

図序-3　銀行員・巡査の初任給（月給）の推移

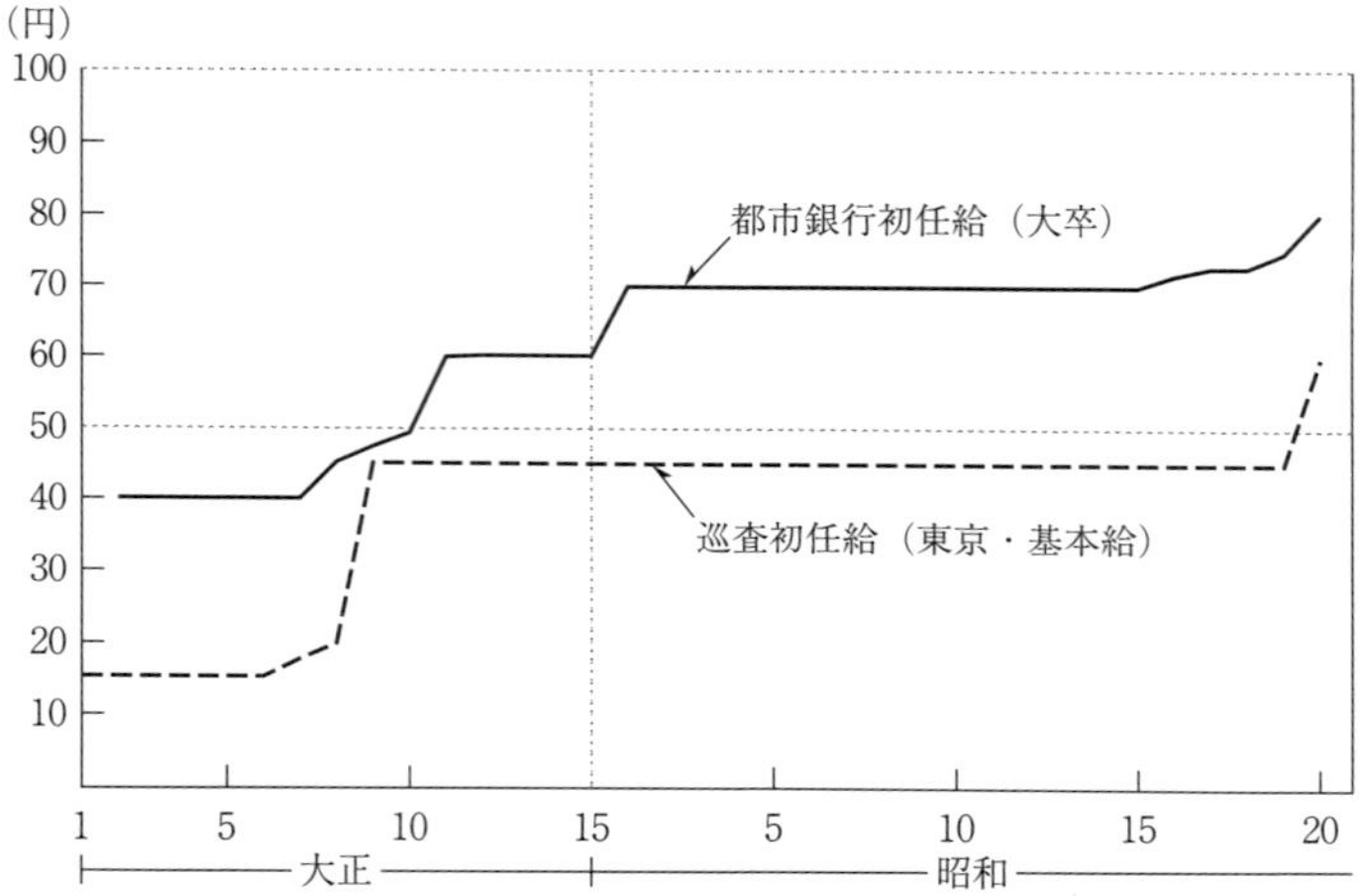

注：都市銀行は第一銀行のものだが，ほぼ共通していた。
出所：朝日新聞社『値段史年表』51頁，91頁より筆者作成。

表序-3　昭和5年の公務員の月給

職　名	円
内閣総理大臣	1,000
各省大臣	670
官立大学長・府県知事	500
判事・教授（1級～12級）	100～375
事務官（1級～11級）	92～317
大学助教授（1級～12級）	92～260
判任官	42～200
国会議員（一般）	250
中佐（職業軍人）	268

暮らしは安定するばかりか、下がった物価の分だけ、暮らしはより楽になったのである。

他方、金持ちと呼ばれる階層の人々の収入はどの位だったのだろうか。高級官吏（公務員）の場合は、はっきりと公表されている。減俸される前の昭和五年の月給をみると（六年後半に約一二％減俸された）表序‐3のとおり。

なお、財閥系企業の管理職は年収一万円以上が珍しくなく、池田成彬は三井銀行からの給与だけで年四〇万円、同じ三井の団琢磨は所得税だけで年一二万円以上払っていたといわれる。

こうなると、月収五〇～一〇〇円の一般サラリーマンとは一〇倍以上の差があり、住込奉公人などからみると一〇〇倍以上の差異があることになる。恐ろしいほどの格差社会であった。

知足安分の人びと

ただ、低収入だから苦しむ、という人ばかりではなかった。今とは違う生活感覚の人達がいたのである。

昭和前期の時代には、まじめ調のラジオは始まっていたが、テレビはまだなく、大人の多くは新聞や週刊誌も読まなかったので情報量が乏しかった。そのこともあって、都会の職人層や農漁村のかなりの人は、伝統的な技術と方法に誇りを持ち、食べることに事欠かない収入がある限り、欲張らず、「知足安分」つまり足るを知って分に安んずる人々であった。たとえば、立派な漁師は立派な漁師としてのプライドを持って、収入高などを問題とせず堂々と生きていた(6)。そのような姿勢を持つ人は農

図序-4　昭和10年を１としたときの消費者物価指数の推移（東京都区部）

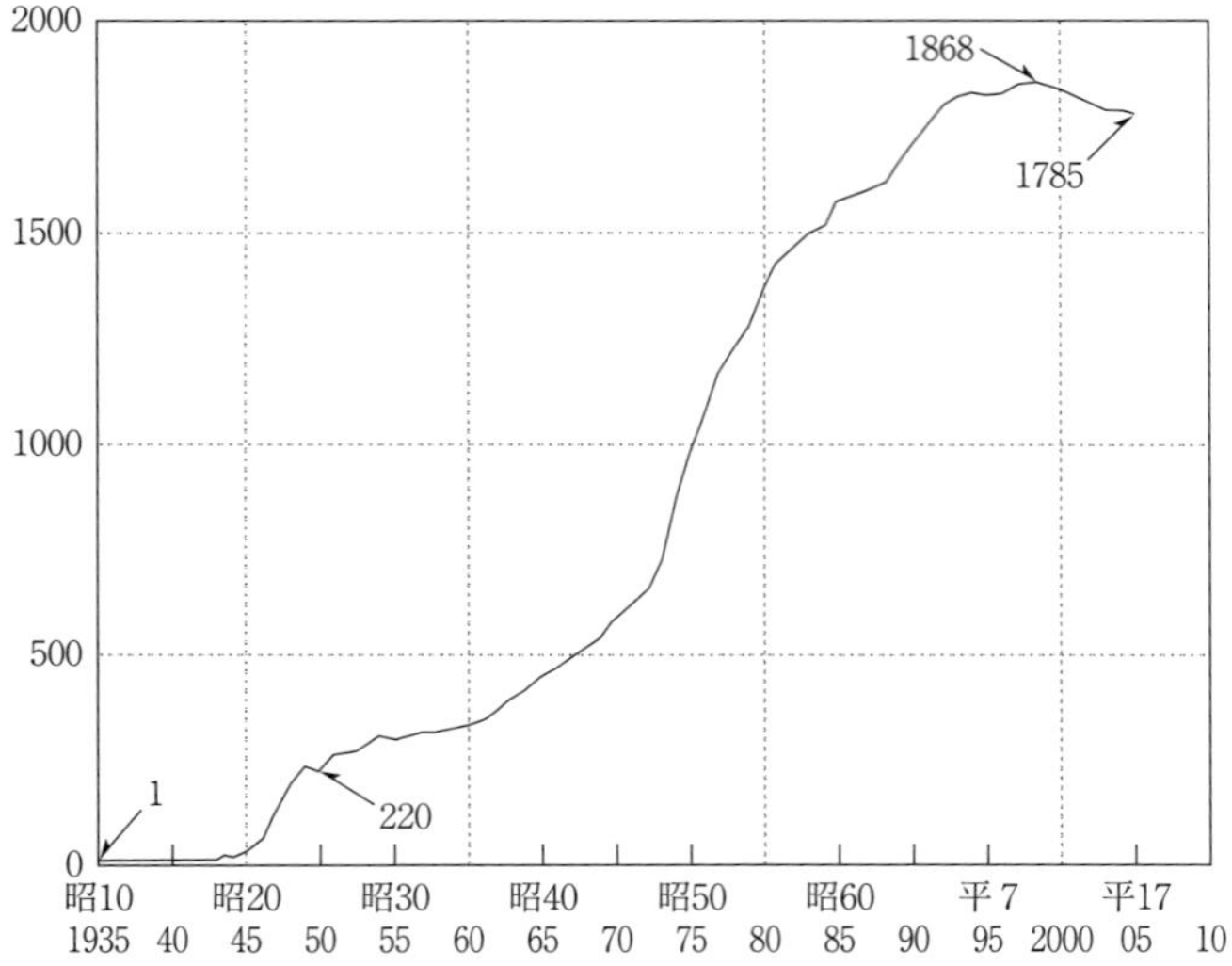

出所：総務省統計局『消費者物価指数年表』（東京都区部）より筆者作成。

民や職人はもちろん、下町の庶民の中にもいたことを忘れてはならない。それらの人々は、外部の者にはひどく貧困に見えるが本人には「貧しさ」の意識はなく、地域の中で生まれ育って生涯を送ることに何等の疑問も持たない、ある意味で幸せな人々なのであった。

現代との物価比較

あとの章をよくご理解いただくために、当時の物価が現在の生活費とどの位違うものか確認しておこう。

昭和前期の真中といえる昭和一〇（一九三五）年から最近の平成二二（二〇一〇）年までの七五年間に物価はどう推移してきたか。幸い総理府（総務省）統計局が一九三四〜一九三六年の平均を一としたときの「消費者物価指数」の動きを発表しているのでこれをグラフにしてみる（図序－4）。これは、東京での五大項目（食料、住居、光熱、被服、雑費）の総平均である。終戦直後から急上昇を続けていたが一九九八年にやっと頭打ちになり、最近は一八〇〇も割って下降している。大まかにいえば、物価は一八〇〇倍も上ったことになる。

しかし個別に検討してみると、表序－4のように、白米、塩のように基礎食品はこれを下回っているが、公衆浴場、理髪、教育費など人手を要するものは、平均をはるかに上回っていて実感とは異なる。実際には一八〇〇倍を上回って上昇した品物の方が多いと思われるが、その割に暮らしにくさを感じないのは、所得の増加率の方が大きいためであろう。

現金給与そのものを直接比較するのは困難だが、昭和一〇年頃のサラリーマンの理想とされた「月収一〇〇円」を仮に一八〇〇倍してみても月一八万円にしかならない。これでは今の三人以上の一般

表序－4　個別物価の比較（昭和10年と平成22年）

	昭和10（1935）	平成22（2010）	倍　率
郵便ハガキ	1.5銭	50円	3333倍
封書郵便	3銭	80円	2667
公衆電話（1通話）	5銭	10円	2000
山手線内最遠駅	5銭	250円	5000
JR入場券	5銭	130円	2600
国立大学授業料	120円	54万円	4467
国立幼稚園授業料	33円	7万円	2220
銀行初任給	70円	20万円	2857
公衆浴場	7銭	450円	6430
理髪（剃りなし）	45銭	3000円	6666
駅弁（並）	30銭	1000円	3333
白米（並10キロ）	2.5銭	4000円 3000円	1600 1200
塩（並1キロ）	7銭	100円	1429
コロッケ	2.5銭	100円	4000

出所：昭和10年は朝日新聞社『値段史年表』，平成22年は筆者の調べによる。

的世帯は苦しくて仕方ないであろう。

しかし、厚生労働省「労働統計要覧」によれば、三〇人以上の会社の月平均給与総額は、一九九〇年で金融・保険等は四九・〇万円、運搬・通信等で四一・三万円に達している。仮に五〇万円とすると五〇〇〇倍にもなっている。現在は、給与から税・社会保険等引かれるものが大きいが（戦前はほとんど引かれなかった）、それでも普通の会社員等の所得は四〇〇〇倍には達していよう。

つまり、大雑把にみれば入金は四〇〇〇倍なのに支出は二〇〇〇倍なので、その差だけ暮らしは楽になり、生活の質は向上したと言えるわけである（一番簡単な尺度として小さいほど良い「エンゲル係数」〔全消費支出中の食料費支出の割合〕を統計局の家計調査から見てみると、一九三五年＝三六・四〔農家は四三・九〕、二〇〇五年＝二三・七と向上している）。

注

（1）矢野記念会編『数字でみる日本の一〇〇年』昭和五六年、国勢社、四九七頁。
（2）国立社会保障・人口問題研究所編『人口の動向――日本と世界』二〇〇八年版、厚生統計協会、七二頁。
（3）大橋隆憲『日本の階級構成』昭和四六年、岩波書店、二六頁。
（4）週刊朝日編『値段史年表』昭和六三年、朝日新聞社。
（5）岩瀬彰『「月給百円」サラリーマン』平成一八年、講談社、六〇－六二頁。
（6）山本七平「無縁の世界」『昭和東京ものがたり一』平成二年、読売新聞社、二六四頁。

第Ⅰ部　昭和初期の暮らしと家庭の悩み

――一九二六～三六年――

第一章　結婚と夫婦の実像

1　有名人の自由恋愛事件

昭和が明けてもしばらくは、自由恋愛をたたえるような事件報道がマスコミを賑わせた。マスコミといっても、テレビはまだなく、大正末に始まったばかりの日本放送協会（現ＮＨＫ）のラジオはきまじめであったから、新聞の紙面と大衆雑誌が中心になる。新聞は、軍事・経済・政治と並んで有名人がからむ男女の事件を好んで取り上げた。心中に至った事件は第六章に譲って、ここでは別の五件を紹介しよう。

岡田嘉子の生き方

昭和二年三月二七日、日活映画撮影所で「椿姫」を撮影中、その主役である女優岡田嘉子（二七歳）と竹内良一（二五歳）が共に行方をくらまして話題になった。二人はその前の映画「彼をめぐる五人の女」で共演してから恋仲となったが、それぞれには内縁の配偶者がいた。良一は外松男爵の長男で美青年、嘉子は小樽新聞編集長の娘で大正八年初舞台を踏んだのち一三年日活入社から主役を続けていた。(1) まもなく、二人とも無事に救出された。

この岡田嘉子は一一年後の昭和一三年一月三日、演出家杉本良吉とともに、樺太でソビエト領へ越境して再び話題をまいた。その後良吉はスパイ容疑で銃殺されたが、嘉子はモスクワ放送局に勤めて日本語放送の企画・指導を続けていた。

嘉子は、松井須磨子のあとの座にすわる形で演劇界に入ったものだが、須磨子以上に自由恋愛に生きることに成功したといえる。

藤原義江の不義恋愛

日本人ばなれした美声のテノール歌手藤原義江は、「われらのテナー」と呼ばれて大正時代なかばから有名になっていたが、昭和二年秋、眼科病院長夫人で二人の子もあった宮下あき子（三井財閥の元老中上川彦次郎の娘）と恋愛関係となった。姦通したあき子は親族会議で離婚され、ミラノ滞在中の義江を追ってイタリアに渡り同棲を始めた(2)（のち帰国後昭和五年正式に結婚）。

この行動に対して『婦人画報』は、「彼女はあまりにも個人的だ。自己の幸福の追求のみに執心して、愛児二人の幸福や向上のために犠牲となることも辞さない母性愛の欠陥せる人」、「彼女は恋を求めて、愛を知らざる人」と非難した。あき子は学習院女子部の同窓会「常盤会」から、卒業生の名誉を汚すという理由で除名されている。

これに対し、大正時代なかば、恋愛至上を貫いた柳原白蓮はあき子に同情する。
「親類兄弟の厳しい反対に向かって勇敢に戦ったり、こうした感情の闘争ほど、女性にとって耐え難い苦痛はありますまい。私はあき子夫人に同情します。どうかあの方の将来が、以後は真に幸福であるようにと念じています」。

谷崎潤一郎の妻譲渡事件

昭和五年八月一九日、非常に変った男女問題が新聞に発表されて、世間の人々を驚かせ、大きなセンセーションを巻き起こした。
当時最も売れっ子作家の一人であった谷崎潤一郎（四五歳）が、夫人千代子（三五歳）、谷崎の友人で作家の佐藤春夫（三九歳）の三名が連名で、知人に当てて次のような声明文を発表したのである。

「拝啓炎暑の候尊堂益々御清栄奉慶賀候陳者《のぶれば》我等三人この度合議をもって千代は潤一郎と離別致し春夫と結婚致す事と相成潤一郎娘鮎子は母と同居可致《いたすべき》素より双方交際の儀は従前の通りにつ

き右御諒承の上一層の御厚誼を賜度いづれ相当仲人を立て御披露に可及候へ共不取敢《とりあえず》以寸楮《すんちょ》御通知申上候　敬具

谷崎潤一郎
千　代
佐藤　春夫」(3)

要するに、我々三人は話し合いの結果、千代（子）は潤一郎と離婚して春夫と結婚する。潤一郎の娘鮎子は母千代（子）と同居することになった。今後もよろしく交際してほしい、ということである。

潤一郎は大正四年に千代子と結婚したが、温和で家庭的な彼女より、その妹のせいの奔放さにひかれ、せいをモデルにして『痴人の愛』を書いていた。そして三年前からは、また別の女性と恋仲になり、千代子夫人をないがしろにしていた。その千代子夫人に同情して親しくなったのが春夫である。春夫も自分の妻とは冷やかであったので、昭和五年春に離婚して一人身になっていた。これらのことは、文壇ではかなり評判になる程の関係であったので、はっきりさせたのである。

潤一郎と春夫は大正一一年頃から仲が悪くなり絶交もした関係だったが、双方離婚をすることで友情を取り戻し話し合いが成り立った。

この声明について、作家の里見弴《とん》は、次のように言う。

「とかくかうした問題は市井では考へない人々が斬つた、はつたの騒ぎを起し易く、またいはゆる貴族的社会にあつてはお互ひにふくむところがありながら表面だけをごまかす者が多い。そこでこの共同声明書を見るに、『朗らか』といふ感じがする、両方の物の分った性質を知ってゐるから、あの声明は付焼刃でも何でもなく、実際心からあの通りであることが信じられる。……

この問題のやうに男が二人女が一人の場合は一般にあっさりいくやうに思はれる、将来とても万事うまく行くだらう」。

また、柳原白蓮も、この問題をある程度評価している。

「さうした行き方を取る事件は今後もちょいちょい起るだらうと思ふ、今度の場合佐藤氏と千代子氏との関係が今までどういふ風になってゐたか分らぬが従来主人のある婦人が他の男性と友情以上の親密な関係に陥った場合これを姦通といふ語で呼んだが私はさうした言葉が一般の人の心に生み出す一種のいやしい気持を以て人間の真剣な心の交渉を眺めるのは宜しくないと思ってゐる、もともと事件は当事者間の自由意思で決定されたことだから何も事情を知らぬ私どもとしてはあまり論議したくない(4)」。

ところで潤一郎は、翌年四月、文藝春秋社婦人記者古川丁未子《とみこ》(三〇歳)と再婚したが、一年八カ月で破綻する。潤一郎が大阪船場の根津清太郎の妻松子を敬愛し、恋してしまい、同棲まで始めたからである。

このように谷崎潤一郎は、恋愛から正式の結婚に至ったものだけで三回あり、結婚に至らぬ恋愛関係も別に数回あった。資力と知明度を使い自己が描いた耽美文学そのもののような自由恋愛の道を生きぬいた。

東郷青児の多角関係

昭和四年三月には、新進画家東郷青児（三二歳）が情死事件を起こしている。

青児には五年前に結婚した正妻明代がおり、その間に男子も生まれていた。しかし昭和三年六月に海軍少将の娘盈子《みつこ》（二〇歳）と恋愛関係ができて家庭がもめ始めていた。その上一一月に知り合った修子とも恋愛に落ち、あまつさえ二月には修子と結婚披露宴を行い一家を構えていた。しかし盈子との関係も続けていたので、修子は呆れて家出してしまった。そのあと訪れた盈子とともに青児は、自宅にガスを充満させた上で両人ともメスで頸部を刺して心中を企てたものだった。しかし、発見が早くて、二人とも生命はとりとめた(5)。お茶の水高女（女高師附属高女）を出た盈子の両親は、その前から「両親が知らぬ男とは絶対に交際してはならぬ」と厳格に言渡していたが、ききめはなかった。青児はこの事件の翌年には作家の宇野千代とも同棲したが、事件の五年後には盈子と結婚した。画壇の上でも幻想的・装飾的女性像を描いた作品で有名になって二期会会長にもなり、八〇歳までの長寿を保った。

中村進治郎と高輪芳子

二人とも若すぎたために、前までのケースに比べると著名度が低いが、昭和七年一二月世間をさわがせた事件を起した。

東京新宿駅の東口そばにあったレビュー劇場「ムーラン・ルージュ」の歌手高輪芳子は、六日昼の部を終ると行方不明となり、一二日、愛人の新進作家中村進治郎のアパートでガス自殺をはかり絶命しているのが発見された。

机の上には「では行ってまいります。さようなら皆様御機嫌よう――高輪芳子、中村進治郎」と活版印刷したハガキ四〇枚と、芳子が継母あてに便せんに走り書きした遺書とが残されていた。進治郎は生き残った。

二人の交際は一カ月前からと短いものだったが、暗い芳子の悩みに、ナンセンス文学で一時は売り出したものの雑誌が廃刊されて収入の道が途絶えた中村が同情して、心中に至ったものだった。

女性は、歌手としての能力に自信が持てず、結核にも悩み、三月には両脚に大やけどして、いつもゆううつで友と語ることもなかった。さらに最近、継母が下宿先の大学生をいいなづけとして押しつけたこともあって家出を決心し、女性に理解がある中村に最後のよすがを求めたものであった(6)。中村は嘱託殺人罪で有罪となったものの執行猶予となる。しかし女性との行状はおさまらず、高輪の友人女性と同棲したりしたが、九月に睡眠薬を多量に飲んで絶命した。軽薄な男性の一人であった。

これらのことは、大正デモクラシーの一つ、男女が自由に恋愛してよいという生き方の延長といえるもので、間もなくやってくる超国家主義の日本では、とても見ることが出来ないものであった。小さいながらも昭和ひとけた時代の光明ともいえた。だが全体としては、自由恋愛の行動と議論は大正時代の方がずっと多くて華やかなもので、それに比べると昭和前期のそれは、色あせて長さも短いものであったということになろう。

2　縁談による結婚

出会いのきっかけ

前節に見たような一部の有名人の動きは、大正時代の自由恋愛主義を引き継いでいるといえるものだが、誰にも囚われない自由人なればこそとれた行動であって、市井に生きる一般人にはあてはまるものではなかった。

社会的・経済的条件が激しく変動した昭和前期においても、一般の人々の結婚と夫婦のあり方はその前とあまり変わっていない。大きくみれば、結婚と夫婦をめぐる大多数の男女の動きは、明治・大正以来の伝統やしきたりを引きずっていて、世の中で一番変わらない側面だったといってもいいくらいである。

大多数の人は、年頃になると本人の考えよりも親の勧める縁談におとなしく従って、形だけの見合いをして、愛情などとは関係なく結婚していった。それは、数え七歳になると義務教育の小学校へ進むのと同じような人生の通過儀礼の一つだと思われていた。

戦前期の結婚というと、「すべてが見合い結婚」で覆われていたと思い込む人が多い。たしかに昭和ひとけたでも一〇年代でも「見合い」が一番多かったと思われるが、他方では「見合いなし結婚」もかなりあった。幼なじみならともかく、挙式までまったく知らなかったという組み合わせも地方では結構みられた。また、見合い後に愛情が生まれたから「見愛婚」だというカップルもいるし、周囲の反対を押し切っての純粋な「恋愛婚」も結構あった。

信用できる全国的データとしては、国立社会保障・人口問題研究所が昭和一〇年に結婚した夫婦について、きっかけを恋愛・見合いと二大別して調べたものがあるが、それによると、

見合い結婚　　　＝六九・〇％
恋愛結婚　　　　＝一三・四％
どちらとも言えない＝一七・六％

であった(7)。これは結婚当時を振り返った本人の自由な言い分を集計したもので、本当の内容はわからないが、恋愛結婚といえるものは二割もなかったことは確かであろう。

そもそも結婚は、本人のためというよりも家族の利害に大きく影響したので、家族の長である親、とくに父親の判断で決められてきた。ふつうは成年男女の経済力が乏しく自立もできないので、別の

異性が好きだとか、まだ早いといった気持ちがあったとしても、親の指示に従うしか方法がなかった。よく「家父長権」が強かったためという言い方がされるが、家父長権などが考えられない地位や財力がない多数の庶民にあっても、親の指示に反対することは世間のしきたりや親族が許さなかった。本人の自由意思などはないに等しいので、「不自由婚」(8)という言葉でくることもできる。

仲人の役割

結婚の相手は、ふつうは近くから選べばいいのだから、その人柄や家族のことは大体わかっており「見合い」は必要なかった。いわば「(幼な)なじみ婚」で、これが「どちらとも言えない」の大半を占めていたと思われる。農村・漁村では、九割以上が同一の村の中で結ばれていたから、これは「村内婚」でもあった。

しかし、明治中期以降、経済格差が大きくなり、都市でも田舎でも豪家が生まれると、地位を示す家柄や経済力の大きさが考慮され、村を越えた町や村の同格のいわゆる名家から相手を求めるように変わってきた。上層階級からだが、通婚圏が拡大され、「遠方婚」が盛んになってきた。

そこで登場したのが、話を取り次ぐ媒介者で大正以降は仲人《なこうど》と呼ばれた（明治時代までは媒介人または媒酌人）。この仲人が、二人を近づけるために最後には「見合い」をさせた。見合いは単に顔・形を確かめるだけの形式的な儀礼であったが、この段階まで進んだ場合、縁談を断ることはほとんどできなかった。見合いは仲人にとっての完成行事であったからだ。

もっとも、ここまでの仲人の役割はこれで終わり、挙式のときには別の仲人夫婦が選ばれた。社会的地位がより高く、名声がある資産家が頼まれた。前者を「ハシカケ仲人」、後者を「シキ（＝式）の仲人」と区別して呼ぶことが多い。

式の仲人は、結婚式のいわゆる格を上げることに役立ったが、役目はそれだけではない。結婚した二人がまともな人間であることを保証し、失業や倒産で困窮したときには経済的に援助し、相談相手となって助けるなど、力が弱い実父実母に代わって代父代母の役を務める。むろん二人の方も、仲人の家の仕事をできる限り手伝って礼を尽くすことになる。(9)

だから、媒酌人がいない場合は結婚とは認めないとする地域もあった。たとえば明治一〇年と一三年に司法省が全国の慣例を調査した「全国民事慣例類集」(10)には、次の例がみられる。

「媒酌人ナキ婚姻ハタトヒ夫婦ノ景状アリト云ヘトモ倫理ニ違フ者トシテ賤視《せんし》スル習慣ナリ」（遠江国佐野郡、現静岡県）

このほかにも、筑後国三猪郡（現福岡県）、肥後国玉名郡（現熊本県）などにもあった。

慣例類集によると、媒酌人（仲人）は、一人だけの場合と、双方一人ずつの場合とがある。あるいは、双方の家の世話を受けている者でこの話しを取り次ぎ斡旋する人を「下媒酌人」といい、地域では身分高く人望ある人で、結納の式と結婚の式を取り扱う人を「本媒酌人」という。媒酌人は夫婦で出席して、祝杯献酬の役があるから一人者は頼めない。また媒酌人は、その後の紛争を裁決したり、離婚になるときは嫁入り道具を送り返すまでの事務を担当するのが一般的である。

このように、男女が触れ合う機会が乏しく、本人の自由意思がない中での「仲人結婚」の存在はきわめて重要なしきたりで、伝統的な結婚の中心であり、その一部をなす「見合い行事」とともに大きな特色となっていた。

では、このしきたりが昭和時代に入っても続いていたのかどうか、以下実際の姿を確かめてみよう。

縁談結婚への若者の抵抗

次の第七節でみるように、昭和六年の身の上相談（東京朝日新聞の「女性相談」）の例から見ても、親の決めた縁談に異議を唱える女性はいることはいた。

また、昭和一一年の読売新聞だが、嫌々ながら無理やり結婚させられて我慢しなければならないかという相談が次のように寄せられている。

「二十六歳の女。五年前義姉の甥で同い年の男性と結婚しました。夫の叔父の仲人で、私が嫌だというのを母や兄が承諾してしまい、無理やりに結婚しました。夫も私を貰いたくはなく、叔父にだまされたと言って、少しも夫婦らしい口をきいてくれません。毎晩夜遊びに出て、一時二時頃帰宅します。母に言うと、お前が（婚家から）出てくれれば親類中の仲がまずくなるから我慢していてくれと言います。昨年の春、長男が生まれました。子どもが生まれると夫の心も直ってくれるだろうと思っていましたところ、かえって反対に私を邪魔者扱いにします。そして俺は他に妾をもつから悪ければいつでも出て行けと申します。最近では口もろくにきいてくれません。こんなに嫌がられても我慢しなければならないのでしょうか」。(11)（悩める女）

回答者の河崎ナツは、「御良人（夫のこと）とゆっくり話し合って更生への途を切り開きなさい……魂を失った家族制度の生む悲劇」と批判しているが、それだけではどうにも打開されなかったろう。明治以来のイエの秩序を重視する親のおしつけ結婚に娘は犠牲になったものの諦めきれないという構図が、この時期になっても依然として続いている。

ただこの頃になると、自分の意見をはっきり通そうとする女性も出てきてはいる。昭和一〇年一二月九日の東京朝日新聞「女性相談」にその一例が登場する。

「人間として人を恋してはいけないことなのでございましょうか？　それが父母に恥をかかせることになりましょうか？　私は二十歳になります商家の長女で、親戚の二つ年上のBを愛しております。私はまだ結婚など思ってはおりませんでしたが、私の結婚問題が出ましたので、父にわけを話し許しを願いましたところ、父は大変に立腹して『親不孝者め、自分が夫をきめるような者は人間として一番恥じなければならない。大勢の店員や女中を使っている父の顔がそんなことをして立つか』と申します。私はどうしてもB以外の人と結婚しても幸福にはなれないと思います。……私はBが一人前になって帰って参りますまで、七年でも八年でも待っているつもりですが、私の考えは間違っておりましょうか？」[12]

回答者の山田わかは、「あなたが正しく父親がまちがい」だと言い切り、「あなたの心意気は頼もしい」と激励している。このように昭和一〇年ともなると、親と子の結婚観の対立がはっきり表に出てきたときでもあったのである。

昭和に改元されてまだ三カ月もたたない昭和二年に、英文学者・兼評論家であった本間久雄は「この頃の結婚を見ますと、近頃の若い婦人の結婚観は非常に常識的に発達してきております。十年前の自由結婚は非難の対象とされましたが、今日の自由結婚は当然のこととして迎えられるようになりました。もう少し時代がたてばむしろ推奨される時が来るに違いありません」[13]と述べ、一〇年ほど前に比べると、自由結婚すなわち恋愛結婚に対する評価は逆転して当然視されるようになってきたから、もう少しで恋愛が推奨されるようになるだろうと楽観的な展望を予言した。

しかし、昭和に入って何年たってもこの予言は当たらなかった。かえって昭和一〇年を超えて戦時体制が強められると、再び恋愛結婚に対する非難・批判が一層強められ、大部分すなわち九割近くの結婚が、恋愛意志のない結びつきが当然のこととして続けられていったのだった。

3　東京における結婚のしきたり

見合い結婚

結論から言えば、昭和に入っても結婚のやり方はそれ以前の明治・大正時代とほとんど同じような形で続いていた。昔ながらのしきたりで結婚することは、人生の当然の生き方として、疑いを持つ者もほとんどなく、引き続きの経済不況の影も結婚の大勢には関係がなかった。

しかし、細かくみると違うところもある。正式な届け出が出されたものを法律上「婚姻」と呼ぶ。届け出は、実際の結婚式や同居の開始からは数カ月ないし数年遅れて出されるのが慣習であったが、その婚姻届は、大正末期七年間続いた年間五〇〜五二万件に比べるとやや減って、昭和二〜六年は人口は増加しているのに四九万件台となり、人口千人当たりでみる「婚姻率」も八台から七台へと落ち込んだ。とくに農業の不振や経済の不況の影響があったためであろう。

しかし、少し遅れても、結婚適齢期になったたいていの人は一度は結婚した。女性も男性も一人では生きるのが困難で、いわば生活手段としての結婚が必要だった。昭和五（一九三〇）年の国勢調査によると、男性の九八・二％、女性の九八・四％は四九歳までに一度は結婚している。ほとんどの人が結婚する「国民皆婚」の社会だった（ちなみに平成一七〔二〇〇五〕年の既婚率は男八二・九％、女九九一・八％）。

当時は、親か親類が進める縁談に否応もなく従って、簡単な見合いをし（見合いもしない例も多かったが）、結婚するのがほとんどであった。

たとえば、東京の東の郊外葛飾に住む明治四二年生まれの職人家庭に育ったS（女性）は、昭和五年二一歳で結婚したときを次のように語っている。

「兄と母親が、私の結婚相手を決めました。私が二一歳のときで、式の日まで一度もその人を見たことがありませんでした。埼玉から私の実家近くに養子に来ていた下駄職人です。

式は相手の家で挙げ、私は留袖を着て相手は紋付袴でした。夫の義父母と同居し、三畳の台所と八畳、六畳の狭い家に終戦まで暮らしました。主人の稼ぎだけでは家計は苦しく、私は夏場はフノリ屋で働き、後は内職をして家計を支えました。内職は、鉛筆の頭に消しゴムを付けることや、リュックサックの紐付けなどでした。

主人は固い人で、下駄屋の時は朝六時に家を出て夜の一二時に帰って来るという、判で押したような生活をしていました。夫婦で話をする時間はほとんどなく、夜も遅いので帰って来てから話をしようとすると、隣の部屋の養父母にうるさいと叱られました。養父母に気を使い、墓参りに行くときに何か持たせようとしたら、『余計なことをするな』と言われたこともありました。二人とも戦前に亡くなりましたが、最後は私が看病して、『世話になった』と感謝してくれました」。(14)

まだ農家が多かった東京市杉並区で昭和八年に一七歳で結婚したI・S（女性、大正五年生まれ）は次のように語る。

「見合いはしたんですが、いいも悪いも聞かれなかった。親が決めた結婚です。自分の髪で髷を結ったね。実家の両親は、箒で塩まいてね。自動車で夕方こちらの長屋門の前まで来ると、松明がきれいでね。両側に出迎えの人たちがずらりと並んで、それから提灯に変わるの。玄関までくると振り袖脱がされて、井口家の家紋の入った着物着せられて、わきの勝手口に一人で行かされ、そこから上がった。十二畳の部屋で「あいさかずき」の最中、向かい側に紋付き着て並んでいる人たちをそっと見るんだけど、どれが婿さんだかわからないの。仕出し屋が入っていて、三日間、披露宴が続くの。一日目は親戚、二日目は講中、三日目は近所のお手伝いの人たち。

こっちへ来るときは、畑仕事するとは思わなかったんですが、次の日から百姓せずにはいられなくなっちゃったんですよ。辺りは杉林で、吉祥寺、今の成蹊学園まで畑で家もなかったですよ。白足袋しかないので裸足でしたから、遠い畑に行くのに砂利道がつらかったです」(15)。

丙午女性の結婚難

東京でも、まだしきたりが残っていたが、その中でもきびしいのが干支《えと》に基く「丙午《ひのえうま》」の女性についてのものだった。明治三九（一九〇六）年生まれがそれに該当した。昭和六年頃結婚した東京市池袋の例。

「兄嫁が来ると、(私は)やっぱり居候みたいなもんで、育ての親も置きにくいんじゃないの。義姉さんの手前。あっちに病気だから助っ人に来い、やれ子どもが生まれるから来いといっちゃ、それこそ追い回しに、手伝いにほうぼう、親戚中。ですから『お大師さまと同じ、風呂敷包み解く間がない』なんて笑われたのよ。

丙午なもんですから。丙午女というので、『亭主食うか、子食うか、財産食うか』というので嫌われたもんですよ。二四のとき、主人と結婚して。その頃は不況でね。仕事がないんですよ。ですから、職人と結婚する人なんていないくらいでしたの。厳しい人でね、無駄は一切嫌いで。来たときに家作が五軒ありましたから。それで、あそこのあの男は、意地のある男だから、あそこに行きなさいというので、来たわけなんですよ。

ところが、もうもう厳しいなんてもんじゃないですよ。なんかこの人は、尋常な人じゃないと思って。それをやり通す人でしたから。ずいぶん、辛い思いしました。お金残す時には不義理もしますしね。そのときは辛いんですよね。若いとき、見栄がありますでしょ。少しでもいいところ見せたいじゃないですか。世間さまに。

財産つくっても、ちっとも自由にさせてくれないし、行きたいところへも行かれないし、お金残す一途でもって、履物も買わせてくれないんですもの。主人のわら草履みたいなゴム草履を、これ履いて行けといわれて放り出されて、それ履いて、パタクラ、パタクラ、駅のほうへ、お使い行って。まあ、なんて惨めなんだろうと思って。そういうこともあったんですよ。泣いて帰って行くところもないし、じっと我慢せざるを得なかったんです。

もう務まりませんから帰りますといっても、育ての親も年いっていますし、大勢いて貧乏しているところへ帰れませんでしょ。ああ、自分さえ我慢すればいいんだと思って、自分に言い聞かせて、泣きの涙で通って来ました。ですから長い道中、いろいろなことありましたよ(16)」。

同じ明治三九年に東京市麻布で生まれて江東区木場で暮らしたTさんの話。昭和ひとけた初めが結婚適齢期だった。

「私は早稲田の学生と恋愛をしてましたけど、その恋人との結婚に親が反対だったんです。私、あの、丙午なんですよ。丙午の歳は嫌われて、私の友達なんかも二、三人、恋人と結婚できないからって自殺した人がいたくらい。丙午生まれが一七、八の頃は、自殺者が多かったの。恋愛をしても親が許してくれないのよ。それで娘さんずいぶん死んじゃった。私も洲崎の土手を歩いていたとき、死のうかなって思ったことあったわね。それだけども震災のためになんとなく許されちゃったの(17)」。

従順であれと育てられた女性

おとなしい性格で、従順であれと教えられた通りに結婚し、そのまま過ごした女性もいる。むしろこの方のタイプが多かったと思われるので、その一例を紹介しておきたい。明治四三年に東京北豊島郡で土地持ち自作農家に生まれ、昭和四年頃結婚したHさんの話。

「見合いで、仲人結婚しました。女っていうものは、みんな仲人でお嫁に行くんだから当たり前なんだと思っていました。

お父さん（夫）は印刷局に勤めていましたから、『官吏だからいいだろう。物はなくても気楽でいいじゃないか』って言ってね。……それだから月給いくら貰っているかも知らなかった、ほんと。親戚中、勤めている家は一軒もなかったんですから。あたしはなんにも知らなかったんです。

あたしが嫁にゆくとき、父がこう言いました。『女は威張るんじゃないよ。物があるからって、実家がいいからって、威張るんじゃないよ』と。ですからあたしは、ちっとも威張りませんでした。修身の先生にもお作法の先生からも、旦那さんを大切にしなくちゃいけないっていうことを、ずうっと習ってきたから、父親に言われなくても当たり前だと思っていました。

あたしは女に生まれて、家政女学校でも、出してもらってよかったんだな、と思っています。普通の生活をしていれば普通ではありませんか。いいも悪いもないですものね。……あたしはお父さん（夫）が退職しても、どこへも旅行には連れていってもらえなかった。『俺には親がいる、そんなことはできない』そういうんですよね。

女は嫁に来て、そういうふうに亭主に従うのが当たり前なんです。あたしね、女学校の研究科卒業のときにね、先生がこういうもの（婦女訓）をくれました。だからあたしはこれは実行してきたんです。……あたしはね、威張っちゃいけないってことだけは、よく分っていたんです。女が威張るとね、昔は離婚させられたんですよ。追い出されたんです。いくら器量のぞみでいこうが、恋愛でいこうが、喧嘩をして女が家を出ていったら、仲人が手土産を持って謝って、連れて帰るのが当たり前だったんです」(18)。

4　地方における結婚のしきたり

農家の見合い結婚

昭和一〇年代の農村部では、やはり見合い結婚が圧倒的に多かった。その一つの状況を私共の調査団が直接聞き取った神奈川県足柄上郡大井町（小田原市の北部に隣接）の例で紹介しよう。

「昔の結婚は見合いが多かったねえ。好き合ってってのは少しはあったかしらんが、まあほとんど見合いだねえ。○○さんに、隣村にいい娘がいるから嫁にどうだべ、なんていわれて、じゃ一度会ってみっかあ、てな調子だねえ。ま、ほとんど親同士が決めちまってっからだからねえ。見合いっていっても、昔はそんなだったなあ……縁談っていうと、家の方角だとか、年まわりとか、えらく気にしてたねえ。こいつは開成町から来たんだけど、開成町の方角はいいってんでね。だけど干支なんかは、申と寅とでよくねえんだ。巳と寅と申は悪いっていったもんだけどなあ。年まわりを気にするんで、よく、節分を越さないうちに式挙げなくちゃ、なんていってねえ。節分越すと、ほら、年一つ違っちまうからよ(19)」。（Hさん）

小田原地方の戦前の結婚

もっとも、この話は昭和一八年という激しくなった戦争中の結婚のことなので、戦前の普通の姿とは言い難い。平時の典型的な式の様子を、同じ町の山に近いTさんが詳しく語ってくれたので、それをそのまま紹介しよう。

「私がこの家に嫁いできたのは昭和一〇年のことです。数え二三歳でした。お見合い結婚で、両方の親が中心となって話を進めたものでした。当時は、いまのように男女交際というものもなかったし、親のいうことに従うのが一番だとされていたので、素直に親の決めた縁談に従ったのです。結婚式は、夫の家と私の家と、両方でしました。新郎や新郎の家族、新郎の主だった親戚の者と仲人が、新婦の家に私を迎えに来るのです。私の家には、新婦と新婦の家族、新婦の主な親戚が出そろっていて、新郎一行を迎えます。そして、嫁取りの儀式が簡単に行われた後、新婦の家から新郎の家まで、皆歩いていくのです。新郎側の人々と新婦側の人々が一緒になっての行列でしたから、かなり長い行列だったことを覚えています。

新郎の家に着いて、家の中に新婦が入るときに『掃き込め』という儀式がありました。新婦が新郎の家の玄関の前に立ちます。すると、ほうきを持った男の子と女の子がやってきて、『掃き込め、掃き込め、掃き込め』と大きな声を出しながら、新婦の足元を一生懸命になって掃くのです。男の子と女の子の掃く勢いに押されつつ、新婦は新郎の家の中に入るという儀式です。これは、嫁に来た者が、夫の家によくなじんで、二度と出ていくことがないように、家の中にしっかりおさまるようにという願いを込めて行われた儀式だと聞きました。赤田のあたりでは、どの家でも結婚の際に行われていましたよ。

新郎の家で三々九度を行い、後は飲めや歌えの披露宴です。ですから、結婚式は両方の家で行ったといっても、新郎の家の方で本格的に行ったということになります。夫は、その村の役場に勤めていた人だったので、役場の上司・同僚も数多く来ました。親戚も数多く呼びました。しかし、いとこは全員というわけではなく、何かの縁がある人に限られます。当時は、兄弟姉妹の数が多かったので、将来、家を継ぐことになっている長男や跡取り娘などを呼び、他の地域に嫁いで行ってしまった人や、分家してしまって他の地域に行ってしまった者などは、同じいとこでも招待しません。またいとこでも、ここに住んでいる者や、特に親しくしている者は招待しました。このように、単に血のつながりの濃淡で分けるのではなく、近隣に住んでいる者、それぞれの家の継承者を優先して呼んだのです。当時は十軒組という隣組のような組織があり、十軒組が一つの単位となり、お互い助け合っていました。冠婚葬祭のときも、新郎の方の十軒組の者を招待しましたが、新婦の方は招待しませんでした。新婦は、生家を出て嫁ぎ先の家の人になるのであり、婚家の方の関係者に見知ってもらう必要があったからでしょう。

婚礼の日には夜中まで大騒ぎして楽しみました。当時は娯楽が少なかったので、結婚式は村人の楽しみの一つでしたから。人々の生活が窮迫してきたころなので、以前ほど派手にはできませんでしたが、それでも宴会は夜更けまで続きました。この家は本家筋に当たる家で、招待客は五〇人を下らなかったので、その宴会のにぎやかさはかなりのものでした」(20)。

この話が出た昭和一〇年ごろの神奈川県大井町では、農業が多角経営され、麦のほか野菜や養蚕もやり、忙しかったが収益が高くなっていたので、このような伝統に従ってしかも派手な結婚式ができたのである。

東北地方の嫁

しかしながら同じ頃、連年の不作と悪天候に苦しめられていた東北地方の農村での結婚は、悲痛の声で溢れていた。昭和一〇年代に岩手県で結婚した当時の思い出を、戦後の昭和三七年になって仲間と語り合った言葉がある。

「〈おら十六で嫁ごになりました。せいが小さくて、髪っこがうすくて、いま考えてみればほんにおかしなものでがした。だから嫁ごになるのがいやで泣いてばかりいたものでがす〉

ある姑がこう言うと、かたわらの姑がこれに相槌をうって言います。

〈そうだ、そうだ、馬っこさまぐさやるべって暗い馬屋さ行って、そのまま夜道を実家さ逃げて帰ってしまったもんでがす。でも、そんなこと何回くりがえしても、すぐ引っぱってこられて、くっつけられてしまったもんでがす〉

ふだんは、不用意にこんな会話をやりとりするわけではないのですが、何かのはずみで一人が語りだすと、連鎖反応のようにわれもわれもと、昔の苦労話に花を咲かせます。そして、そんな時の姑達の目は、底光りのする輝きを増しているようにさえ見えます。手ぶりをしたり、からだを動かしたり、顔をゆがめたりしてきわめて饒舌にしゃべりまくります。

〈考げえれば、おら嫁ごの頃などは、せいが小さいも、見かけが悪いのも考げえるひまねえほどかせいだなあ。嫁ごさきた次ぐの日がら土方さ出たもん〉」(21)。

四国地方の嫁

この頃の東北農村が、どんなにひどい状況であったかについては、改めて第三章で詳しく触れるが、その苦しさは、四国の山村でも変わることがなかった。昭和九年高知県西土佐村で結婚した女性の話。

「一八歳の時、私が知らないうちに結婚の話が進んでいた。その当時、私は椎茸作りの家に奉公していた。相手の人は奉公先へこっそり見に来ていたらしいが、私は相手の人の顔も、家も知らないままだった。ただ、嫁入先近くで奉公している姪から『姉さんの行くところは遠いがぜ』ということだけ聞いていた。

嫁入は兄嫁が髪を結ってくれ、下駄を履いて一〇キロの道を歩いた。同行の姪に『まだ着かんか、まだ着かんか』と何度も聞いた。家を出るときは日があったのに、両側から木が生い茂った山道になると急に暗くなり、姪が差し出してくれた提灯の灯だけを頼りに歩いた。嫁いでみると、部落の中心は十和村から伊予に抜ける宿場のようなところで、酒屋・散髪屋・衣料品店・宿屋などがあり賑やかだった。婚家はそこから二キロ少し山に入った滝の奥というところで村内でも一番雪の多い所だった。

家は農家で一年中休む暇なく、稲作や養蚕、和紙作りに椎茸、炭焼きの仕事など。はじめて農業をする私にはたいへんなことばかりだった。

田はよろい田（棚田）が多く、とくに権谷のよろい田はこんまいせま地（狭い土地）じゃった。押谷に広い田があり、これは収穫がたいへんだった。田んぼで籾にしてこれをホゴ（ワラで編んだ入れ物）に入れて担うて三キロもの山道を一日に二回ほど往復した。家に帰り着いた時は足も背中も痛かった。若かったから頑張れたのだろう。その頃は人が運ぶ他なかった。数年して、大八車ができた時は嬉しかった。車に籾俵を積んで平道はよかったが石ころだらけの坂道になると、私が後ろから押しても車は思うように進まず力ばっかりいった。

米の苅り入れが終わり、冬が近づくと和紙作りの仕事になる。農閑期の大事な現金収入だったので張り切ってやった。二キロぐらい奥に入った高い山に登って楮《こうぞ》を伐り集め、帰りは四、五束背中に担うて帰った。細い山道をガネ（カニ）みたいに横になって上手に歩いた。蒸し釜が三六釜もあったので方々の山から楮を伐り集めるのは大変な作業だった。

紙漉《す》きまでには蒸して皮を剥《は》ぎ、川で晒《さら》し、洗うたり煮たり、曼珠沙華《まんじゅしゃげ》の根を入れて粘りを出したり数え切れない程の作業がある。霜の朝や吹雪の日、谷川に皮を漬け、晒す時は手足の感覚がなくなるほどだった。夜は黒皮を削ったり、一時間ずつ木の棒で叩く仕事をした。その後、家族は休んでも私は紙漉きの簾《す》の修理をしてないと休めなかった。良質で強い繊維にするために、どの仕事も手間をかけ、手の抜けない仕事ばかりだった。

天気のいい日には、私は朝から紙を漉き、姑が板屋（紙板を入れておく小屋）に運び干してくれた。冬の寒い時期に一日中冷たい水の中に手を入れっぱなしの仕事、手が叶わんなると湯でぬくめたが、冬中霜焼けやらあかぎれになって難儀をした」(22)。

5　恋愛結婚のいぶき

文学にみる自由恋愛

もちろん、このような男女の社会的隔離と親に従えという厳しいしきたりの続く昭和前期にあっても、結婚は本人の恋愛感情に基づくものが最善最高であるとの考えは、大正半ばからの高揚を受けて若者の心に宿ってくるようになってきた。

とくに自由な表現が許される文学の世界では、本人自身の赤裸々な気持ちがあらわれてきた。たとえば、島崎藤村の『新生』（大正八年）や『嵐』（大正一五年）がそうであったし、宮本百合子の『伸子』（大正一三年）はその代表といえた。伸子の両親は別に暴君ではない。伸子は温情が湯のように自分を囲むのを拒みたいのである。優しい娘心を期待する父と、家の体面にこだわる母を振りきり独立することによって、ようやく個人としての自由を得るという話である。

昭和に入って三年に出た野上弥生子『真知子』は、さらにはっきりと娘の独立を描く。親の描く軌道の上を動いていくことをいさぎよしとしない結婚観を貫き、個人本位の意識をあらわにしている。

これらの作品は小説の形をとっているが、ほとんどが自己の体験を基礎とした私小説なので、実際の事実関係ととってよいものである。もっともこれらは、恵まれた資産階級の親子関係のことであるが、貧しい労働者階級では、別の論理から家族の拘束を免れようとする気持ちが高まってきていた。

たとえば、佐多稲子『キャラメル工場から』（昭和三年）や、徳永直『はたらく一家』（昭和一四年）などがそうである。ここで支配するのは貧困の論理で、イエの制度も親孝行の徳目も関係ない。これらの家では、ブルジョア家族以上に家族からの解放、個人の独立を実現しようとする気持ちは高まってきていたのである。

新しい結婚観とのはざまで

このような空気を受けて、新聞の身の上相談にも、はっきりとした指針を受けたいとする投稿がみられるようになった。たとえば、大正一四年七月二二日読売新聞への投稿はこうである。

「私は中等以上の教育を受けた二四歳の女です。親の勧めるままに古い伝統で固められた因襲的な結婚をする気にはなれません。私の周囲は男女の自由な交際も許されませんし、選択に適当な境遇も開かれておりません。我々のような考えを持った女性はどうしたらよいでしょうか」。

（N県の一女性）

これに対して、担当の「記者」は次のように回答することしかできない。

▼「それはあなた一人の悩みではありません。それは知識ある現代青年に共通した悩みとして一様に感じられている事なのです。それにもかかわらず、今の時代はまだこういう青年子女の要求にはきわめて冷淡で、耳を傾けているのはほんの一部の人間に過ぎないのです。新道徳や新生活

の本当に確立されるまではおそらく正しい解釈を下すことは困難でしょう。今はむしろどうすべきかをあなた自身にも考えていただかねばならぬような悲しい時代です」。

まさしく大勢としてはこの通りであり、この流れが昭和に入っても続いていたのだが、しかし昭和一二年を過ぎると反対に逆行してしまった。戦時色が強まると何でも上からの統制に服すことが要求され、恋愛などは個人のわがままな自由行動の極致として強く排除されるようになってしまった。

旧家のしきたりへの反発

だが、他方では、昭和一〇年前後でも、次のような事例はみられたのである。

東京市杉並区でも、親のしきたりに反発して恋愛結婚を強行した女性がいる。強い自我で教員の資格を取り、自活の道を開いたから実行できたのである。昭和九年二四歳で結婚したA・Iさんの話。

「青山女学院を卒業して、その後お茶の水女高師を受けたんだけど落ちちゃってすっかりしょげていたものだから、両親がお嫁に行けって話になって……。さあ、大変、十八歳くらいでお嫁に行くなんて思いもよらなかったんですもの。それで慌ててまだ間に合った女子師範の二部を受けて入りました。一年後に卒業して月島の小学校に三年勤めたの。錦華小学校に異動してから月島で同僚だった人と昭和九年に結婚しました。親はびっくり仰天ね。大反対されましたよ。両親の結婚観はお見合いして結婚するものだということでしたから。まだ親が知らない人と先に知り合っていたなんて絶対駄目なの。以前はいうのが嫌だったんですが、母は富山の大名華族の出で前田一族なの。昔のお殿様の娘でしたから、娘は家老の家筋に片付くものと決めていて、姉は家老の所へ嫁がせました。私はそれが嫌で嫌でね。母は昔のしきたりを家のなかに持って来ていました。母の実家で催しがあると直系の娘だから母は上席に座り、父は海軍軍人だったんですが庶民ですから末席に座ったのね。何となく母親が威張っていたというのはおかしいですがね、士農工商の時代でしたから。家の中は封建的で人を見下す感じがあったのを見ていました。使用人を呼び付けにしていたりして、そんなのが嫌で、反発していました」(23)。

農村にめばえた純愛

実は、愛情深い純愛が農村にも存在していた。当人たちの大らかな人柄によるところが大きいが、驚くに値する見事な婚前交際の実例として、調査員の女子学生がうかがった話を紹介してみよう。長野県諏訪郡湖南村の農家の男性から聞いた昭和一三年頃結婚した夫婦の話である。なお、（ ）内は同席していた妻の様子とその言葉。

「はじめ親せきの人にいい娘がいる、と紹介されてね。一度会っただけで、そのときは別に何とも思わずにそのままになっていただよ。それが御社祭（御柱祭）の〈山出し〉のときに、ばったり行き会ってね。印象がよくって手紙を出しただよ。それから一カ月後の〈里引き〉までに何回も手紙を出したの。（そばで奥さんが、『はじめはかなくぎで、字がとてもへただったけど、だんだんうまくなってきたのよ』と笑う）これはおれも努力しなくちゃいけないと思ってね。親が悪いだよ。血統があるよ。字のうまいへたには……。

手紙をもらってから様子をみてたらしくて、この人ならお付き合いしてもよかろうということで〈里引き〉の最後の日に、しゃれこんで目の前にあらわれただよ。（奥さん『かげに隠れてずっとどんな人か、悪い人じゃないかどうかを見てたの』と楽しそうに笑う。とてもほのぼのとしていて、六五歳のおばあさんなのに少女のようなういういしさを感じさせる）バカに印象がよくって、あの時の姿は今でも忘れないね。諏訪に女はこの人だけと思ったよ。こんないい女がよく無事でいたと思ったよ。お付き合いをはじめて、女買いは全部やめちゃったよ。女はよく知っていたから、純潔であるかもすぐわかる。それを思うと、粗末に扱えないと思っただよ。

この人の里の家の近所まで、七〜八キロあるが、足駄をはいて送っていった。帰り道は楽しくて、ボッコボッコまっ暗の道を歩いてきただよ。当時は人家がずうっとなくて、追いはぎも出そうだったけど楽しかった。誰かにとられちゃいけないし、まあぞっこんだったよ。上諏訪でデートしてたら、知ってる人に見つかっちゃったこともあっただよ。

当時の法律では、かぞえで女二五と男三〇になれば自由に結婚できたの。それ以前では本当の判断はできないだよ。思慮も浅いし、悔いのないものになるのは、年がある程度いってなければ無理だよね。わたしは、悔いのない結婚をしたと思ってる。当時とすれば評判になったみたいだけど、自分ではよかったと思うよ。地方から来て製糸工場に勤めてた女の人たちは、この土地の男と恋愛して一緒になった人も多かったがね。それ以外の恋愛は少なかったよね。感激があれば、一生それに賭けてもいいと思うし、感激がなければだめだね。もうこんなおじいさんとおばあさんになっちゃったから、何でも言えるね」[24]。

（H・Yさん、七〇歳）

6　婦人雑誌にみる結婚観

恋愛結婚のすすめ

大正六（一九一七）年二月に創刊され、家庭向けの実用記事中心で中年女性の心をつかむことに成功した『主婦之友』は、昭和初年には早くも一〇〇万部を超えていた。先行していた『婦人之友』（明治四一年創刊）や『婦人公論』（大正五年創刊）のような理屈っぽさや教訓的なところが少なく、人間的な興味を盛込んだ総ルビつきの編集で、都市生活の中心的存在になってきた主婦の心を上手く読者にしていった。

同誌はしばしば、成功する結婚の方法を特集しているが、目次を見ると、すでに大正一〇年代から「見合い結婚」よりも「自由結婚」「恋愛結婚」をすすめる記事の方が多くみられる。

たとえば、大正一〇年四月号には、「恋の勝利を得るまで――理想の結婚のために苦しんだ婦人の

告白」の特集のテーマの中で、

「(一) 義理ある親戚の反対を斥けて自分の希望を貫いた結婚の思出」

「(二) 自分の信ずる良人と結婚したため親から勘当された私の告白」

「(三) 許婚《いいなずけ》の男子を捨て外国婦人を姑に持った私の結婚当時の思出」

の三編の手記をのせている。


この(二)の一部を紹介するとこうである。

上京しておばの家から仕事に出ていた女性が、キリスト教会できまじめな男性Sに出会って恋愛する。結婚したいと鹿児島へ帰省して親の同意を求めた。すると案の条父は怒りにもえて「新しい思想といふものはそんなだらしないことを指すのか。この家ではお前のような放縦は許可できない。以後断然上京することは許さない」と言い放つばかり。翌日Sも鹿児島へやってきて父に面会を求めたが、父は表に出ようともせずSを追い返した。そこで女性は、二日後置手紙を残して上京し、通っていた教会の牧師夫妻に助けを求めた。夫妻は「お互いの心さへ誠に結びついているなら恐れることはない」と激励し、Sを呼んでくれた。父母はその後も強く反対を続けたが、女性の兄とSの両親は同意して二人の気持ちも揺るがなかったので、牧師は「力強く私たちの人生の船出を記念するために粛然と聖書の一節を読み、神に祈りを捧げてくださいました」。

そこで、女性はSの下宿におちついて新生活を始めた。父母の心はいまだにとけないが、「偽ることのできない心がいかに苦しく、いかに尊いものであるかを感じています」(25)と結ぶ。信仰の助けもあって恋愛の信念を貫いた例である。

自らの信念に基づく結婚

また、大正一一年二月一五日号（この頃は月二冊発行）には、「自由結婚をしたる男女の経験」というテーマで投稿を募集し、入選した次の四編をのせている。

「(一) 先夫に死別した私が自分で選んだ良人と幸福な結婚をした経験」
「(二) 療病生活の病友と自由結婚をして円満な家庭を作った私の経験」
「(三) 苦学中の青年と恋に墜ち女事務員となり目的を達しさせた経験」
「(四) 二度の結婚に失敗の揚句に自由結婚して楽しい家庭を作った私」

その（一）はこういう内容である。

初婚の九年間は子が二人生まれ幸せだったが夫が病死してしまった。すると婚家の義父母たちは、子どもを残して実家に帰ってほしいと言い出した。まだ二六歳なのだから、再婚のためにも子は置いていった方がいいと言われ、泣く泣く子を置いて別れた。一年間は悲しく苦しかったが、仏の信仰で日々を過ごした。そのうち再婚の話がいくつか来たが、私は、「身分は低くとも本当に自分を理解してくれる人、私の子を引き取って自分の子のように育ててくれる人、同じ信仰の道を歩んでいく人を心の友としたい」と望んでいたところ、偶然離婚歴はあるがまじめな海軍軍人に出会い、数回話し合いの末再婚した。思い通りの夫を授かって仏恩の深さを感謝している(26)。この例も、よく考えた自分の信念があったことが成功を導いている。

自由恋愛と女性の経済力

ところが、昭和八〜九年になると、恋愛論の勢いはかえって下火になり、周囲の意見を聞いて冷静な結婚をすすめる風潮に変わってきた。

昭和一一年の『主婦之友』の「恋愛と結婚を語る座談会」では、「この頃の人は恋愛してるんでしょうか」という林芙美子の問いかけに、森田たまは「していませんよ、掛声ばかしのようですね」と答え、身の上相談担当の竹田菊子は「ものをやたら経済的に考へますもんでございますから、さう恋愛する余裕がないのでしょうね」と応じている。神近市子はさらに、

「……女に独立で生活できる能力があればいいのですが、さうでない場合が多いので、離婚・結婚の自由ということが許されないやうになるんですね。近代的な離婚の自由といふのは、例へばイプセンでもエレン・ケイでも、皆な女の場合を言ってるんです。男には、いつでもその自由があるんですからね。ところが女は、離婚しようとすれば、そのために生活を脅かされ、社会的な地位も犠牲にしなくちゃならないんです。不幸な結婚を解消できない悩みが、女にはありますね」。

と付言して、独立生活できる可能性のなさが結婚・離婚の自由をさまたげているので、恋愛もできないのだと説明している。

そして座談会は、むしろ「夫は外回り、妻は内回り」の姿を徹底することが近代的夫婦像なのだと

して、それをすすめる方へカジが向けられていく。(27)

サラリーマン層の結婚スタイル

ところで、「自由恋愛」や「恋愛結婚」を鼓吹する記事は、多くの女性の夢をかきたて、憧れを高めることには貢献したが、実行できる者は勇敢な幸運者に限られていた。活字になった例は、一部の成功者の記録であって、大部分の姿とはかけ離れていた。普通の日本人は、男女交際の機会もなく、発言の自由もなく、親のすすめに従って「見合い」をし、淡々と、あるいは嫌々と結婚していくほかはなかったのである。

それが慣習となっていたのだが、他方、大正後半に熱烈な恋愛論を唱えた厨川白村は『近代の恋愛観』の中で、見合い結婚を激烈に非難した。

「簡単なる見合ひ結婚からでも、後にはおのづから愛情を生ずると言ふが、その愛情は、最初何等の人格的精神的結合によらずして、純然たる肉体の性交から発足してゐる。夫婦の愛の最初の第一夜――その第一歩を先づ畜生道から踏み出したものを、私は名づけて強姦結婚、和姦結婚なりと云ふ。わらじ千足で事を巧く運んだといふ得意顔の月下氷人なるものは、実に憎むべきPander（淫売周旋人）ではないか」。(28)

だが、これは無理な注文と言うべきもので、ずっと後の昭和二八年になるが、伊藤整は軽やかにこれに反論している（『女性に関する十二章』）。

「愛のない所には結婚はあり得ない、という遊牧民族系統のヨーロッパ的思想が入ってから、一層日本の女性はこの問題を気にするようになりました。……私の推定では、一般に人々が、それを口実にして結婚生活に入る所のものは、愛ではなくて情緒であるようです。我々俗人の男女は、本当は愛など感じもせず、理解もせず、願いもしないように思われます。……ですから、人は愛によって結婚すべきだという近代的な結婚観が、明治以来わが国に広められてから、ほとんど総ての人妻は、この絶望感に襲われながら生活して、死んでいったように考えられます[29]」。

こういう不満や絶望感が家族をないがしろにさせる原因となったというのである。

ともあれ昭和一〇年前後には大都市での市民生活の中心に成長してきた上級のサラリーマン階層では、結婚の方式が一応固まってきた。

それは、ハシカケ仲人となった知人が紹介して親が承認した相手と「見合い」をし、数回の面談ののち、結納をかわして「婚約関係」になり、しかるべき式の仲人を依頼して、一方または双方の家、もしくは挙式専門の会館で親族縁者数十名を招いての「結婚式」をあげ、近県の温泉地など、数日間の「新婚旅行」におもむく、といったものである。

理想の新婚夫婦像

では結婚した二人はどういう気持ちで暮らしたらよいか。

その極め付けともいえる具体的シーンが、昭和一四年五月に発行された『主婦之友・花嫁講座』（お作法と美容）のグラフに見られる。

式が終わり、新婚旅行から帰宅した若夫婦がどうすべきかを六枚の写真とコメントを使ってていねいに解説する。当時の有名な映画スターだった徳大寺伸と桑野通子をモデルとして、模範的な動きを具体的に描写する。

①新婚生活から帰ったら、親の家や自宅などは後回しにして、先ず仲人さん夫妻の家を尋ねなさい。そこで挙式の際のお礼と旅行のようすを報告するのが第一ですと教え、さらに夫婦は立ってあいさつするときには、新婦は新郎より半歩下がって立つことを写真で示している。

②朝起きたら、二人揃って神棚にみ燈を上げ、敬虔な祈りを捧げ、よき家庭建設の真心を誓い合いなさい。祈りのないところに清き光はありません、とまで言う。

③夫の出勤前、忘れ物を注意するのは妻の役目だとする。「はい、ハンカチ、手帖、万年筆と前夜乱れ籠に手落ちなく揃えておいた持物一通り。旦那さまが、しまった！　などと途中でお顔をしかめるようでは、妻のサーヴィスは落第です」。しかも品物を渡すときには、妻は膝をついて、下から上へ立っている夫に捧げるようにする様子を写真で伝えている。妻はあくまで、へり下った姿勢をとら

なくてはいけないのである。

④夫の出立。「行ってらっしゃいませ」の次に、「お早くお帰りをねーと、こぼれるやうな笑顔で、できるならば御門まで、一家総動員でお送りしてごらんなさいませ。お帰りのお足が傍道へそれるやうなことは、決してないでしょうから」とあって、写真では門を出る所で妻は夫に笑顔でカバンを渡している。一家といっても子はまだいないのだから、姑も一緒にということである。

⑤夫が帰宅したら、着替える和服の衣類をあらかじめ用意しておいて、一つ一つていねいに渡して、お茶を差し上げる。

⑥そのあとは、「お姑様も小姑も加えて一家団らん」し、「お姑様のお肩をお揉みいたしましょう。よい嫁振りです」と姑孝行の仕方まで教えている。

主婦の心得

この解説をつけたのは、同書の後半でさらに詳しく「主婦としての家庭作法」を書いている高尾公子と思われるが、その〈まえがき〉でまずこういう。

「家庭には家庭の礼儀作法があります。親しければこそなおさら気をつけねばならぬのは礼儀であります。礼儀の乱れた家庭には繁栄や進歩も望めません。一家を立派に繁栄させるか否かは、主婦となった花嫁の心掛け一つ、繁栄の家庭を作る主婦の心得を申し上げませう」。

その上で内容としては、「良人に仕へる妻の作法」を中心に、「舅姑に仕へる心得」「小姑や親類に対する心得」「召使や御用聞きとの応対」まで詳しく説明している。

たとえば、夫の〈お帰りの頃〉ではこういう。

「……たとひ十時十一時にお帰りになられても、『でも割合お早くおすみになってよろしうございました』と言外に意を含ませて笑顔でお迎へになってごらんなさいませ。万一お遊びなどしていらっしゃっても、あ、悪かった――と心中お悟りになって、必ず翌晩からは早くお帰りになられませう。

どんなにおそくとも妻は起きてお待ちすること。待ちかねたようににこやかに迎へることです。決して先へ寝るやうなことがあってはなりません。『お寒うございましたでせう』『お暑かったでございませう』との犒（ねぎらい）の言葉くらゐ、働いて来た者に嬉しいものはありません。足音がしたら飛んで行って、時に応じて優しいお言葉で迎えてあげてくださいませ。時にはいつもと違って、丸髷姿などで驚かしておあげなさいませ。楽しい生活の変化です。

お部屋にお入りになられたら、まづお手拭きと温いお飲物か冷水を差し上げませう。夏ならば行水、お風呂を召して頂いて、さっぱりと汗を流していただくやうにして……」(30)。

つまり、このような配慮や行動が、花嫁すなわち新妻のあるべき理想像とされたのである。ここには、夫婦の平等性や共同性はまったくない。妻は悪くいえば娼婦に近く、良くても男に仕える女中に等しい使用人同様の姿しか見られない。これが望ましいとされた昭和一〇年代前半の、エリートサラリーマンの夫と専業主婦の究極の姿なのであった。

7　身の上相談にみる女性の悩み

朝日新聞の女性相談欄

もちろん、当時でもすべての夫婦・親子が穏やかに暮らしていたわけではない。家族の中に不満や争いごとを抱える男女は、そのはけぐちを、まず新聞の身の上相談に求めた。

昭和ひとけたは「身の上相談全盛時代」という言葉も生まれたほど、マスコミの各紙各誌は身の上相談を取り上げていた。紙面が増えて豊かになったほかに、読者の方も文字を使って世に訴える道を好むようになってきた。とくに政治的な発言や行動を抑えられ、家庭の中でも無権利状態に置かれた女性は、とりわけ家庭の人間関係を文字にして訴えたかったのであろう。

「読売新聞」や「東京日日新聞」に遅れて、「東京朝日新聞」も昭和六（一九三一）年五月一日から女性相談の欄を、家庭面の一部に置くようになった。その年に掲載されたほぼ大部分にあたる一五四篇の質問と回答が、翌七年三月に『女性相談』(31)と題する一書にまとめられて木村書房から刊行されたので、その全容を容易に知ることができる。

同新聞学芸部による序文によると、質問は毎日平均七〇から八〇通に上り、取り上げるのは一通なので良心的苦痛があるほどだ。収めた一五四篇は昭和六年中の掲載分全部と思われるが、中味に連関があって分類は無理だが書物では一応便宜上一〇の分野に分けて並べた、としている。その順序と篇数を紹介すると次のようになる。

恋愛＝三〇、結婚＝二五、夫婦＝三五、家庭＝一〇、経済＝一〇、職業＝一五、思想＝三、道徳＝一七、法律＝五、雑＝四（計＝一五四）。

七割に及ぶ男女のトラブル

しかし、私が内容を見たところでは、結婚と夫婦は内容が類似しており、道徳というのもほとんど夫や父の婚外非行追求なので、約半数が夫婦間の問題となり、これに恋愛を加えると全体の七割が男女間のトラブルということになる。それに比べて親子間のトラブルは家庭と職業の分野に少しあるが全体の一割強に過ぎない。残りの二割弱が金銭や法や思想に絡んだものだが、紛争の程度は小さい。

この分野別篇数の動向は、新聞学芸部の選択方針にあるかもしれないが、やはり、当時の一般女性（といっても上層や貧困層を除いた新中間層家庭）の訴える声の割合がよく出ている、ととってよいであろう。もっとも紙面には氏名、地名、年齢はなく、ほとんどが都市の女学校出身者であるとうかがわれる。

なお回答は「山田わか」がほぼ一人で担当している。彼女の守備範囲から外れた質問は排除されたことであろうが、全体としては左右に偏らず良識的でていねいである。この年の同紙一二月三一日付には、山田わかが、「悩める婦人たちへ」として身の上相談欄の総括を書いている。それによると一二月二五日までに一万七〇五二通の投稿があり、二〇四通（一・二％）しか回答できなかったこと、大部分は愛欲と食欲の不満に帰せられること、愛欲の問題の大部分は、女は弱いとされた伝統的気風と、誤った男性中心の思想に毒された男子の横暴とその野獣性の発揮に問題の源を発していると述べている。

親子問題

まず、少数の親子関係についての質問と回答を取り上げてみよう。

相続財産分けをめぐる紛争とか、娘の恋愛に反対して、といったものは一篇もない。長男単独相続制が確立していたためと、親のすすめる見合い結婚が当たり前であったためだろうか。息子を扱いかねて、が割と多く四篇ある。

(1)盗癖の三男一七歳をもつ母の相談

「矯正につとめ来れるもその後数十回にわたり盗みを働き（但し食料が主なりしも最近に至り金銭を盗むやうになれり）警察に厄介になること六・七回。目下某警察に拘留二十九日の留置中。新聞三面に掲載せられること三回。田舎にて相当信用ある家柄として苦痛一方ならず。実父実兄は当人を愛するの情と自己の立場より、殺害して自分等も自殺せんとしたることもあり、一家の悲痛甚だしく、家庭には全く光明なく、一家の主婦として思案に余りおすがりする次第であります。近々拘留放免の日の近づける今日、親族鳩首の上相談致しましたが名案なく、左の二案につき取捨に迷ひ居ります。

一、外国航路の汽船に乗船せしめること。

二、感化院に入院せしむること。

尚、本人は非常に労働を厭ひ、強ひて家業の手伝ひをせしむる時は家を外にして家庭によりつかず、他家の軒下等に寝て一カ月も過したことがあります」。

答えには乗船を引き受ける会社はないだろうから、感化院（現在の少年院）へ送ることを考えねばならぬだろうが、少年法（大正一一年からあった）に違反するかなりの事件を起こさねばならぬので、実現は難しいだろう、と自信のないことを言うほか、言葉が見つからぬようである。

(2)継母の悩み

「私は四十を越えた継の母でございます。子なきため初縁に破れた私は先妻の子のある所へ望んで再縁致しました。従来の生さぬ仲の母子の間柄を一新させよう、世のかがみとならうといふ意気込みで母となりましたが、さて、直面して見るとそのむづかしさ、全く敵地に渡つて敵の兵卒を指揮する位に相当しました。けれども忍耐に忍耐をかさねて、眠る間も忘れるひまなく十二三年のたん精の功現れて、まことの母子にも滅多に見ないやうな温い仲となり、どんなことでもわけへだてのないやうになりました。私の満足、喜び、御察し下さい。……ところがせがれは一女性の言葉を用ゐて、私のその満足その喜びをあとかたもなく蹴やぶつてしまひました。失望、悲しみのどんぞこへつき落されて私はヒタ泣きに泣きました。……そんなにも母を泣かせて二年後、全然私を裏切る行動を息子は断行しました。サア、立場の悪い私は世間中から悪罵の声を浴びながら暮さねばならなくなりました。御察し下さい。その後は折にふれ、時にふれ、息子は私に毒づく言葉ばかり用ゐます。

私は精神的に殺された上、始終なぶられてゐるやうなかたちです。……私は一世や二世では消えつくさぬ悩みに苦しんでゐます。自尊心のとても強い私は神でなければ知ることの出来ない悩みに苦しんでゐます。先生、どうぞ悩みのうすらぐお説をおきかせ下さい。伏してお待ち致します」。

女性のもとへ走った息子に泣く継母の構図である。これに対する回答も難しいことだが、山田は

「さらに母心に徹底せよ」と説いている。

▼「従来の生さぬ仲の母子の間柄を一新させようとまで意気込みなさつた心がけの良いあなたです。どうかその良い心がけをもう一歩進めて母心に徹底してください。あなたを裏切る行動を断行したとしても、もう、すでに断行してしまつた後ではあるししますから、もしそれが全然あな

たの意に副はないことであるとしても、どこまでも息子さんの幸福を本位として考へるならば腹は立たない。
そして、息子さんたちに足りない處があれば足して上げるという風に、春の海のやうに、温い廣い母心のうちに子息さんの欠点を抱擁して上げるといふやうな氣持ちになつて下さい。息子さんはあなたに毒づく代りに感謝するやうになりませうし、あなたの悩みは却つて誇りとなるに相違ありません。悩むのも喜ぶのも怒るのも笑ふのも唯自分の心の置き處にあるものだといふことをよくお考へ下さい」。

(3)父への負い目から家出したい娘

父を実父と思えない娘が卒業次第家出したいと思うがどうか、という質問である。

「私は三歳の時實母に伴はれてある植民地へ行き、一昨年その母が死亡してから……父を頼りに内地へ歸りました。その後は父の家から女學校へ通學し、明年は卒業することになつて居ります。けれども、父と私とは容貌も性格も少しも似たところがありません。近所の懇意の人から聞きますと、私は今の父の實子ではなく、母が不倫の結果の罪の子であるさうです。悲しくてなりませぬ。……

今の父は、平日私を見ても少しも喜ばず、何だか不愉快な顔ばかりして居りますので、私は氣の毒で心配でなりませぬ。戸籍上では父の子として唯私一人でありますが、かような事情では到底父の家に長く居られないと思ひます。ですから女學校を卒へるまで忍んで父の家に居り、卒業次第勝手に家出して独立生活したいと存じます……」。

この質問に対して山田は、きつい言葉でその考えを叱っている。

▼「卒業次第勝手に家出しようといふお考へは良くありません。又、お父様からもお母様からも聞いたのでもない、あるひは、外に確なる実證もないのに、たゞ他人のいつたことだけを眞實として御自分を罪の子としてきめてしまふのは軽率です。もし又今のお父様が本當にあなたの實父でないとするならば、實父でもないのに戸籍上實父となつてゐて下さるのみならず、手許に引きとつて教育して下さるその恩をあなたが思はないならば、あなたは一生浮かぶせがなくなります。

血がつながって居やうが居まいが、現在において父としての義務を果してゐて下さるお父様に對して、あなたが娘として優しくつかえて孝養をつくさうとする態度におなりになるならば、お父様はキツとあなたを見るのをお喜びになるやうになります。眞實の親子でも少しも親密になれない仲もあるし、また、眞實でなくても、娘の態度次第で親密になることが出来ます。

現在あなたを親船の上の安泰な位置に置いて下さるお父様に對する氣持ちを、他人の言葉などによつてグラツカせて家出しようなどとはとんでもない悪い考へです」。

⑷ひどい嫁の育て方

「私は田舎から近く上京した老母です。……宅に誕生少し過ぎた孫があります。嫁はこの孫を、おいたしたとて所きらはずひねり、小用をもらしたとてびしびしたゝき、大便をしくじつた時の形相といつたら恐ろしい位です。もとより孫はその度に高く泣きます。毎日これを繰り返してゐます。食物とても大人同様で、三、四歳の子供でなくては理解しないことを子供（孫のこと）にいつて、そして、解らぬとて目の色を變へて叱ります。おむつなども快く取かへてやりません。これが今の醫者や教育家が許した育児法なのでせうか。私は都の嫁の威光に打たれて何も申しませぬ。私はあまりにも愛情に乏しい嫁を不思議に思ひます……」。

▽「そんな育児法は斷じてありません。そんな状態では、あなたが苦しいばかりでなく、嫁さんも大變不幸ですから、子息さんとよく御相談なさつて、嫁さんの態度を改めてもらはなければなりません。どんなにじやけんな人でも我が子に對しては甘すぎる程甘いのが通常であるのに、そんな風に過酷であるのは、生理的にか又精神的に何か故障があるのだと私は考へます。……

打たれ、つねられるお子さんが不びんなのは申すまでもありませんが、打ち、つねる嫁さんも決して愉快ではないのですから、さうする嫁をにくいとお思ひにならないで、お孫さんに對すると同じ慈愛の眼で眺めて、子息さんと共にその態度の矯正法を御講じになるやう御すゝめします。もし、生理的にも精神的にも何も故障はなく、あなたが疑つておゐでの通り、自分の安樂のみを考へて多用を厭ふといふのが確實であるならば、こちらは高びしやに出て、態度の改善を命令してよいと思ひます」。

これは昭和六年という時点でも、幼児を肉体的に虐待する母親がいた例になるが、さらにまた、数え一八歳の娘を妾に売ろうとする母親を恨む投書も来ている。これもひどい虐待で「どこまでも拒め」という答えが書かれている。

(5)母親に売られそうな娘の悩み

「女學校二年で中途退学した私は今十八歳になります。私の母は昭和のお傳と呼ばれているやうな、金にかけては本當にいやしい人でして、この度、私をある家へ妾にやらうとするのです。私としてはその人を少しも愛しも戀しもしないのに、母が強ひて行かせようと致します。それで私はいツそのこと、母の許から逃げようと思ひますが……現在の私は如何なる道を取るべきでせうか?」

▽「それは大變困つたことです。たとひお母さまのいひつけでも、あなたはどうしても拒まなければなりません。外のことでどんなにでもして親孝行をするから、それだけは出来ないといつて、お母様を説得なさいませ。……どうしてもお母様が聞かなければその時にはやむを得ないからお母様のお膝下を離れなければなりますまい。が、そうするについてはあなたはまづ確かな後ろだてを見つけなければなりません。それは信用出来る個人でもよいし、又は、さういふ娘さんを保護することを仕事とする団體ならば尚結構です。軽率に逃げだして、又、連れ戻されるという風

では徒らにごたごたするばかりですから、警察の人事課へ保護を願ふのも一つの方法ですが、どういふことにならうとも、親は親だといふことをお忘れにならないやうに希望します」。

昭和六年は、のちの太平洋戦争時代に比べればまだのんびりできるときではあったが、農村では飢饉が起こり、就職難は始まり、満州では事変が起こっていた。「女性相談」にも、少数ながら時局がらみの質問が寄せられるようになった。その中の二つを紹介する。

(6)息子の就職難に悩む母

「先生、私は四十七歳の女にて、目下某大學豫科在學中の二十歳の男子の一人と二人暮しで御座います。唯今まで亡夫の借金その他のため、随分苦しい思ひを致しまして、……今日まで押して参りましたが、今の世相を深く思ひ、又大學の卒業生が就職難に行きづまつてゐる様子など見ますと、こんな苦しい思ひしてまで學校を卒業させる必要があるだらうかと迷いが出て仕様が御座いません。……そんな思ひしてまで學校など卒業さすよりも、今から世の中へだして苦労させた方が良からうとの思召しで御座いましたら、私もキッパリ思ひ切ります。どうぞどうぞご教示の程伏して御願ひ申上げます」。

▼「本當にそんな思ひまでして學校を卒業させるよりも、今から實地の仕事におつけになる方がよいと私も考へます。他人の家で食べさせてもらつたりなどしながら――それも果してそんな都

合のよい家があるかないかも分らないし――やつとのことで卒業はしたが、職がないといふことになれば、もうその時にはあなたのお年も相當に進むのだし、それこそみじめだらうと心配です。

それよりもまだあなたに他人の家へでも住み込もうとなさる程の元氣がおありになる間に、御子息さんを職業の方に實際においれになつた方がよいと思ひます。實際の仕事をしながら修養の方はご當人の心がけ次第で、どんなにでも出来るのですから。大學が萬能でないといふ所に、今お氣づきになつたことは大變ご幸福でした」。

(7) 派出婦会の紹介を

「私は二十三歳になります。今はある地方長官の家に女中奉公をして、月給全部を家に送つてをります。家は両親と七人兄弟の暮らしですが、すぐ下の弟は満州派遣軍の一兵士として御國のために働いてをります。

けれども、今頂いてゐる十圓では、たうてい一家を安樂な生活にすることは出来ません。……両親や弟達が食べることも出来なくなる有様を眺めつゝ、私はやはり今の女中奉公をして居なければならないでせうか？　……間もなく死して護國の鬼となるであらう弟に安心して御國のために働かせたいのです。愚かなる姉とお笑ひなく、どうぞ私たち一家を助けると思つて、安心して入會出来る派出婦人會をお教へ下さいませ」。

▽「あなたは決して愚な姉様ではありません。お國のために死を期して今や満州に暴虎な敵竝び

に零下何十度の酷寒と戦つておゐでになる弟さんに安心させるため、その家族の生活をもつと有力に背負つて立ちたいと希うお心がけはまことに見あげたものです。あなたならば斷じて都會病に染まるやうなことなく、必ず初志を貫徹なさると考へますから、私の信じてゐる派出婦會をお知らせ致します。

死して護國の鬼となるであらう弟さんに、せめておうちのことを心配させないやうに、今後のあなたの堅實なお働きを熱き涙と共に御祈りして居ります」。

親子関係の質問は次の夫婦問題とくらべて少ないが、その中にも、女性が回りを気にした弱々しい発言があちこち散見されるのは、注目すべきことと思われる。

たとえば、「私は非常に内気です」「小さな胸をいためて毎晩泣いています」「故郷の父母がとても心配です」「世間中から悪罵の声が聞こえるようです」「近所親類から後指で笑われています」「愚かな姉妹です」「女のはかなさで迷っております」「どうぞあわれな母子に同情の涙を」といった言葉などである。自己否定・自己不確実な女性の姿が多くいたことがうかがわれる。

夫婦問題

「夫婦問題」としてくくられている三五項は、多すぎるので個々の紹介は難しいが、質問と回答の要旨がほぼ見出しになっているので、次の表1－1でそれを一覧しておこう。

表1-1　夫婦相談の質問と回答

	〈問〉	〈答〉
1	四十男の不身持ち……	主婦の位置を動くな……
2	家出した夫を慕ふ……	辛抱強く時期を待て……
3	非道な夫と罪の子と……	子供中心に考へなさい……
4	病妻の處置に迷ふ……	人道に重きをおいて……
5	同棲せずとも妻として……	逢つて氣持を傳へなさい……
6	夫と児の許に歸りたい……	心のある所へ體を投込め……
7	情死を決心した女から……	ざんげの結婚をなさい……
8	女中をしてゐたとて……	あなたの夫を教育せよ……
9	始末におへぬ夫の所業……	主婦の威厳を示せ……
10	夫に敬愛の念を失ふ……	今は一切を清算させよ……
11	夫の純潔が失はれた……	悔悟の男と再婚なさい……
12	早く夫と別れたい……	子供を中心に考へよ……
13	夫が冷淡になつた……	夫の重荷となるな……
14	妾の身上が悲しい……	斷然決心をなさい……
15	夫の破廉恥な不品行……	不品行を黙認するな……
16	夫と子供の間にはさまつて……	考への熟すのを待て……
17	夫と別れて働きたい……	夫婦で協力なさい……
18	妹の結婚に夫が冷淡……	御良人に従ひなさい……
19	夫に妾が出来て惱む……	母として何處までも強く……
20	夫が好きになれない……	努力が必要です……
21	親友が夫と關係して……	要求を無視して結構……
22	夫の男尊女卑の思想……	おやぢ教育に努力せよ……
23	夫の許に歸るべきか……	すぐお子さんの傍へ……
24	夫の貞操を要求したい……	夫の貞操を要求なさい……
25	離婚したものでせうか……	離婚とはとんでもない……
26	夫の妹に對する疑ひ……	苦労を無駄にせぬ様に……
27	訴ふるか忍従するか……	夫を當てにしないで……
28	良人を無視する義父母……	一時別居して反省を……
29	不正な商賣と夫の氣持……	約束履行を要求なさい……
30	夫に自白を強要される……	打ち開け話をなさい……
31	姑が怖くて歸り得ない……	禍を轉じて福となせ……
32	明るく生きる道を……	どこまでも正しく……
33	行方の知れない夫……	氣を落さず待ちなさい……
34	棄てられる妻から……	夫の両親に直ぐ手紙を……
35	私の我がまゝで夫に家出され……	直接逢って謝罪なさい……

この三五項目に目を通して見ると、主原因として一番多いのは「夫の女性関係」だったが、一〇項にとどまったのは予想よりも少ない。今の言い分では「性格相違」に当たるものが六項目も見つかった。急いで親の言いなりで結婚したものの、子どもができてもどうしても夫が好きになれない。言葉遣いからして本質的に違う。生活習慣や考え方が夫の望むように出来ない、といったものである。自分または夫が重病、とくに肺病や性病にかかっているので別れたいが、子がいるので簡単にはできない、というのが三問。女性の経済力が今よりもずっと乏しいので、子どもが足かせになっている。児童手当や母子手当などが一切なかった時代なのである。

なお、現代から見て興味が深いと思われる二つの事例を取り上げてみよう。

(1)夫の男尊女卑の思想

「私は今より六年前恋愛結婚を致しまして、唯今は二人の女児の母でございます。主人はある會社の重役で、非常に眞面目で性質も温厚な方で、そして、私を心から愛してをりますが、どうしたことか、結婚當初より、女といふものは魚や肉など食べなくてもよい、又食べなくてもよいやうにできてゐるのだから、菜つぱばかりで十分肥ることが出来ると申し、樂しかるべき夕食も、いつも私と女児は野菜ばかりで主人は肉、魚などの皿をならべ、子供が欲しがると、男の子ならばよいが、女に美食をさせるとお嫁に行つてから困ると申し與えません。今のうちはよいとして、今に男の子が生れたならばどんなに女の子が悲しむか、はてはなにかひがみを持つやうになりはしないかと心配のあまり、時折り、世間のいろいろな例を引き話もし、殊に子供はこれから伸びて行かうとするのですから、男の子でも女の子でも親の愛に變りはない。それに私としても生れた子に牛乳を飲ませ、私が粗食しては何んにもなりませんからと、いろいろ手をつくして意見致しましても、どうしても同意してくれません。……私の生家は裕福な暮しで、殊に女児は私一人であつたものですから、大變大切に育てられましたので、今の主人のしうちが悲しく、それがため主人に對する愛がうすらぎ、この頃では少しも愛を感じなくなりました。

主人は田舎の農家に生れ、男は非常に大切にされ、女の子は随分ひどくされ、食物も母親姉妹は香のものばかりで、父親、男の子は美食をとり、男の子が姉に對してどんな我まゝをしても父母は怒らなかつたと申して居ります。

先生、如何致しましたならば主人の小さい時より植ゑつけられた悪い習慣をのぞき、一家樂しく共に食し、男の子も女の子も同じように育てることが出来るやうになるでせう？　どうぞお教へ下さいませ」。

これは昭和ひとけたの当時としてもまことに珍しい男女差別だが、これだけ徹底した男尊女卑の行いが、大都市上層階級の家庭の中でも実際にあったことをよく示している。ジェンダー（社会的性差別）の原点が家庭生活にもあった例として取り上げた。しかし回答者は、結局「おやじ教育に努力せよ」というほかなかったようである。

▼「……男性よりも女性の方が保健のためにはより多き榮養を必要とするといふことを、今の醫者が一様に力説してゐることを、つまり、新聞雜誌に書いてあることを、御主人は御覧にならないのでせうか？　あなたは主婦で家計を司つておいでになるでせうから、主人が何といはうと、事實においてはあなたの機轉で、あなたとお子さんの榮養はどうしてでもお攝りになるに相違ないですが、しかし、さうした男尊女卑の區別が、あなたも心配しておいでのやうに殊に男の子でも生れた時に、その男の子にも女児の方にも、精神的に悪影響を與へるといふことは、歴然たるものであるばかりでなく、私のもつとも恐れることは、御主人に對するあなたの愛がさめて来たことであります。

自分ばかり美食して妻子にそれを禁ずるのは、要するに經濟の理由からでありませうが、どんなに金を殘しても妻の愛がさめてしまつたのでは、御主人にとつてこれ程不幸なことはないのですが、この點に御主人は氣がつかないのでせうか？

御主人の母親や姉妹は全然古い『女大學式』で滿足して居られたのだけれども、人として精神的に目ざめてゐる現代の女性は、さうした差別的待遇の空氣のうちに置かれては愛も情熱もあせてしまふ。愛も熱もさめてしまつた豆腐のからのやうな人間に妻がなつてしまつても、金を殘した方がよいのかと質問して御覧なさいませ。日蓮上人ですら『比翼と申す鳥は體一つにして頭二つあり、二つの口より入るもの一身を養ふ。夫婦はかくの如し』といつてゐることを御主人に教へてお上げなさいませ。……『私は困りはしないがあなたの幸福のためによ』といつた調子で、要するに『おやじ教育』に御努力なさいませ……」。

(2)夫の貞操を要求したい

「私は九歳と五歳の二人の男児の二十八歳になる母親で御座います。官吏であります良人と十年前結婚致し、……結婚後三年目で長男を産みましてから三カ月程の後、良人は出張先で友達と共に遊里に宿つて来たことを、歸宅後私に知らせました。十八歳で嫁して以来、一途に良人を信じてをりました私は本當に驚き悲しみました。でも良人は今後を絶對に誓ひますので、私も自分が良人の心にそはなかつたものと反省して注意して居りました。

長男が三歳の暮に、良人は又さうした所へ宿つたことを私にあやまりました。そして、又、後を誓ひました。にも拘らず良人はその時申しました。『世間の男を見よ。家内にかくして又は公然と遊里に足をいれるのが十中八九までだ。交際上これは必要なことで、此點家内なる者は大目に見なければならない』と。けれども私は申しました。『さういふ嫌悪すべき交際をしてまで現在の職業を支へて行かねばならないとすれば、私達母子は夫の汚れた體によつて得た収入で暮させてもらふことになるから、とても苦痛で我慢出来ない。今のうちに何とかしたい』と。けれども子供のことをいろいろと考へ……凡てを水に流しました。

それより五六年この頃まで、私は良人を信じ樂しく暮してをりました所、昨年六ケ月で早産を致し、そして今年の九月又九ケ月の女児を早産致し、生後五十餘日で亡くなりました。醫者は『遺傳梅毒の症状が二、三現はれてる』と申しました。過日私自身の血液検査をしてもらひましたら、確かに反應が現はれました。所が先日良人は苦しくて仕方がないからザンゲすると申しまして、私に誓つた翌年も、翌々年も、又、今年死んだ子供が出来る前にも、悪友に誘はれて行つたことを話し『どうぞこの通りあやまるから許せ』と申します。

世間一般の男性は結婚後でも貞操観念なく遊里に足をいれることなど当然のことと思つて居ります。それで今後交際上必要な（?）さうした行為を私が許せない以上夫が処世上都合が悪く、私も又常に不安な不満な心で暮すのはお互ひに不幸なこと丶存じます。ですから今後絶對にさうしたことはしないと私が納得出来ない以上、お互ひに身の立つやうにして別れるより外はないと思ひます。先生、私は人一倍しつと深いのでせうか？　私のとるべき道をお教へ下さいませ」。

これは、まことに悲痛な、しかし感傷などを少しも交えないまことに堂々とした問題提起である。回答者はこの質問に全面的に共感し、情熱を傾けた熱烈な回答を寄せた。半野蛮人である男に「夫の貞操を要求せよ」と強い言葉で、正に山田わかの本領が発揮された一文であるので、やや長くなるが全文を掲げておきたい。

▼「あなたのお考へは徹頭徹尾正しいです。何は無くても夫婦が相信じ合ふ生活こそ世の中の最大幸福です。品行が正しいといふことは妻の幸福ばかりではない、第一、自分の幸福であるのに

それを知らないで、肉慾に翻ろうされ、たましひを腐らせ、悔いを子供の上へ残し、悲痛な思ひをしてゐるのですから、實に齒がゆいことおびたゞしい。

要するに、まだまだ多くの男子は文明人として發達の途上にある半野蠻人です。女性は命にかけて貞操を守る。つまり、たましいの承諾しない男子は死すとも相手にしないといふ、たましひの力で肉體を左右する女性こそ眞の文明人です。ですから妻が良人に貞操を要求するのは決して單なるしつとではなく、男性をして女性と同じ文明人に引きあげさせようとする天が女性に命じた貴い使命であるのです。

女性のこの貴い使命について考へることも出来ず、物質上の生活を保證してくれることに満足して、蛇を抱かせられるやうな感じを我慢してゐる婦人こそ、女性としての價値のないいはゆる物質のどれいです。さういふどれいが世の中に餘りに多すぎるから、いつまでもいつまでも男性が反省する機會を與へられないのです。そして、數限りなき不幸の源を釀造しつゝあるのです。

この點についてあなたが氣づいておゐでになる事はあなたの家庭のため、お子さんのため、ひいては國家のためにまことに幸福です。但し、あなたの御良人があなたの正しい考へを受け容れて下さればです。

不品行を悪いことだと感じてゐない、野蠻性の發揮を男子の特權であるやうに考へてゐる分らずやの石頭な男はもう度し難しですが、然しあなたの御良人《おっと》はたましひの要求に耳を傾けておゐでになる。だが肉の力の方が強くてたましひの力が踏みにじられるのですから、彼のたましいの力にあなたのたましひの力を添へてあげて下さい。
あなた自身が命をかけて自分の貞操を守るやうに、命に掛けて御良人の貞操を要求しなさい。これが新時代の女性の最大なる使命であり、社会浄化の源であります」。

大審院判決も遠い世界のできごと

これはこれで一応完結しているが、「夫の貞操問題」はその数年前から司法界では大きな問題になっており、この五年前の大正一五年七月二〇日には大審院から画期的な判決が出ており、新聞も当然大きく取り上げていた。しかし、本文の質問者も回答者山田わかも、この判決のことに少しも触れていない。山田の補助をしていたと思われる朝日新聞学芸部の記者も含めて、この画期的判決のことを知らなかったようだ。このことは、司法事件の報道などはごく一部の関係者だけのものであって、一般市民にはほとんど伝わっていないことをよく示している。

では、それはどういう事件だったのか。詳しくは前著『大正期の家族問題』第七章[32]をご覧いただきたいが、大審院刑事部は、大正一五年七月二〇日の中間決定と昭和二年五月一七日の終局判決で、世間の予想を覆して「夫にも貞操義務あり」との画期的な宣言をし、それまでの一般人や法律家の考えを否定したのである。

迷う女たちからの相談

この中から、当時の女性の弱い気持ちを示すあきらめの境地や、運命判断に迷う心境が出ている例を二つだけ紹介しておく。回答者は、意気地なしではなく、元気を出して事に当たれ、と励ましている。

(1)離縁されて尼になりたい

「二十二歳の女です。十八の春高女卒、二十一歳の春嫁ぎました。慣れない農事を自分としては出来得る限り務めたつもりですが、その家は村でも評判のむづかしい家で、村人もみんな同情して影になり日向になつて私をたすけてくれましたが、どうしても両親の氣にいらず、子供一人あるのに破婚になりました。實母には死なれるし、全く、不幸のどん底におちいりました。その後實家の手傳いにいそしんで居りますが、子供のことを一ツときも忘れることが出来ません。

親戚や親兄弟は、自分さへ正しければこの先きいくらでもいゝ所へ嫁げるからといつて居りますが、自分ばかりがどんなに幸福になつても、それは私にとつて少しも満足な生活ではありません。

親故に子供を抱へて妻を離縁せねばならぬ夫、生れ落ちるより早く母親に別れた子供、それ等のことを考へると、ゐても立つてもをられません。それ故、私は尼になつて心を清くし、夫の幸福とあの子の無事な成長とを祈る生活が出来るなら、それをもつて親の義務を補ふことが出来るし、又夫に對してもいく分かの心盡しが出来ると思ひます。

私は自分ばかりの幸福を少しも望んではをりません。一人でも多くの不幸から幸福へと導くことが出来るなら、それが何よりの私の求むる幸福です。一時も早く人を幸福に導く生活に入りたいと思ひますから、先生、尼になるにはどんな方法をとつたらよいでせうか？」

▼「尼の生活を悪い生活だとは思ひませんが、しかし、最善な生活だとは私は考へて居りません。なぜなら、神に乃至佛につかへるといふことは結局人につかへるといふことです。

ですからあなたが本當に人のためになる生活をしたいのなら、尼になつて祈つてなどと、そんな間接的ななまぬるいことをするよりも直接不幸な人々の中に立ちまじつてゐて、それ等の不幸な人々のために働いてやるべきです。そして、あなたにもつとも深い關心のある、かつ、あなたに離れられて不幸な状態にある御両人と子供さんをまづ幸福にするために、何等かの方法をあなたは考へなければなりません。あなたの意向を御両人に通じて置いて、今スグといふわけに行かなければ、時の至るまで親子三人が一つになる時を目標として、あなたは今日の生活にいそしんでおいでになるがよいと私は思ひます。……

一人でも多く不幸から幸福へ導きたいそのお心持ちを決してお捨てにならないやうに、同時に御両人とお子さんを不幸から幸福に導いて上げることが、最大急務だといふことをお忘れにならないやうに、尼になつたやうな敬けんな気持ちで一々事に當つておいでになれば、婚家の両親の心をも必ず解くことの出来る時がくると私は信じます」。

(2)運命判断に迷う女

「私は今年二十一歳の處女で御座いますが、小學校時代より非常に運命判斷が好きで御座いました。……年も増し女學校も卒業致しての現在、毎月號の婦人公論又は主婦之友に出てゐる手足、顔面全部の運命を見ますと、私のに九分通り合つてゐる者は悪運命で御座いますので、私は今悲観してしまつてゐます。最近のうちに結婚致さなければならない身の上でありますのに、一生不幸な生活致すより、今のうちにどうにかしたいと考へますが、併し、運命判斷は實際のことで御座いませうか？　またさうした悪運命の者は如何なる道をとるべきでせうか」。

▽「……當たるも八け當たらぬも八けです。ですから、なぐさみにそんなものを見てゐるなら、それもいゝでせうが、そのために一生のことを左右するなんて馬鹿の骨頂だと思ひます。運命判斷なぞに囚はれる代りに、その運命の主人におなりなさい。つまり、運命に翻弄される代りに運命を左右してゆかうとする元氣をおだしになるやうにおすゝめします」。

女性相談にみる四つの問題

この「女性相談」はたしかに昭和六年時点における、中年女性の要望ないし関心の一端を示すものと言える。ただし、当時の日本女性全体の声を代弁するものと受け取ってはならないだろう。

理由の第一に、大都市の中でも三割程度、全国的にみれば一割もいなかった階層、すなわち、経済的に安定し恵まれた新中間層の専業主婦の発言であるという制約がある。

第二に、時代の社会経済的背景がほとんど反映されていない発言が多い。昭和六年は、アメリカに始まった世界恐慌の影響から、企業の操業短縮、倒産が相次ぎ、賃金引き下げや人員整理が行われ、労働争議・小作争議が続発するときであったが、投書にはこの種の危機的状況とむすびついたものがほとんどない。いわば、経済的には相対的に恵まれた家庭の人の発言になっている。

第三に、したがって相談の内容は、大正初年や大正末年に現れた読売新聞などの身の上相談のそれとほとんど変わっていない（前著『大正期の家族問題』参照）。それだけこの層の主婦の生活実態は、その前の二〇年間およびその後の一五年間を通じても似たようなものだったと推測できる。

第四として、当時の裁判所の判決例は、投書にも回答にもまったく影響を与えていないことがわかった。家事事件の判決を注視した者は司法関係者と法学者のみにとどまっており、一般大衆には無縁であったことを示している。これは興味深い。

付――山田わかについて

通常、新聞の身の上相談の回答者は、複数の回答者が担当するのがふつうである。ところがこの「女性相談」は、終始「山田わか」一人が担当してきた。これは珍しくも重要なことなので、山田わか本人のことを今少し詳しく紹介しておきたい。

一言でいえば、大正昭和期の婦人運動家・評論家である。

明治一二年神奈川県三浦郡の農家の二女に生まれた。尋常小学校では首席だったが、学歴はこれだけ。一六歳で一〇歳年上の男と結婚したが一年足らずで離婚。一七歳で没落した実家を救うことを願って渡米、しかし横浜で女衒《ぜげん》にだまされたもので、シアトルで白人専門の娼婦「アラビアお八重」となって八年間過ごした。二六歳のとき新聞記者立井信三郎に助けられて脱出。サンフランシスコの長老派教会の娼婦救済施設キャメロンハウスに逃げ込んでキリスト教に入信。婚約を裏切られた立井は自殺してしまった。

そこから通える山田英学塾に入り、その塾長で社会学者でもあった山田嘉吉と結婚。明治三九年夫婦で帰国後は、母性主義の立場から翻訳や発言を活発に行った。夫の私塾の塾生であった大杉栄を通して『青鞜』に毎号のように翻訳・随筆・小論を発表して有名になった。昭和九年に母性保護同盟の委員長。一二年には貧困母子に対する母子保護法を成立させる。戦後は、売春婦厚生施設を設立する一方、母を守る会会長、東京家庭裁判所調停委員などを務めた。(33)

注

(1)「東京朝日新聞」昭和二年三月三〇日。
(2)「東京朝日新聞」昭和三年八月九日。
(3)「東京朝日新聞」昭和五年八月一九日。
(4)「東京朝日新聞」昭和五年八月一九日。

(5)「東京朝日新聞」昭和四年三月三一日。
(6)「東京朝日新聞」昭和七年一二月一三日。
(7) 国立社会保障・人口問題研究所『我が国夫婦の結婚過程と出生力』平成一九年、同所、一九頁。
(8) 川島武宜『結婚』昭和二九年、岩波書店、五三頁。
(9) 川島武宜、前掲書、三八―五一頁。
(10) 風早八十二解題『全国民事慣例類集』昭和一九年、日本評論社。
(11)「読売新聞」昭和一一年一一月五日。
(12)「東京朝日新聞」昭和一〇年一二月九日。
(13) 本間久雄「動かぬ恋愛の二字」東京日々新聞、大正一五年一〇月一三日。
(14) 鈴木はるの語り、葛飾女性史の会編『つづら――葛飾に生きた女性五〇人の聞書き集』平成一七年、同会、一三四―一三五頁。
(15) 井口貞子の語り、杉並区女性史編さんの会編『杉並の女性史』平成一四年、ぎょうせい、八二―八三頁。
(16) 西多セイ「掛値なしの話」豊島区立男女平等推進センター編『風の交差点二』平成五年、ドメス出版、二四一―二四二頁。
(17) 高木久子「ひのえうま生まれの実業家」江東区女性史編集委員会『江東に生きた女性たち』平成一一年、ドメス出版、二一三―二一四頁。
(18) 林ハナ「荷車のうた」豊島区立男女平等推進センター編『風の交差点』平成四年、ドメス出版、二一二―二二〇頁。
(19) H夫婦の語り、湯沢雍彦編『大井町のお年寄りたち』コミュニティ二六号、昭和六二年、地域社会研究所、三七－三八頁。
(20)　Tの語り、湯沢雍彦編、前掲書、三八－四〇頁。
(21)　及川和浩編『嫁と姑』昭和三八年、未来社、一〇－一一頁。
(22)　安藤勝野「よろい田の村」高知の女性の生活史『ひとくちに話せる人生じゃない』平成一七年、同会、一二八－一三〇頁。
(23)　岩田阿喜子「杉の子で学んだことは正しい」杉並区女性史編さんの会編、前掲書、二〇六－二〇八頁。
(24)　H・Yの語り、湯沢雍彦編『兼業農家のお年寄りたち』(高年齢を生きる一四号）昭和五六年、地域社会研究所、七三－七四頁。
(25)　S「自分の信ずる良人と結婚したため親から勘当された私の告白」『主婦之友』大正一〇年四月号。
(26)　H「先夫に死別した私が自分で選んだ良人と幸福な結婚をした経験」『主婦之友』大正一一年二月号。
(27)　竹田菊子ほか座談会「恋愛と結婚を語る座談会」『主婦之友』昭和一一年七月号。
(28)　厨川白村「近代の恋愛観」『編年体大正文学全集　第一〇巻』平成一四年、ゆまに書房、四六一頁。
(29)　伊藤整『女性に関する十二章』昭和四九年、中央公論社、五四－五五頁。
(30)　主婦之友社編『主婦之友・花嫁講座』昭和一四年、同社。
(31)　東京朝日新聞編『女性相談』昭和七年、木村書房。
(32)　湯沢雍彦『大正期の家族問題』平成二二年、ミネルヴァ書房、一五三－一五六頁。
(33)　日外アソシエーツ編『二〇世紀日本人名事典』平成一六年、同社。

第二章　大都市の中流家庭の生活

1　新中間層と文化住宅の暮らし

高収入家族

農漁村の大部分の家庭が飢餓同様の悲惨な状況にあった昭和恐慌期に、東京や大阪など大都市の新中間層家族の一部は、豊かで目新しいモダンな新生活を満喫していた。貧困に苦しめられていた家族からみると、とても同じ国の同じ時代とは思えないような暮らしが反対側にはあったのである。このことについての論述が従来乏しかったので、改めて注目しておきたい。

華族や大資本家を別にすれば、当時において恵まれた生活ができた家庭は、上級学校、とくに大学や専門学校を卒業して、高等文官試験を通って上級官吏になった者、陸軍士官学校や海軍兵学校を通って佐官以上の職業軍人になった者、一流大学を出て大会社・大銀行の管理職になった者、医師や技術者や大学教授として高い技術をもった者などを中心とする家族であった。最上級の支配階層にはなりえないまでも、新中間層の中でも頭一つ抜けだした才能があって高い暮らしが可能となった人々である。

この中心となった男は世間からご主人とかお大尽とかと呼ばれ、高等女学校を出て花嫁修業に専念してきた女性と見合い結婚をした。妻は女中や下男を置くことがあっても就職することはまったく念頭にはなく、家事と普通四~五人生まれる子の育児に専念した。つまり、一九世紀末から欧米先進国で先行していた近代型家族の日本版なのであった。

夫の多くは高等教育と新聞雑誌の影響を受けたいわゆる知識人であり、昭和の初期まではマルクス主義や社会主義に共感するものも少なくなかったが、大正末期から昭和ひとけたにかけての当局による激しい思想弾圧の中で抵抗する力を失い、政治から逃避して自分たちだけの生活に没入するのが普通の生き方であった。

大震災とビルブーム

大正一二(一九二三)年九月一日に震源地を相模湾として関東地方を襲ったマグニチュード七・九の大地震は、死者・行方不明者一四万人、家屋焼失四五万戸、全壊一三万戸という空前の大災害をもたらした。「関東大震災」である。しかしこれは、ニューヨーク、ベルリンと並んで一九二〇年代の新しい都市大衆文化を開花させる大きなきっかけとなった。復興は意外に早く、震災翌年の大正一三年には、それまで五〇〇余りしかなかった東京駅前丸の内の小さな会社事務所が、ビルブームで一挙に一〇〇〇以上となって本格的なオフィス街に変わってしまった。

震災の教訓を生かして、丸ビル、郵船ビル、東京会館など、鉄とセメントで固めた大建築が続々建てられたのである。もちろんこうなれば、中で働くサラリーマンも一挙に増加して、大正一四年以降、東京・横浜では本格的なサラリーマン時代の到来を早めることになった。

サラリーマン――とりわけ東京の新中間層の夢は、山の手線内側の窮屈なアパートや借家を去って、中央線や西・南・北側に伸びた私鉄沿線に沿って郊外へ拡がり、その家族はいわゆる文化住宅に住んで、戸主たる夫は都心の一流会社に通勤することであった。銀座と浅草は相変わらず文化と享楽の町として賑やかに再生したが、新宿・渋谷や池袋などが乗り換えのターミナルとして急激に発展した。

新しいライフパターン

昭和初年となって、東京郊外の市民住宅地に生活の拠点を構えた新中間層家族は、それまでなかったような新しいライフパターンを作るようになった。昭和六年頃のその様子をまことに生き生きと描いた一文があるので、やや長くなるがそのまま紹介してみよう。なお煙突とは、北側の低所得者の住宅地となった寒い傾斜地との境い目にある風呂屋の煙突のことを指している。

「さて煙突から南の方は八町歩（約二四〇〇〇坪＝約八万㎡）にわたる茶畑のあとで、家の建ちかかる頃は一面の芝生、その芝を一年に一度市内或いは郊外の新住宅地で売り出す。その間はいつも青々とした広い土地を鉄条網で囲って遊ばせておくというのんきな風景でしたから、先ずそれからして住宅を建てるのに好もしい感じをさせるのでした。ここの地主は貸地にするに当って私設道路を東西南北につけ、百坪（三三〇㎡）内外にくぎって地代は二十銭ということにしましたから、ここに建った家は百坪に一軒か二軒、借家でも三、四軒までのまず百円級のサラリーマンの住居が多く、檜葉の生垣、梅か桜か木犀が一本や二本はあって、煙突の北の生活に対し、いささか優越感を示しています。では南の方からその家庭の内容をのぞいてみましょう。

毎朝七時ラジオが『お早うございます』と奥さんの箪笥《たんす》の上から呼びかけます、井戸端で冷水摩擦をしていた主人は、ラジオ体操をやります。主人は朝飯がすむとすぐに洋服を着てお出かけ。小さい子が追っかけて出て『パパさん、行ってらっしゃーい』、お湯屋の角を曲ってしまうまでにパパさんは何度もふりかえってお手々を上げて合図をします。ママさんは玄関を中からかけておいて洗濯。ラジオは一日かけっ放しですからこの時刻に今日のお料理の献立を箪笥の上でしゃべっています。奥さんは水を使っているのでそれは聞えないのです。ただ後から後から御用聞きが来て、（実にいろいろの押売が来ますから）、ゆっくりと髪を結って、ちょっと新聞の続物を読んで、井戸端の炭俵の上に腰を下ろしたりしてお国自慢が一言二言、町内のニュースも少し、みな暫くずつ休んで行きます。沢山な洗濯で竿に二はいはあるものですから、干してしまうともうおひるです。お掃除をばたばたとして、おみおつけの残りで興味のない食事をします。それから家中をすっかりかたづけて、お隣に頼んでおいてお湯に行きます。

これだけは降っても照っても間違いのない日程です。お湯はいま開いたばかりで寒そうだけれど清潔です。そしてまるで赤ちゃんの展覧会のようです。皆が生れてからの日数を尋ね合います。目方を自慢します。まだ子供のないほんの女学生上りのような奥さんが少しはにかんで、けれど興味深そうに赤ちゃんをちらちら見て洗っています。その若い奥さん達は浴室に入って来る時は現代的な華美《はで》な顔をしているのですが、洗い初めるとまゆずみが消えて、目のくまがとれて、頬紅が落ちて、すっかり平穏な無事な顔になってしまいます。やがて赤ちゃん達はぽつぽつ上って湯上りにくるまれ、ふくふくしたおべべを着せられるとお湯屋さんの女の人達が両腕に一人ずつ抱えてママさんが上って来るまでお守しています。デパートのサービス売出しの評判でママさん達はなかなか上がって来ません。やっと出て赤ちゃんを受取って帰るともう三時です。ぬいかけのものをひろげて一針二針動かす間もなく、時計を見て二、三丁先のマーケットへ買物に出かけます。夕方のマーケットは賑やかです。派手な銘仙の奥さんで充満しています。洋食部にはサラダやメンチボールやシウマイがならんでいます。奥さん達はそれを買いこんで帰ります。やがて帰ってくる主人の前にそれが綺麗にならべられるのです。

　こうして南の方の奥さん達が日の短いことをかこちながら、夕刊をよむ夫の前で編物針をあやつっている(1)……」。

高級サラリーマンの家庭

この文から大事な点を抽出すると、住宅は自宅かもしくは借家の一戸建て、若夫婦と幼児一～二名の核家族、妻は専業主婦で内職もしない、買い物は御用聞き（注文販売商人）か近くのマーケット（公設市場）、毎日午後早く風呂屋へ行く、家事はラジオを聞きながらの食事の支度、掃除、洗濯、編み物くらいである。この生活を支える根幹は、安定した月収が昭和六年で一〇〇円以上（ボーナスを含めれば一二〇円近く）あることで、大会社員、上級公務員、高級軍人などの地位を確保できた一部のサラリーマンだけであった。この文は、昭和六年秋頃の描写と思われるが、前年からの昭和恐慌で失業者が続出し、線路を歩いて郷里に帰る人々の話、東北では大冷害で身売りが多数出たという社会の裏側の暗い動向は、全く見受けられない。高学歴を武器に東京で安定した大企業に就職し、月一〇〇円以上の収入を得ていたサラリーマン家族にとっては、下がった物価で暮らしやすく、天下は太平なのであった。

高級サラリーマンと銀座

この高級サラリーマンの一番の遊び所はどこよりも「銀座」であった。

尾張町交差点を中心とした表の銀座通りは、一流ブランドの高級店が並んでいたが、奥は目的もなく漫然とただ歩道を歩くだけの銀ブラ族が横行していた。裏通りには飲食店のほか震災後はバーやキャバレーなどの酒場が溢れていた。だが飲むのは男だけの楽しみの場だった。

もっとも街頭には女性もかなり進出してきた。働く女性の波に乗り、全国では昭和五年には七年前の二・五倍の六五万人に達した。その六八％が二〇歳以下、八九％が未婚だったが、先頭を切る女性は断髪の洋装で街頭を闊歩し、水泳やハイキングも楽しんだ。仕事の名前から赤エリ・ガール、ガソリン・ガール、円タク・ガール、マネキン・ガールなどと呼ばれ、「ガール全盛時代」（高田義一郎）だと雑誌に書かれるほどだった。

大衆演芸と浅草

一方の浅草は、気取りがまったくなくて庶民的。雷門から仲見世を中心に安価で盛りの良い食堂街が並び、立ち食いの夜店も多い。池之端、花やしき、六区には二〇を超す映画館や小劇場が並んで、いかにも浅草らしい見世物ばかり、俗に「歓楽街」と呼ばれた。

昭和四年当時の雰囲気を、自身も声帯模写で人気を博した喜劇俳優の古川ロッパ（緑波）はこう描写している。

「この興行物は、実に浅草独特の、最も浅草気分濃厚なもので、何遍も書いた如く『ヤケに賑やかでヤケに陽気な』見せものである。

この小屋へ入って、先ず感じるのは、その客である。労働者も多い、中僧、小僧さん、お内儀さん、女工さんと、そういう階級の人々が大部分だが、実に面白そうに、満足し切って見ているのが分る。又確かに演《や》るものも面白い、これなら、一日の労苦を終えて、娯楽を求めに来た人々を、充分タンノウさせることが出来るな、とうなずかれるような、つまり『ヤケに賑やかでヤケに陽気な』ものばかりである。お馴染《なじ》みの芸人が出て、歌い出すと『エッサッサァ』とか『ドッコイショ』とか、掛声をする。それが又、一人や二人ではない、観客の半分位も、時とすると殆んど小屋中の観客全部が、掛声しているのではないかと思わせられる位、客席も『ヤケに陽気な』音響に包まれている。浅草へ行って、『これある哉《かな》』と思ったのは、正にこの興行物であった。六区の騒音、舗道の下駄の音――」。(2)

この六年の後になるが、来日したフランスの詩人のジャン・コクトオは浅草歓楽街を見て、「超満員の常設館の悪魔的な行列、いくつとなく軒をならべ、立看板で、提灯で、のぼりでわめき叫ぶこの悪魔的な行列を知らずに、僕はどうして故里のパリの市の活気を信じたりすることができたのかと、今更ふしぎになる」と、群衆の活気に驚嘆している。

もっとも、これらの浅草らしい歓楽を楽しんだのは、上級のサラリーマンやその家族ではない。俗に「腰弁」と呼ばれた下級のサラリーマンが少しと、多くは住み込みの奉公人、店員、工員、職人などであり、もっぱら独身の貧困労働者の天国なのであった。なお浅草オペラが「ディアボロの歌」や「天国と地獄」、「ボッカチオ」などの翻案もので知識人にも人気を博したのは大正六年から一二年までであって、関東大震災でそれは衰退してしまっていた。

上級サラリーマン家族が楽しんだステージは、歌舞伎座を筆頭として、海外名演奏家を招いた帝国劇場、芸術座、それに演劇の築地小劇場などいわゆる新劇と新派、それに海外の映画などであった。

レコードの楽しみ

「レコード」は大正初めからあったが、それを聞く蓄音機が高価であったので普及が遅れていた。しかし大正中期から、客引きのために喫茶店やカフェはこぞって蓄音機を置き、裕福なサラリーマン家庭も妻や子のために小型の蓄音機を家庭に求めるようになって急速に普及した。新しい童謡が子ども音楽文化を変え、映画の主題歌がレコードになって効果を上げた。浪花節や新民謡も好まれて、音の家庭文化を作った。

昭和三年から七年にかけては、「君恋し」(歌手・二村定一)、「東京行進曲」(佐藤千代子)、「道頓堀行進曲」(川崎豊・曽我直子)、「祇園小唄」(藤本二三吉)、「丘を越えて」(藤山一郎)、「涙の渡り鳥」(小林千代子)、「影を慕いて」(藤山一郎)などが人気をさらった。歌詞は「まじめな詩であってはいけない」のだそうで、「聞いてくすむったい微苦笑ものでないと受けない」と言われた。

ラジオの楽しみ

もう一つ、大正一四年に始まったラジオ放送も新しい家庭文化を作るのに貢献した。男は外出して盛り場で楽しむことができたが、結婚した女性すなわち人妻はほとんど家庭にとらわれていたから、このレコードとラジオの登場は大きな福音となった。ラジオはほぼ一日中かけっ放しにしており、サラリーマン家庭の主婦にとっては、なくてはならぬ知識と娯楽の源泉になっていった。

初期のラジオ受信機はお粗末なもので、鉱石箱からイヤホンを用いて一人ずつ聞いても雑音が多かったが、昭和三年に受信契約が五〇万を突破する頃には皆で聞けるスピーカーがついた箱になり性能も良くなった。「ニュースが中心、娯楽が従」だった最初の原則から教養・慰安ものが多くなり、流行歌、講談、浪花節、落語が人気を呼ぶようになる。昭和七年度の全国一九局の延べ放送時間を合計した内容比は、報道＝四一％、教養＝三一％、慰安＝二二％、子どもの時間＝六％であった。報道とはニュースのほか気象、経済市況、スポーツ、式典儀礼などの中継をさしているが、全部がアナウンサーによって放送されたので、アナウンサーはスター俳優のように評判になった。スポーツの松内、河西、島浦、儀式の松田、ニュースの中村などがそれぞれ名を挙げた。

人気アナウンサーによるものは、放送だけではなく、実況をレコードに吹き込んだ「早慶野球戦」が一五万枚も売れ、「国技館の大相撲」を四〇〇円で吹き込んで、これもかなり売れた。

大相撲は江戸時代からの娯楽だったが、ラジオの普及によって一挙に全国的なファンを増やした。国技館の土俵は、アナウンサーにとって最も取り上げやすい対象であったようで、学校から帰宅する午後四時頃から幕内の取り組みが始まることと相まって、とりわけ小学生を虜にした。実況放送を聞きながら、自分は前田山、弟は駒ノ里になり代わって畳の上で取り組んでしまうのである。

とりわけ、六九連勝を続けていた無敵の横綱双葉山が新進気鋭の安藝ノ海に敗れた一四年春場所（当時は一月）四日目の一番は全国民を熱狂させた。たまたまその日国技館へ行っていた少年が書いた作文が見つかったので紹介しておこう。小学五年生ながら、なかなか細かい描写で上手である。

「きれいな土俵入もすみました。番組もだんだん進んでいよいよ待望の双葉山に安藝の海です。入念に仕切をしてなかなか立上がりません。ようやく八回目ぐらゐに立上がりました。安藝左を差し頭を双葉の胸につけますます喰下がりました。双葉がぜん不利それに對して安藝がぜん有利両力士土俵の真ん中で一呼吸二呼吸、突然安藝左の足くせに出ました。双葉これをよくこらへ今度は双葉僕はおそらく投げか吊りでもしようと思つて安藝の体を引きつけました。安藝それをさいわいと右の外掛一つ双葉意外にもその場にたほれました。其の時場内はふとんの雨みかんのからの雨ござの雨あらゆるものがふつて来ました。僕にもふとんが二つもあたりました。つぎの一番男女ノ川に渡島洋なぞいつ立つたかわからないくらゐでした。今日はほんとうにいい相撲が見られたと思ひます[3]」。

ほかに大人の娯楽として昭和七年から八年にかけては「ヨーヨー」や「コリント」（のちのパチンコにつながる）、「ビリヤード」（撞球）、「ベビーゴルフ」などが流行していた。

ベルリン・オリンピック大会

スポーツは本人の健康づくりばかりでなく国威発揚にもつながり、思想問題とは無縁であったから、もっとも盛んに行われていた。

とくに昭和一一年八月一日に開かれた第一一回ベルリン・オリンピック大会は、ラジオの普及と放送技術の向上もあって全国民を熱狂させた。競技では陸上の三段跳びで金メダル一、銀メダル二、銅メダル二のほか、水泳では四種目に優勝する健闘ぶりを見せた。とりわけ女子二〇〇メートル平泳ぎ決勝では、前畑秀子選手がドイツのゲネンゲルと先頭を争う大活躍をし、河西三省アナウンサーはその実況で「前畑がんばれ」を三六回叫び続け、遂に優勝したのでラジオの前に耳を傾けていた全国の民衆は熱狂した。テレビはなかったが、声に合わせて空想することでテレビ以上に興奮したのではなかったろうか。女子として最初にあげた日章旗であった。

この時、次回のオリンピックは東京に決まり、スポーツ熱はいやがうえにも呷《あお》られた。遠い中国で火の手は上っていたが庶民の生活には関係なく、景気も立ち直って衣食住は向上し、タクシーも多くなり、映画館もデパートも満員続き。戦前の絶頂期ともいえたのが、昭和一一年と一二年頃であった。

野球ブーム

参加者の数からいって一番人気があったのは、おそらく野球であったろう。ゴムまりと呼ばれたテニスの軟球が日本で開発されたために、そのボールを使えば小学生でも素手でできた。自動車が通らない裏通りや小道は、キャッチボールや三角ベースボールで遊ぶ少年で溢れた。

昭和九年にベーブルースらのアメリカ大リーグ選抜チームが来日したのをきっかけに、日本でもプロの野球チーム、（のちの）東京・読売巨人軍や大阪・阪神タイガースなどが生まれて、昭和一一年からプロ野球が始まっていた。しかし、その専用球場は東京湾が満潮になると海水が浸入してゲーム続行が不可能になるなどお粗末なことが多く、人気が出なかった。その代わり、歴史が古い東京六大学野球は神宮球場で行われ、各校の校歌や応援歌を暗唱できるほど子どもたちを熱中させた。大相撲と同様にラジオが毎試合名調子で放送されたからである。

スキーブーム

その後時局の暗転とともに、スポーツも衰退せざるを得なくなっていくが、意外なことにスキーだけは昭和一五年になってもまだ盛んであった。

このスキーブームの底には、先行している現象があった。一八世紀の末からヨーロッパに起ったアルピニズム（アルプス未踏峰への登山の挑戦）は一九世紀に全盛となり、二〇世紀には日本へも伝わっていた。高山への初登頂の競争はすでに終わっていたが、別ルートの開拓はたくさん残されていた。挑戦者の一人となった日本近代登山の開拓者槇有恒《まきありつね》は大正一〇（一九二一）年に「アイガー東山陵ルート」の初登頂に成功、浦松佐美太郎も昭和三（一九二八）年「ウエッターホルン西山陵ルート」の初登頂に成功していて、マスコミを通して若者の気持ちを大いに刺激していた。浦松はその感慨を『中央公論』などの総合雑誌に名文で綴っている。

小学校の国定教科書にも「燕（つばくろ）岳に登る」というエッセイが載り、「山はしろがね、朝日をあびて、滑るスキーの、風切る早さ」と「輝く日の影、はゆる野山、麓を目がけてスタートきれば、粉雪は舞立ち、風は叫ぶ」という楽しさを伝える唱歌が二つも音楽の授業にあったので、登山やスキーへのあこがれは多くの市民の胸にひそんでいたのである。
厚生省が「体位向上、銃後のつとめ」という標語を作ったこともあって、スキーヤーは戦時下でも白い目で見られるどころか、かえって肩身が広かったようである。上野駅には正月からの一週間で二〇万人近くが詰め掛け、夜も昼もスキーとストックが雑踏を繰り返した。「東京だより」の記者は中央公論誌上でこう語る。

「その昔、『身売り列車』なんていう哀話もあった上野駅を夜も昼もスキーとストックが雑踏を繰りかえして、正月から一週間でその数二十万近く、スキーヤーだけでもう一戦争できる盛況ぶりであった。これらのスキー部隊の行く手は東北、信越、上越といったところだが、夜汽車で行って四五日間滑ってまた夜汽車で帰るという『松の内スキーヤー』は座席の占領の有無が翌日のコンディションに大いにモノを言う。ところがいつの間にやら『十一時五十分発の信越線の改札をいたしまアーすウ』なんてラウドスピーカーが鳴り出すまで改札口に長蛇の列を作って震えていたんでは、さて改札口を出て、スキーもストックも、天ビン棒の如く引抱えてホームを百姓一揆の如く走りに走っても、乗るべき汽車は既に座席満員で空しく立つ外はないというオカシな目に逢わされることになった。それは外でもない。新戦術が流行り出したのである。十一時五十分の汽車の座席を取るためにはそれより一時間位早い列車の改札に紛れ込んで、早いとこホームに出て、目指す列車が着くと同時に有無を言わせず乗込んでしまうのだ……（中略）。さてスキー地へ、というわけだが、網棚を埋め、洗面所を埋めているスキーに目立つのは、ただの一回もワックスを塗ってない真新しいスキーの多いことだ。つまり、只一回もスキーもやらず、今年から始めたというスキーヤーの激増を語るものである。事変前二十円も出せば優秀なのが買えたスキー靴はまず五十円は出さねば買えない。すべて目の玉が飛出るスキー用具が、また今年ほど羽が生えて飛ぶ年も珍しいと、美津濃あたりでの話だが、軍需インフレ人の〝旋盤から銀盤へ〟という松の内転向を大量に加えて、赤倉、池の平、志賀、野沢、菅平、また上越一帯と、今年のゲレンデはそれこそ人間の隙間にチラチラと白いものが見えるほど繁盛また繁盛の由であった(4)」。

2　安定生活の基盤

サラリーマン世帯の家計

この時代においても給与生活者の一部は、安定した収入を武器にそれなりに堅実な生活を送っている。雑誌『主婦之友』昭和六年と八年に投稿して採用された都市居住世帯の家計例を三つほど見てみよう。

(1)収入が半減した会社員の家計（昭和六年）

「主人は元大阪の某貿易商に、二百円の月給で勤めてゐたのですが財界の不況から、昨春余儀ない会社の整理縮小に遭うて、主人も身を退くことになり、……百方奔走の結果、出京して、漸く現在の会社に勤めることになつたのでした。……初め二、三ヶ月は、生活費が収入の百円をも超過して、一入の苦しみを嘗めねばなりませんでした。

しかし、さすが苦心研究の甲斐あって、五ヶ月目より、漸く目的通りの予算生活ができ、初めて安心いたしました。次にその家計をお目にかけます。家族は、夫婦に子供二人（長男十歳、長女八歳）の四人暮らしでございます。

収入＝一〇〇・〇〇円、支出＝一〇〇・〇〇円

〔支出内訳〕

住居費二八・五円＝これは何と言っても、生活費の首位にあって、一番つらい負担です。一間でもよい、更生の第一歩を有意義に生きたいと願ってをるのでありますが、ただ主人が、学齢の子どもの二人もあつてみれば、あまり小さな家に入って子どもの精神を委縮させるやうでは困ると申しますので、分不相応とは思ひつつも、他の方で節約することとして、現在の家に辛抱してをるのです。

食費一四・三円＝お米は七分づきにしてをります。人工栄養で育ったためか、子どもがいずれも病弱なので、よいと思はれたことは大抵実行してをります。副食物は、これも子どものためを思ひ、野菜主義です。

被服費三・〇円＝あらゆる遣繰をして、主人も私も、今あるもので間に合わせることにし、子ど

もものだけ見苦しくない程度で、用意してをります。

交際費五・〇円＝親戚も多いのですが、こちらの境遇も先方へ判ってをりますので、贈答なども、なるべく狭い範囲にとどめてをります。

主人小遣一〇・〇円＝酒も煙草も飲まず、五圓は電車賃、残りは子どもの菓子代・散髪代となります。

修養費三・七円＝読書家の主人も、この頃は会社備へつけのものか、近くの図書館で、我慢してくれてをります。

ラヂオは、不経済なやうにも思はれますが、私共はこれまでの習慣として、日曜となればつい野に山に出かけたくなるところを、それでは三〜四圓づつもかかりますので、家で慰安をとることにしたのです（医薬・雑費で一〇・五円）。

貯金＝月々二十五圓は、なかなか辛いことですが、多くの貯蓄を失つたことですから、将来の事を思へば、ぜひ実行してゆかなければなりません。この貯金のできるできないは、一に私たちの健康如何によることですから、その點を充分考慮してをります(5)」。

(2)月八五円の陸軍中尉の家計
「北の國弘前にをる私共の家庭は、主人に、私と、長男（四歳）、長女（當歳）の四人暮らしです。

収入＝八五・〇〇円

支出＝八五・〇〇円

住居費＝八、六、三、二畳各一間に、風呂場がついて家賃十五圓。當地方は割合お安く、電燈は五燈、メートルなので、四月から九月までは、おほよそ最低料金の一圓十五銭で済みます。

食事費＝主食は保健上、胚芽米を使ってをりますが、なるべく上等品を求め、炊き方にも念を入れて、美味しいご飯を頂けるやうに注意してをります。一ヶ月二斗五升乃至三斗。

副食物費は、一日に四十銭を充ててをりますが、常に日用品の市価、季節の出盛品に注意して、安い美味しい物を手に入れるやうにしてをります。

調味料費三圓は、醬油二升、砂糖三斤、味噌一貫、その他。炊事燃料費は木炭三俵代。主人晝食代は、二十五日分、一日十八銭。

衣服費＝衣服の費用は、できるだけ節約する主義に致してをります。主人も私も、和服は結婚當時作っていただきましたもので、ここ十年くらゐは大體新調する必要もなく、大人のものは浴衣と下着および小物くらゐで、他は主に子どものものに充ててをります……

貯金＝長男教育貯蓄金と、主人簡易保険は、貧乏少尉の苦しい時代から続けてまゐりました。主婦簡易保険は、主人進級の記念に、長女教育貯金は、本年二月出生のときから始めました。長男、長女の貯金は、何れも据置貯金に致してをります」(6)。

次の例も、東京市に住む四人家族の会社員の例で、『主婦之友』昭和八年六月号に掲載されたものである。

(3)四人家族の会社員の家計

「主人は市内のある小會社に、小僧のときから勤めて二十年になりますが、他の諸官庁のやうに恩給などの定めがありませんので、どうしても、若い、働ける時代に、相當の財産を作っておくことを考へなくてはなりませんでした。

私が主人と結婚いたしましたとき、先ず最初にでたのは、この話でした。……そこで月給をいただいた翌日、貯蓄銀行から集金に来ていただき、豫定した額は、いやでも貯金しないではゐられないやうにしました。結婚當初から、毎月二十六圓五十銭づつ掛けつづけて、三年毎に受取る満期金一〇〇〇圓は、そのまま定期預金に振り替へてをりますが、このことは今日まで、一月も缺かさず、堅く実行してをります。

現在では、子供も女児二人を恵まれてをりますが、長女が三歳の折、良人《おっと》の収入ばかりを當にして暮らすのも勿體ないと存じまして、内職にお菓子の小賣を始めました。そして満六年間に二三〇〇圓の純益を上げましたが、子供が追ひ追ひ成長いたしますと、その教育上、母親として面倒を見てやらなければなりませんので、二年前にお店を思ひ切って譲ってしまひ、そのお金で、昨年の四月、時價六〇〇圓の電話を三本買ひ入れ、同年十二月九〇〇圓に暴騰したときに、うち二本を賣り、残りの一本は親しい友人に貸して、他の金利と共に、毎月一五圓の料金を頂いてをります」(7)。

恵まれた階層

以上のように、この時代にあってもいずれの例の家計も健全そのものである。健全健康な中流家庭をモットーとするこの雑誌『主婦之友』に、多数の応募例から採用されたものであるから当然の結果であるとしても、種々の条件に恵まれた家庭であることが見逃せない。共通する恵まれた条件として、次のような事情が見出される。

①（昭和六〜八年時点で）八五〜一〇〇円の月給を得ている。
②結婚後一〇年前後の三〇代の夫婦例である。
③子どもは二人（多くて三人）で、幼児か小学生である（まだ学費の心配がない）。
④夫婦はきわめて円満、舅姑が同居しない核家族。
⑤夫はおだやかで、まじめな働き手。ほとんど外食をせず浪費をしない。
⑥妻は家でも外でも職業につかない専業主婦。常に夫や子どもに配慮しつつ、計画的な暮らしを心がける。
⑦夫婦どちらも、金がかかる趣味を持っていない。
⑧病人が一人もいないので、医療費がかからない。
⑨毎日の給与が安定している上に、賞与（ボーナス）を年に（給与の）一〜二カ月分もらっている。
⑩よく貯金をし、保険にも入っているためか、老後の心配をしていない。

エリートサラリーマンの暮らし

最先端の生活文化を享受できたこのサラリーマン層（上級の新中間層）の不自由のない恵まれた暮らしぶりは、実は大正中期から始まりその後もレベルを上げて昭和一四年頃まで続いていた。ひとたび大会社のエリートコースや官公庁もしくは軍隊の幹部職員にありつければ、不況や恐慌や失業などは関係なく、農漁村の大凶作・大飢饉も、昭和六年から始った戦争の拡大進行も生活を脅かすものではなかった。むしろ、大企業や国の財政はそれらを好餌として給与を高めていった。物価が下がるだけ、暮らしは楽になったのである。

しかし、戦争の進行と共に、国家の資金と資材はほとんど軍需生産かそれに関連する重工業・化学工業・または輸出品生産を行う大企業にふり向けられ、国民生活に必要な物資は極端に切りつめ始めていた。他の交戦国でみられたような「戦時利得税」はついにかけられなかったので、日本の大企業の利益はばく大なものとなった。全国会社の利益率は、昭和一一年を一〇〇とすると、一二年は一五〇、一六年は三四三、一九年は五〇七と急増していった。昭和八～九年ごろから、大工場の熟練労働者やコースにのった新中間層には、近年にない暮らしやすい年になって、「戦争も悪くはない」との思いを抱かせていた。

昭和九年一二月一〇日の東京朝日新聞は、「目の前にブラ下がる重いボーナス袋、軍需インフレの波に浮いて躍る気の早い千鳥足」の見出しのもとに、三井鉱山・日本鉱業・王子製紙・中島飛行機などのボーナスをとりあげ、中島では平均六カ月分は下らぬ予想、日本鉱業では平社員で六～七カ月、主任級は八〜一〇カ月程度と報じている。

おそらく高級サラリーマン家庭にとって、実質的な収入・支出のバランスが一番とれていたと思われる昭和一二（一九三七）年にもこういう記録がある。

当時の大会社の部長クラスの月給は約四〇〇円だったが、ボーナスは年七・五カ月ないし一二カ月で五〇〇〇円前後、係長クラスで月給一〇〇円に対しボーナスは六ないし一〇カ月分で八〇〇円前後。他方、神奈川県川崎市の分譲住宅は、門・生垣つきの敷地四五〜五〇坪、二階建て五部屋の建物で、価格は三六五〇円、ローンだと内入金五四〇円、月掛四〇円であったから、部長クラスならボーナスだけで即金購入ができた。

しかし、中等学校卒の平社員だと、大会社でも平均月給六〇円で、ボーナスは三カ月分程度であった。[8] サラリーマンのなかでも上下の格差は大きくある時代だったのである。

その一方で、戦費をまかなうための各種の租税はどんどん重くなり、庶民に貯蓄と公債が強制されたので、上下の所得格差は広がり、一般の生活は悪化を始めていた。

たとえば昭和九年一一月の東京朝日新聞は、東京市内だけでも一〇万九四〇〇世帯、四五万五〇〇〇人が飢餓に瀕しているが、救護法によって救護されるのはその中の三万人に過ぎないので、「温かき愛をドン底の人へ」との見出し記事でカンパを要請している。[9] 当時の東京市の人口は五八〇万人ほどであったから、八％弱の困窮者が実在していたことを忘れてはならない。

英国夫人のみた日本の人びと

このように、いわば天国と地獄が共存していた同じ時代に、たまたま東京に暮らしていたイギリスの外交官夫人キャサリン・サンソムの滞在記『東京に暮らす』[10]がある。キャサリンは二度の休暇帰国をはさんで一九二八年から三九年までの一二年間も東京に滞在したが、日本人と交流の深かったその間の昭和五年から一一年頃まで、つまり一九三〇年代前半に当たる時期の平明達意の記録である。

キャサリンは特別な学歴はないが、幅広い教養と万物への好奇心が豊かで、『日本文化史』等の著作がある研究熱心な夫ジョージ・サンソム卿（イギリス大使館の外交官）の影響もあって、日本人とよく交際し、その庶民の日常生活を本書にまとめて一九三七年に出版した。G・A・レンセンは、本書のことを「現代日本について書かれた最良の書」と評している。

(1)日本人の気質

夫人も、来日して最初のころは、あまりの習慣の違いや言葉の不自由さからいら立つことも多かったが、徐々に行動の背景を理解できるようになると、日本人の本当の良さが分かってきたという。いくつかの例をあげてみよう。

心をこめてお客をもてなすことが好き（親切で寛大な国民だから）。社会的な拘束や家族の結束はかなり強いので個人の自由が少ないが、多くの日本人は上手に適応している。日本女性は、芸者を除くと全員母親になることになっているが、家族の世話で必ず結婚できる上に、子が生まれなくても養子制度があって救われている。西洋の文明を上手に取り入れて、電話など日本人のために発明されたのではないかと思われるほどよく使われている。

また彼女は、「普通の外国人の目には……いつも穏やかで、親切で、贈り物をすることが好きで、競争心が強く、自然をとても大切にする国民」と映る。ただし、「穏やかな心からは精神の葛藤は生まれませんし、満足しきった日本人に対しては思考の鋭い槍も無力です」とも付言する。

ヨーロッパでは汽車の窓をあけるかどうかで国際紛争が起こるほどの対立があるが、日本人は穏やかで口論しない。日本人にとっては、真実を述べることよりも人を喜ばせることの方がはるかに重要だからだ。

日本人の付き合いで目立つ「はにかみ」については、こういう例をあげる。

「大半の日本人が、話しかけられると、さっと隠れてしまいそうに見えますし、日本人は一般に人付き合いが上手ではありません。彼らはいろいろな人と付き合うことに慣れていないし、日本での付き合いには様々な制約があって自由に振舞うことができないのかもしれません。さらに別の理由もあります。日本人の礼儀正しさは、優雅な話し方やマナーのよさばかりでなく、他人との交際において利己的にならないということだからです。外国人だったら自分の事を色々と話しますが、日本人は自分のつまらない話をしては相手に悪いと考え、どんなに悲しいときでもそれには一切触れず、一般的な世間話しかしません」。

(2)子育ての違い

幼児については、はっきりこういう。

「確かに赤ん坊が生まれてきて一番幸せな国は日本です。日本人は子どもをとても大切にしますから、子どもを虐待したり、子どもに対して罪を犯すということはめったにありません。子どもの数が多いので、子どもはあらゆることの中心になっています。……

子どもはみんなから可愛がれ、あやされ、褒められます。イギリスの赤ん坊のように早くから厳しく躾られることはありません。イギリスの中流階級の赤ん坊は、まだ幼いうちから、他の家族同様に、自分の立場をわきまえなくてはなりません。……

日本の子どもに比べると西洋の子どもの方がずっと性格が激しいように思われます。元気がいいし、自己主張も強いので、どうしても厳しく躾なくてはならないのです。親や他の家族のためだけでなく、感情的な子ども自身のためにも、優しさと厳しさを上手に使い分けていく必要があるのです。イギリスでは甘やかされた子どもは幸せではありません。わがままを言うことにエネルギーを浪費しているからです。

不思議なことに、日本の子どもは甘やかされても駄目になりません」。

(3)幸せな国民

また、庭師など職人の名人芸や、手ぬぐい、扇子、陶器、食器などの日常家庭用品が品の良い芸術性に溢れていることに感心し、老人男女の貫禄ある表情もほめている。そして最後に、「日本の生活を観察していて感心することが二つあります。一つは日本人が幸せな国民であるということ、もう一つは、今日目新しかったものが翌日にはもう当たり前のものになっているということです」と結論する。

さてこの時代は、次の第三章や第五章でこまかく検討するように、日本社会の裏側では、政治、経済、社会のどの側面も悪化の一途をたどるひどい時期であった。

ところが本書には、そういった暗い側面の言及はまったくない。日本の庶民はおだやかで明るく悩みなどないと言い切っている。

これは、日本の正しい姿をイギリス人に伝え、日英両国の関係改善に役立ちたいとの姿勢が根底にあったためであろうが、夫人が交際した相手が、自身が外交官夫人ということもあって、上流の家族とそこに出入りする職人、商人、使用人などであって、旅行の時にもたくさんのガイドやポーターなどを雇い、東京市内だけでも一割近くいた貧困者はもちろん、家計に困るような階層の人物にはまったく会っていないことに注意したい。夫人は、新聞・雑誌に直接目を通した様子はなく、ラジオ・ニュースも聞いた話は出てこない（テレビはまだなかった）。すべてが自己の直接見聞を素材としているので、偏ってはいるが、その限りでは正直な判断だといえる。

いわば上流に近い社会の描写なのだが、昭和一〇年前後の東京市民の様子には、戦争や不景気の影が少しも見当たらず、穏やかで大らかで陽気で明るく、幸せな国民だと言いきっている。これは、いろいろな意味で重要な指摘ではないだろうか。

従順な国民気質

前項のキャサリンの記録でみられたように、昭和ひとけたに生きる大衆の大部分は、社会に対する批判性などはまったくない。無気力で、毎日が楽しければそれでよく、拡大する戦争景気の流れにのってしかもある種の幸福感すら持っていたのはなぜだろうか。現代の中年以下の人には、理解できないことではないだろうか。私に言わせれば、次の三つの背景が大きい。

第一は、義務教育によって国民性の基礎が固められていたことが根底にあった。明治初年以来普及されてきた儒教主義的義務教育によって、ひたすら家長・先生・上司・役人など上の者に忠誠を尽して従順に従うようなパーソナリティーが養成された。その結果、個性は埋没し、自己主張せずに周囲と協調することを大切とする人間ばかりになってきていた。

第二は、下層労働者と小作農民の大部分はまことにひどい労働状況と契約関係にあったために、大正初期から労働争議と小作争議が繰り返し発生していたが、結局は資本の力と警察の力によって民衆の力は抑えこまれてきた。大正中期には危機に瀕した農民から「米騒動」が起こって全国に波及したが、政府は軍隊までも動員してこれを制圧したので、どうしようもなかった。

第三に、知識人や物思う労働者は、これらの圧力に屈せず、大正デモクラシーにのって外国から流入した社会主義や共産主義の組織化をはかろうとした。しかし政府当局は大正一三年「特殊高等警察」（いわゆる特高）を東京以外の一〇府県に拡大するなど警察力の強化と中等学校以上に軍人を派遣して軍事教練を強化するなど、国粋主義を高めるようになった。そして昭和に入るや共産党員や労働者や赤化教員などを何度にもわたって大検挙して力をそぎ高等専門学校の社会主義研究会の摘発を強めて転向を迫った。一口に「左翼運動の大弾圧」といわれる動きは手荒い拷問と虐殺を伴ってその後も絶えることなく続いたので、活動家にも絶望感が強まっていった。

第四に、国体に添うものとして使うことが許された、新聞・雑誌・ラジオなどのマスコミから流れるものは、軍国主義・天皇制主義の主張ばかりで、あまりにも非文化的かつ非合理的でついていけるものではなかったことがあって、物思う知識人の多くと、中流以上の恵まれた階層家族のほとんどが政治から逃避するようになった。自分だけの生活とせいぜい家族だけの安泰を守るようになってしまった。政府の方向に批判めいたこと言えば、たちまち「非国民」として警察に逮捕されてしまう時代だったからである。

だが大きな目で見ると、このような社会の姿に疑問の念を抱いたのはごく少数の人々で、その他の圧倒的多数の日本人は、政府の指導によく従い、軍隊の勝利を信じ、物資の欠乏にもよく耐える「忠良な臣民」であった。政府のプロパガンダ（政治的意図を持つ宣伝）に黙々とついていった。また、それしか生きる道がない時代だったのである。

3　文集にみる小学生の暮らし

山の手の小学生時代

当時の子どもはどう暮らしていたのだろうか。もちろん、地域により、年齢により、親の職業により、さまざまなバリエーションがあったわけだが、どの子も満六歳から一一歳までは義務教育である小学校（この上にできた二年間の高等科と区別して尋常科と呼んだ）へ通学していたことは共通している。

その一例として、たまたまこの時期に小学生であった筆者（私）自身の場合を中心に紹介してみよう。

(1)千駄ヶ谷第三小学校

支那事変（日中戦争）が始まった昭和一二（一九三七）年に小学校へ入学し、太平洋戦争突入一年余の一八年に卒業したのだから、私の小学校時代は完全に戦争の中にある。しかし、私が目にした限り、戦いの悲惨さや暗さの影は少しもなく、戦争にからんだ行事が時々あるほかは、のんびりとした楽しい日々が続いていた。戦いは外地で行われるものであり、神国日本はいつも勝つものと信じていればよい小学生は、ずっと幸せなのであった。少なくとも昭和一七年度までの私の小学校では、軍事教練に当たるものは何もなかった（もっとも、東京の中目黒国民学校のように、一七年に教練を行っている所もあった)。

私は東京市内の「渋谷区立千駄谷第三小学校」(現在は鳩森小学校と改称)というごく平均的な公立学校で、小学六年間を過ごした。その学校は、国鉄(現JR)中央線の千駄谷駅と代々木駅の中間の南西部にあり、新宿御苑と明治神宮にはさまれた土地を学区域としていた。関東大震災後に開けた中級サラリーマンの住宅地で、小さいながらも一戸建ての自宅か借家が並び、商店や職人の家も二割ほどはあったが、大部分は会社員・公務員・軍人などの家庭だった。直接の関係はなかったが、学区域の近くには徳川、土方、鷹司、団など華族の豪邸がある住宅地のはずれだった。九割までは暮らしに困ることはないという家庭の集まりだったから、東京市内山の手の中でも、かなり恵まれた地域であったといえるかもしれない。

(2)クラスメートたち

一年に入った仲間は一二〇名弱、それが三年までは男女組三つに分かれた。私の最初の隣席はOという活発な女の子で、入学早々、この子に下敷きやノートを隠されてしまい、私は半ベソをかいた。その子は三人姉妹の末っ子で、家庭の中でこのような行為には十分慣れていたらしいが、やっと一歳の妹が一人いるだけの私には対応がわからなかったのである。担任の中年の女の先生は、この程度のいたずらには何の措置もとってくれなかった。

「サイタ　サイタ　サクラガサイタ」

「コイ　コイ　シロコイ」で始まる国定国語教科書巻一は、軽快なリズムを教室一杯にひびかせた。その三年前までの第Ⅲ期国定教科書は挿絵も白黒で味気がなかったが、この第Ⅳ期からは水彩画ながら色が付いて明るい感じを出していた。全国ただ一種類の国定教科書だから定価は八銭と安く、全教科揃えても五〇銭程度であった。しかし毎月の保護者会費と合わせてこの教科書代を出せない家庭もあった。時々あらわれる「くず屋（廃品回収業）のK君」もその一人で、出てきたK君にまわりの者は競って本を見せてあげた。K君も悪びれることなく、くったくない笑顔でつきあってくれた。「不登校児」などという言葉はまだなかったのである。

学校は明治神宮北参道入口から一〇分のところにあったので、毎月一日は一・二時間目をつぶして上級生の神宮参拝が行われた。朝礼で校長先生が明治天皇御製の和歌を読み上げ、それを全生徒が唱和してから出発するのだったが、六年になった時、帰校時に誰も復唱できる生徒がいないというので、校門前に一時間も立たされたことがある。およそ生徒には反抗的な批判精神なぞはなかったから（社会全体もそうだったが）、皆おとなしくこのおしおきに従っていた。ときどき「父兄会」があって母親ばかりが集まってきたが、学校の方針に異議をとなえる親などは一人もいなかった。

(3) 放課後の遊び

ふだんの明治神宮は絶好の遊び場になった。広い境内のあちこちに適当な広さの空地があり、相撲をとったり、三角ベースをしたり、追っかけっこするのにうってつけだった。ほかに中央線に沿って千駄谷駅周辺には軍の馬場道があり、時々駆け抜ける軍人の馬術練習をやり過ごしては、テニスの軟球でゴロ野球をやるか、冬には軍艦ゲームか馬飛びをよくやっていた。新宿御苑も近かったので、その堀の外側をつたい歩きする土手も遊び場になった。時々は「紙芝居」もやってきた。だが帰りには、中央線の低くて陰気なガードをくぐらなくてはならないのが難点だった。「この間は、赤マントと青マントが出て子どもをさらっていったんだって」と、お互いに言い合っては恐怖感をあおっていたからである。

時計などは誰も持っていなかったから、日暮れになるのを合図に帰っていったが、遅くなっても母親が迎えに来てくれたのは一年の時だけだった。塾もテレビもなかったし、ラジオも相撲か野球の中継以外聞いた覚えがほとんどない。夕食後はちょっと宿題をすませるとあとは『少年倶楽部』か本を読んで過ごした。『のらくろ』や『冒険ダン吉』などのまんが本か、山中峯太郎の『敵中横断三百里』などの冒険小説、あるいは『愚弟賢兄』などの佐々木邦のユーモア小説を愛読した。母親は学校のことにうるさかったが、父親は何も言わず時々多摩川まで釣りに連れて行くだけだった。けいこ事に当たるものはほとんどなく、女子の一人がピアノを習っているだけだった。しかし武道はいいことだといわれていたので、私も二年間だけ剣道の道場へ通ったことがある。

入学した小学校の隣には小さな牧場があって、牛がのどかに鳴き、時々は異臭がただよってきた。三年になる頃、区がそこを買収して運動場が広くなった。秋の運動会では、出番待ちの列から上を見上げると、ヤンマや秋アカネが青空を埋めつくすほど飛び交っているのが印象的だった。そして土曜日の午後、運動場に出ていると、神宮球場の大歓声がどよめいてくることがよくあった。プロ野球よりも中等学校野球よりも、六大学野球の方が人気が高かった時代である。「今度の土曜日には見に行こうよ」という話がたちまちまとまった。仲間の一人の父親が慶應病院に勤めていて、いつも一番高価なネット裏の券を二枚持っていた。集まる仲間は六、七人もいたが、それでも構わなかった。球場へ行くと、ネット裏券二枚を外野席の子ども料金七人分と換えてくれるオジさんがたいていていたからである。

一〇月には毎年、京王線にのって京王閣まで「イモ掘り遠足」に出かけ、一一月には「学芸会」が開かれた。しかし、大正末に立てられた木造の校舎には大教室も体育館もなかったので、神宮球場前にあった日本青年館大ホールを毎年借りて行われていた。これは、今としてもまことにぜいたくな行事だった。各学年は、合唱、器楽演奏、理科実験などのほか、劇を上演した。今のように、全生徒に出番を割り振るような民主的配慮はなかったから、私は何とか出番にありつこうと頑張ったものだが、一回しか成功しなかった。いい役にありつこうという競争は、どこの学校でもあったという。

(4)紀元二六〇〇年

四年生の秋は昭和一五年で当時の日本暦で「紀元二六〇〇年」にあたり、皇居前で開かれた大きな式典跡を見学するため、半日がかりで徒歩で往復した。

日本暦の皇紀とは、『日本書紀』にのっとり神武天皇即位の年を西暦紀元前六六〇年とし、それを皇紀元年と定めて明治以降使われたものである。昭和一五年がその二六〇〇年に当ったので、政府は国民の志気を高めるために一一月一〇日をその祝日とし、皇居前広場に五万人を集めて、近衛文磨首相が天皇に忠誠を誓う祝賀祝典が開かれた。全国各地でも、同様な式典が行われた。これは非常に政略的な祝日で、五日間も続けられ、終ると「祝いは終わった、さあ働こう」との掛け声が上から下へ伝えられるものであった。

私たち小学生は、この年はやった「今こそ祝え皇国の、紀元は二六〇〇年」の唱歌を歌いながらこの式典跡へ向かったのだった。

これを記念する大型写真集(11)がＪＴＢ（日本交通公社）の手で作られ、いま私の手元にある。大艦隊の威容、陸海軍の勇姿、幼稚園から大学までの教育機関、各種の病院、研究所、工場、豊かな農漁村から家庭の雛祭りまで、当時の日本が良く整備されて充実した近代国家であることが、たくさんの写真とともに英文で紹介されている。外国向けの宣伝資料であるからやむをえないとしても、裏側の暗い側面は一切隠され、よそゆきの気ばった写真集が出来ていたのである。

また、学校が明治通りに近かったので、原宿宮廷駅で乗下車する皇族の送迎のためしばしば沿道に並ばされるなど、軍事色というより皇室色が強くなってきた。すでに第二次世界大戦が始まっていたが、何でもドイツがとても強いらしいということしか知らなかった。

(5) 開戦の緊張

昭和一六年一二月八日朝のラジオは小学生の胸にも興奮をもたらした。戦勝ばかりを告げるラジオ放送に気分はますます高揚させられたが、その少し前から食べ物、着るもの、学用品の順で、いろんなものが姿を消し始めた。チョコレート、アイスクリーム、ケーキ、クッキー、キャラメルなど、私の好きな洋風の菓子類は真っ先に見えなくなったのは本当に残念だった。従兄弟《いとこ》が、「これはチョコの味がするよ」と言って教えてくれた物は栄養剤か薬品だと思われたが、それを食べつくしたのがチョコの味とのお別れになった。「欲しがりません、勝つまでは」という垂れ幕が方々に下がり始め、それを横目にした我々はつばを呑み込むほかなかった。

前年の昭和一五年から米をはじめ、みそ、塩、砂糖も配給制になり、肉・魚・野菜の副食も衣類も乏しくなってきたが、親が何とか工面したので小学生が食べ物に気を使うことはなかった。給食制度はなかったので弁当持参だが、それを持てない子はなかったと思う。副食はだんだんお粗末になってきたが、戦争だから当り前なのだと思っていた。

ただ、模型材料店だけは終戦間近まで続いていた。子どもが航空機にあこがれるのが奨励されていたので、工作の時間にも模型飛行機作りが多くなった。『飛行少年』という雑誌を見ては少しでもレベルが高い飛行機を作り上げ、それを校舎の二階から飛ばすのを先生が手伝って下さった。しかし女の子は、工作などには手を出さず、ひたすら長刀《なぎなた》の訓練に励んでいるようだった。小学生は、子どもながらも「小国民」だと新聞やラジオではおだてられていた。

昭和一七年に六年生になり、受験の年がやってきた。全国的にみれば、当時旧制中等学校への進学率は一割もなかっただろうが、東京はさすがに高く、我々のクラスも半分近くが受験した（残りの者は入試がない小学校高等科へ進んだ）。学習塾に当たるものは当時皆無だったから、数年前までは、受験する六年生を早朝に集めて小学校で特訓をやっていたらしいが、我々の年には、戦争のためか禁止されていた。数回の模擬試験めいたものがあって、その結果で先生が相応の中学を割り振って下さった。私は、ただ歩いて通えるという理由から「東京府立第六中学校」（現在の東京都立新宿高校）を志願した。世間では難関校の一つと言われていたが、二倍の倍率だったとあとから聞いた。そこでの入学試験は、筆記試験がまったくなく、内申書のほか、学科別に質問し応答する七つの部屋をめぐって歩く面接試験と体育実技が重視された。礼儀正しく即答しなければならない面接の方が筆記よりよほどきついなと思ったが、なんとか合格できた。なるべく自分でするようにと言われて、合格発表を見ることも入学手続きも全部一人で済ませた。「来なくていいから」と言ったとき、真っ赤に怒った両親の顔が忘れられない。

でも少しは手伝ってやると言って母親がかけ回ってくれたが、もう中学の制服はおろか、腕時計も万年筆も大学ノートも店頭から姿を消していた。英語の辞書だけはおじに頭を下げて譲ってもらったが、世間の大変さがはじめて身にしみた。

こうして、昭和五年生まれの世代も一八年からは厳しくてつらい戦争下の中等学校に入った。しかし小学校卒業までは、のんびりした小学校生活を送ることができたのである。

もちろん地域によっても時代によっても事情は変わってくる。半藤一利は私と同じ昭和五年生まれなので学年は同じだが、東京都の東端向島区（現墨田区）の小学校だったので、生徒の家庭はサラリーマンは皆無。全員が米屋、酒屋、豆腐屋、左官屋、ミルクホールなどの商人・職人の家庭だったという。(12) 中学進学率は低かったようだ。

全国共通していたことの一つは祝祭日が多かったことで、一月一日の新年から一一月二三日の新嘗《にいなめ》祭まで一〇日以上もあり、授業はなかったがすべて登校して、教室の仕切りを取払って作った講堂での式典に列席するものだった。

校長はモーニング姿の礼装で、式の初めには必ず副校長がうやうやしく捧げて持ちこむ「教育勅語」を奉読した。全校生徒は直立不動の姿勢で黙禱し、校長は重々しい声調で朗々と読みすすむ。これが六年間続くのだから、たいていの生徒は暗記できるほど頭にしみこんだが、肝心の中味は誰にも分らなかった。式に威厳を与えるものとして必要だったのだろうが、一種の「お経」のようなもので教育的効果はまるでなかったと思われる。帰りには「紅白の落雁」が貰えるのが楽しみだったが、三年生くらいからは物不足に巻きこまれてなくなってしまった。

昭和一六年度からは名称が「国民学校」に変わり、国定教科書も第Ⅴ期に変わったものの、授業科目やその内容が急に軍国主義化したわけではない。

低学年は、修身、国語、算術、図画、唱歌、体操、手工《しゅこう》、操行《そうこう》が三学期制であり、出欠席日数表がついた「通信簿」が学期末に一人ずつ手渡された。上級になると、この科目にさらに、国史、地理、理科、裁縫（女子のみ、女子は手工がなくなる）が追加された。

だがそれ以外の戦争に関する先生の講話、多くなる神社参拝、英霊の家へのおじぎ、大勝利のときの提灯《ちょうちん》行列、街中に張られた標語（一億一心、八紘一宇、ぜいたくは敵だ、欲しがりません勝つまでは）、映画館や夜の校庭に白布を張って行われる国策映画の内容、千人針の行列など、世間のすべての行事が変っていくと、生徒の心も次第に軍事的な気分に染められていくのだった。

子どもたちの目

前節の小学校では、数年前から保護者会費を使って毎年生徒の作文集を作っていた。小学生の作文は、先生が手を入れない限り子どもの目から見た、いつわりのない日常生活の楽しさや苦しさや生活のレベルも、また当時における戦争の影響や社会の緊張にも、ある程度迫ることができるはずである。幸い私の手許に昭和一三年度（といっても昭和一四年の一月に書かせて三月末に発行したもの）の作文集『わが児童』が残っている。これは優秀作文だけでなく、全生徒のものを収録していることが珍しく、貴重である。その中の六年生八四名と五年生一〇〇名のものを見てみよう。

(1)修学旅行の思い出（六年生男子）

まず、全員が男子ばかりの六年一組をとり上げる。当時は三年生までは男女混合のクラスだったが、四年以上は性別で分けた編成が基本であった。

内容は、修学旅行に関するものが断然多い。生徒四七名中、半分以上の二九名を占める。担任の先生が、内容は自由でよいとして書かせたものと思われるが、六割の子は、その前年の一〇月五日出発八日帰着の修学旅行が一番印象深いものとして思い出に残ったのであろう。学校側の記録ではこれは「参宮旅行」であって、京都・大阪の見学などは入っていない。見どころとしては伊勢神宮のほか二見浦と鳥羽ぐらいで、内宮と外宮を参拝して帰京している。それでも大部分の生徒にとっては初めての汽車の長旅で、面白くてたまらない。寝つかれない車中のおしゃべり、相撲をとったり枕のぶつけ合いをした旅館の夜、賑やかな行軍と存分に楽しんだ様子がよく分かる。

数はずっと少なくなるが、次に多いのは、「卒業を前にして」のもので四篇。さびしくて悲痛な思いが込められている。「住みなれた母校を出るのだ……上級の学校へ行くのは楽しいが、この学校を卒業するのは、つらいような悲しいような気持ちだ。入学試験の難関が日一日と迫ってきているのだ。この六年間、お教へを受けた先生の御恩、きっとこの御恩に報ひようと思った……」。

あとは、初雪、雪の朝、初詣といった季節にちなむもの四、兄弟の病気二などで、時局にちなんだものは「白衣勇士」一篇があるだけである。戦傷者で療養中を示す白衣者一五〇人ほどが明治神宮参拝に来るのに出会ったから、心から感謝のおじぎをした、という内容のもので他の作文には軍事色はきわめて薄い。

(2)正月の思い出（六年生女子）

女子組は三七名と少ないが、修学旅行関係が一篇もないのは不思議なほどだ。女子も当然旅行には参加しているのに少しもないのは、作文を書いた時期が一月下旬であったためか、先生の指示によるものかであろう。正月とか元旦の感想が三分の一を占めて一番多い。もっとも、新年の到来を素直に喜ぶ姿よりも、間もなく迎える入学試験の心配と、戦時色のにおいが少しながらもとりこまれている。昭和一四年一月だからであろうか。

「戦捷第二回目の春を迎えた。町の大通りなども装飾もしないで、角松も例年通りでなく、本当に非常時、すなわち銃後のお正月の様が見受けられます……女中さんたちと羽つきをしましたが、うちかへす羽根の音も何となく〈戦の春だよ、戦の春だよ〉といっているようでした」とある。

直接、戦争にからんだ文も七篇あってかなり多い。「兄の入営」を綴った文は当然のこととして、一月八日の代々木の原で行われた観兵式の行進を見に行って綴った「戦車の大行進」。慰問袋に弾よけのお守りを入れて送ったら、受けとった兵士から来たお礼の手紙を書いたものも、直接の体験談としてうなずける。しかし、「皇軍」とか「銃後の守り」などは明らかに自分の言葉ではなく時勢に合わせて「非常時なので、国民は銃後を守らねばなりません」と形にはまった言葉を並べている。

真情が溢れていると見えるのは入試直前の気持ちで、八篇もある。「夏の休みは遊びくらして、二学期は空しく過ぎた。だんだん入学試験が近づいてくる。勉強が苦しくなった。家では毎日お姉さんから、いやになるほど勉強させられる。先生からは宿題を出されてどんどん頭をしぼられた」「入学試験は私たちの目の前に近づいてゐる恐ろしいものです。自分のような、勉強ができないものでは受かりっこないと弱い心が出る……落っこちたりすると近所の人に合はせる顔がない。この〈不合格〉という言葉を言はないやうに、一生懸命しようと思ふと気がせく」。

当時は、中学校・女学校への進学希望者が増えた割には入学者定員が増えず、大都市の有名校は厳しい競争率であった。前述の通り、まだ進学塾はなかったので、各小学校は、始業前の一時間や終業後の「残勉強」の時間を設けて生徒を励ましていた。しかしとくに女生徒にとっては、合格まで心配の種が消えなかったことは、現代と変わりないようである。

(3)町内の火事（五年生男女）

五年生の作文には、当然のことながら受験の心配はなく、時局の緊張などもまるで見られない。五年生はまだまだ気楽な身分なのである。

その代り一番多いのは、男女とも「火事」の作文で、それぞれ三割を超えている。昭和一四年一月一四日の午後に町内で火事が起り、八戸が類焼した。この地域で火事が起ることは一〇年に一度もないことで、焼けた家には生徒二名の家も含まれ、おまけに駆けつけるのにちょうどよい夕方の時間帯だったこともあって、このテーマに集中している。炭屋が火元だったせいか、火も煙も盛んだったようで、消防自動車のほか、救急車も警官も、最後には軍隊までも出動した様子が描かれている。近衛第四連隊も近くにあったからである。それぞれの作文の最後には、「火事は本当に恐ろしいものだから、もっと火の用心をしやうとしみじみ感じた」と書かれ、生きた教訓になったようである。

男子で次に多いのが「雪の日」で七、「相撲放送」五である。東京では、当時でも積もるほど雪が降る日は二〜三日しかなかったから、雪合戦したり、スキーのまねごとをするのは楽しい思い出になったことだろう。

相撲もラジオ放送を通じて小学生には人気が高いものだった。お互いが取り組むときは、ラジオから流れてくる好きな力士のしこなを自分につけて闘うのである。ちょうどこのときには、六九連勝して人気絶頂だった横綱双葉山が安芸の海に敗れた春場所の直後だったこともあって、これを扱ったものが三篇ある（女子には一つもない）。

(4)新宿でみたニュース映画

そのほかは、遠足のこと、田舎のこと、夜の驚きなどまったくばらばらだが、新宿の映画館で父と「ニュース映画」を見た作文が面白い。細かく書かれていて当時の世相もよくわかるので、そのまま引用してみよう。新宿には、ニュースとまんがだけの映画館が数カ所あったようである。

「此の間の日曜にお父さんと新宿のニュース劇場に行つた。中に入ったらちやうど、此の間代々木練兵場で行はれた観兵式の写真がうつつて居る。力強い足音高く進軍する歩兵の大行進。続いてごうごうすさまじい音を立てていく戦車の行進、空には陸軍機が鮮やかなへんたいで飛ぶのまでくつきりうつされる。恐れ多くも白馬白雪に御召された大元師陛下のお姿が、映写されると見物人は皆えりを正して、室内が水を打つたやうに静かになる。次には皇軍のめざましい活躍ぶり。烈しい吹雪もものともせず残敵をそうたうする歩兵等を見ると、自然に頭が下がつて来る。又海の荒鷲が鮮やかに敵の飛行場軍隊等を、片端から爆弾で粉みじんにするようすをみると、思はず手にこぶしをにぎる。次にはひとり出に笑ひ出す面白い漫畫や、銃後の涙ぐましい出来事や西洋諸国の珍事などが、一本の光線によつて次々に続々映写される。僕は内地のことはもとより遠い西洋のこと、皇軍の活躍ぶりまでも此のニュース映画によつて、実際に見られる僕等はほんたうに幸福であると思ふ」。

⑸漢口の陥落

戦争にからんだ作文は、一割程度は存在する。「おじさんの出征」とか、軍隊に入った「兄さんとの面会」など、身内に関係者が出れば、病気の肉親のことと同様、最大の関心事であったようである。ただその内容は明るいもので、「おじさんに紙の日章旗をわたしながら〈敵の陣地をとったらこの旗を立ててください〉とたのんで、心から武運長久をお祈りしました」といったものである。

昭和一三年十月二七日に支那事変で最大の会戦といわれた漢口が陥落した時には、ラジオが臨時ニュースを放送したので、これを取上げた作文も数篇あった。この時の市内の様子を巧みに描いたものがある。

「臨時ニュースが入って『漢口が陥落しました』と言ったとたんに、『ヴウゥ』とサイレンが深夜のせいじゃくを破って鳴り響いたので外は急にざわめき出した。さうして家々は夜分ながらも、国旗を立てた。次の日の朝刊にも大きく『武漢三ちん陥落』と書いてあったので夜おそく帰って来たお父さんは、我が事のやうに喜んだ。今日は、小学校はもちろん中学校及び大学生女学生がにぎやかな旗行列を行つた。宮城前の広場は旗でうづまって小山のやうだ。其の外の所もとてもにぎやかだ。又、夜は夜で提灯（ちょうちん）行列で足のふみばもない位だ。人は分からないが提灯が電気のやうにさんぜんと輝いて居る。僕等が、かうして愉快に旗行列や提灯行列ができるのも、みんな兵隊さんたちのおかげだと思ふと涙が出るほど有がたい。それと同時に、『僕等は小国民であるから、国をしつかりと守らなければいけない』とかたくかたく決心した」。

中国戦線で支那事変が始まったといっても、昭和一三〜一四年の内地市民はこういうお祭り気分だけで済んでいたのである。

平穏な子どもの暮らし

以上のように、昭和一四年春の東京山の手の小学校の生活は平穏そのものであって、苦悩の影は少しも見られない。基本的には、一応中流の上程度の収入が保証されている家族が大部分を占めているからであろうが、物資も潤沢で、子どもの遊び事、家族で遊びに行くところも十分あり、不平や不満の描写は出てこない。

三〜四年の作文を見ても、「暮れの忙しさ」「もちつき」「お正月」「お書初め」「たこあげ」「トランプ」「雪合戦」と子どもらしい楽しみの題が多く、ほかにも「おえんまさま」「米国式フットボールの見物」「デパートでのスケート」「子供会」など遊びごとに事欠かない。ただ注目すべきことは、クリスマスや誕生会の集まりなどは皆無であって、この種の催しは庶民の日本家庭には無かったことが、戦後の現代家庭とおおいに違う。

子どものいる家庭の格差

小学生の作文集としては、中央公論社から昭和一二年に発行された『綴方教室』と同一四年に発行された『続・綴方教室』の執筆者豊田正子のものが有名である。

豊田の綴り方については、改めて第三章四節で詳しく取り上げるが、簡単に言って、千駄谷第三小学校のものとは大きく違う。一つずつの文章の長さが違うので本当の比較はできないが、千駄谷の方には豊田の根底に横たわる生活の深刻な生活体験が描かれていない。豊田が小学校上級生だったのが昭和七〜九年で、恐慌がもっとも厳しい時期だったということもあるが、より以上に、豊田の家庭が東京葛飾の貧しい職人一家であり、千駄谷の方が相対的に恵まれたサラリーマン家庭が大部分だったという経済生活の格差が大きかったためであろう。豊田の小学校卒業後書かれた「続編」の後半は昭和一二年に書かれたものだが、そこにもこの違いは十分うかがえるからである。

4　子ども雑誌の盛行

本の楽しみと識字率の向上

大正はじめから日本にも根をおろした映画産業は、昭和に入ってからはチャンバラ映画から時代劇映画へと移って娯楽の王座を占めるようになり、大衆文化を興隆させた。浅草や道頓堀などの大都市歓楽街だけでなく、二五〇〇館を超す全国各地の映画館は満員を続けた。評論家の長谷川如是閑は、その原因を「資本主義的商業主義」とともに「社会的自暴自棄」でもあると断じた。たしかに映画は、ほかの演芸や踊りにはさまって「ヤケに賑やかでヤケに陽気な」（古川ロッパの言葉）、労働者、中僧、小僧、女工などを相手に上映されていることが多かった（だが、家族の生活実態を適切に描写した作品はあまり残されていない）。

もっとケタ違いの大きさで大衆を魅了したものは出版物ではなかったかと思われる。明治時代の大人には、まだ非識字者がかなりいたが、大正末期には、一五歳以上人口の約半分二〇〇〇万人近くが一応読み書きができるようになっていたから、それを目指して各種の出版物が覇を競った。

その時代の読み物を代表するのは大衆娯楽誌の登場で、既婚女性を対象とする『主婦之友』（大正六年創刊）、知的男性を相手とした『文藝春秋』（大正一二年創刊）、一般大衆を狙った『キング』らがその代表的存在といえた。

『キング』の魅力

とりわけ、大正一三年一二月に、「大正一四年新年号」としてスタートした『キング』は、講談社社長野間清治が五年もかけて周到に準備し、大人から子どもまで老若男女、知識ある者もない者も（総ルビ付き）、学歴の差別なく、誰でも読みたくなる雑誌を目指した。そのキャッチフレーズは「日本一面白い、日本一為になる、日本一の大部数！」で、キングの性格を一言で言い尽くしていた。

キングの創刊号は五〇万部の予定を超えて七四万部に達したが、その後昭和二年一一月号には早くも一四〇万部を超えた。ずっと後に雑誌読書調査を詳細に検討した永嶺重敏は「子供から大人まで、学生から労働者農民まで、また性別をも越えて階層横断的に広く読まれて」(13)いることを確認している。

内容としては、伝記、教訓、経済などの「為になる話」、家事技術や生活の知恵、民間療法、礼儀作法、美容までの家庭関連記事、娯楽、教育、しつけ、年中行事、常識、防犯、酔いのさまし方の知恵など、ありとあらゆる話題が毎号三五〇頁のボリュームを埋めている。ただし、政治、思想、社会批判に関するものはほとんどない。

したがって、大学卒の者から識字能力が乏しい者まで対象にしたといっても、中心となった読者は工場労働者、住込奉公人、職人や農民などであったろう。それにしても、全国民的規模で、とくに野間の狙い通りに家庭が単位となったために、売上部数一〇〇万部に数倍する日本人を読者層に取り込むことに成功したのは、まことに注目に値する。昭和一〇年の労働者を対象とした「読書調査」でも『キング』が購読誌の第一位を占めていたから、昭和前期の前半一〇年間は、良くも悪くもいわゆる

「キング的思想善導」が世の中を風靡していたといえる。講談社をさして「私設の文部省」という言葉も生まれたほどである。

『少年倶楽部』の楽しみ

同じ昭和ヒトケタの時代、部数からいえば、既婚女性向けの『主婦之友』と子ども向けの『少年倶楽部』が注目すべき大部数を誇っていた。『主婦之友』については前に（第一章六節）扱ったので、ここでは『少年倶楽部』について触れる。

今の八〇代の日本男性、つまり大正末から昭和初年に生まれた日本の男の子にとって、忘れがたい子ども時代の思い出の一つは『少年倶楽部』である。発売日には五〇銭玉をにぎってわれ先にと本屋さんへかけつける子が多かった。

やはり講談社の発行で創刊は大正三年と古いが、大正一三年に待遇をめぐる「華宵事件」が起って、それまで大部分の表紙と挿絵に華麗な才筆をふるっていた高畠華宵が退陣したことが大きな転機となった。売れ行きは一旦がた落ちになったが編集部は奮起して、まず吉川英治作・山口将吉郎画の「神州天馬侠」をスタートさせて大評判を呼び、その翌年の昭和二年には、高垣眸「ジャガーの眼」、大仏次郎「角兵衛獅子」などの時代小説、佐藤紅緑の熱血小説「ああ玉杯に花うけて」、佐々木邦のユーモア小説「苦心の学友」などの連載を並べた。さらに数年後には山中峯太郎の「敵中横断三百里」などの軍国義侠小説、南洋一郎などの海洋小説のほか、一〇年以上も続いた田河水泡の「のらくろ二等卒（兵）」などのマンガものも載せたりしたので、発行部数は昭和二年の三〇万部から昭和六年の六七万部へと躍進した。直接買ってもらえない子も回し読みして見ていたから、おそらく当時の三人に一人以上の男の子はこれを楽しんだことになるだろう。

『少年倶楽部』の魅力

まさに大衆児童文学の黄金時代を現出したわけだが、いったいこれだけ子どもの心をひきつけた『少年倶楽部』の魅力は何だったのだろうか。

この雑誌の編集方針は、大正四年四月号に示されたように、「面白さを通して実益へ向かい、忍耐とか勇気あるいは恭譲などの徳性を涵養し、それを通して〈偉大なる人〉になるように少年たちを奮い立たせること」であった。自発的に人生の苦難を克服して強く生きられる独立心をつちかう理想主義に向かって、野間清治社長が示したように「おもしろくて為になる」子どものための総合文芸誌なのであった。挿絵画家も一流の大家を揃え、毎号、工夫を凝らした大型付録も人気を集めていた。

唐沢富太郎は、『少年倶楽部』（大正三～昭和二〇年）と国定修身・国語教科書（明治三七～昭和二〇年）に登場する主人公の統計をとって比較しているが（図2-1）、それによると少年倶楽部は、皇室、役人、勤労者の取り上げ方が少なく、その代わりに武人・軍人、政界人、スポーツ、架空人物の取り上げ方が多いと指摘している。(14)『少年倶楽部』は教科書的性格が少なく、興味本位の商業主義と立身出世型の人物を多くしているのである。

図 2 - 1　少年倶楽部や教科書の主人公の分布

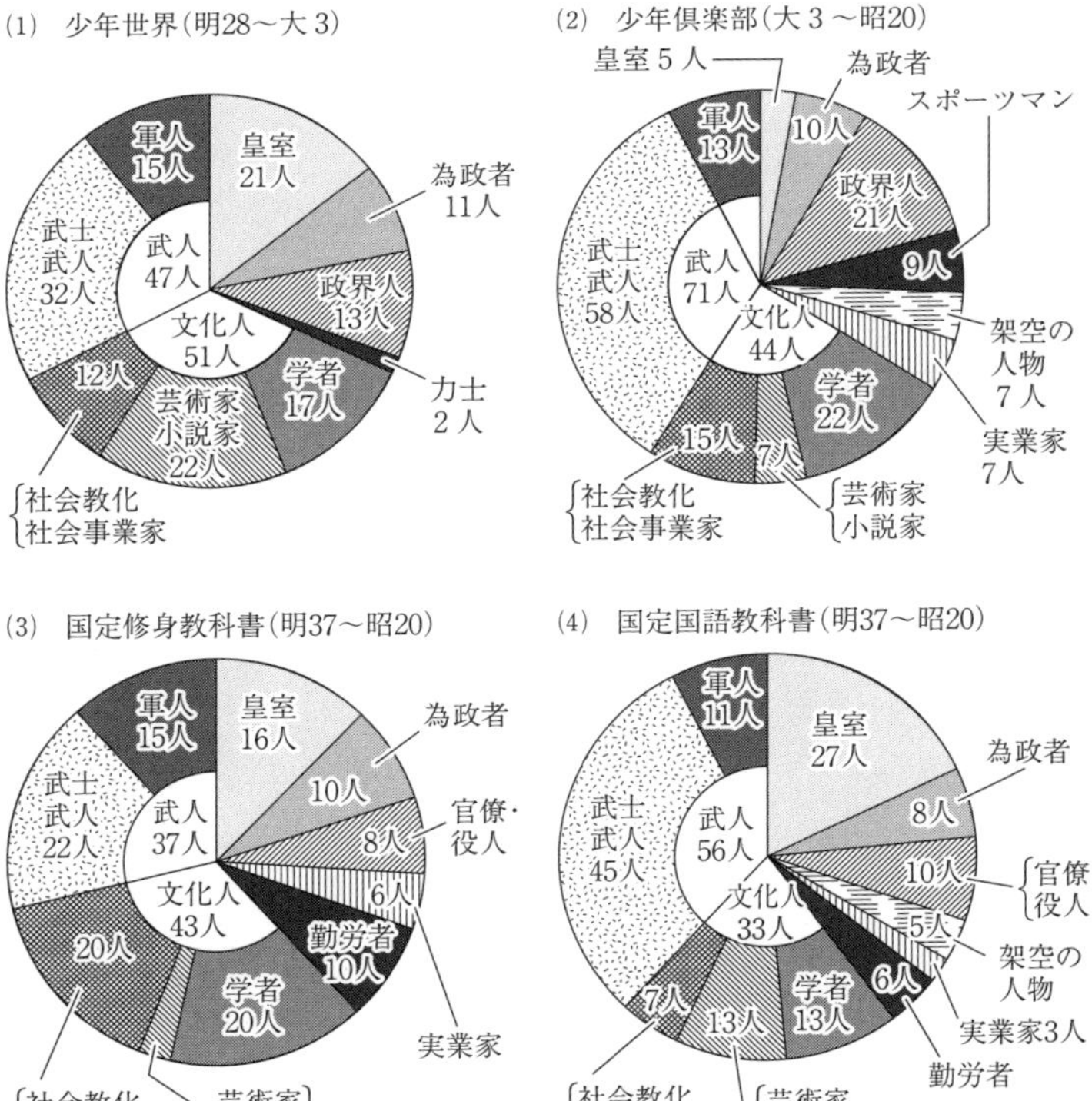

出所：唐沢富太郎『図説明治百年の児童史下』昭和43年，講談社，384頁。

ほぼ四年生という中級以上に進んだ小学生は、単なる力に溢れた英雄だけではあきたらず、知的努力に基づく技術の力があり、すぐれた頭脳を持ち、強靭なひるまぬ意志とたくましい冒険的精神をそろえた人物を待望していた。

それにぴったり合った「ああ玉杯に花うけて」（苦学力行少年）、「角兵衛獅子」（やさしい剣豪）、「敵中横断三百里」（愛国スーパーマン）などが登場した昭和二〜一〇年が、『少年倶楽部』としても、児童の意気込みとしてももっとも高まった時期となったのである。

少女向け雑誌

少女向けの雑誌は少年向きに比べると少なかったが、四種が知られていた。

鈴木三重吉による大正七年創刊の『赤い鳥』は品の良い詩作が多かったが一般受けはせず、昭和一一年に廃刊された。博文館の『少女世界』も明治三九年からと長い歴史があったが、昭和六年に終わっている。実業之日本社の『少女の友』は明治四一年から出て、戦時中は中断したが戦後に復刊されて昭和三〇年まで続いた。寿命の長さからいえばこれが一番長い。

しかしこれらはいずれも、発行部数が三〜五万部にすぎず、部数の上からは大正一二年創刊の講談社『少女倶楽部』が五〇万部以上を出して圧倒した。同社の『少年倶楽部』と同じように、「おもしろくてためになる」編集方針で、読みやすさ、ストーリーの娯楽性、バラエティー、そして一流画家によるさし絵の美しさ、などがあいまって、競争相手に打ちかったのだ。加藤武雅「君よ知るや南の国」、佐藤紅緑「夾竹桃の花咲けば」、吉屋信子「あの道この道」、北川千代「春やいずこ」などが代表的作品としてあげられるが、悲劇のヒロインが悲しみや苦しみの不幸の重なりでたっぷりと泣かせ、しかしけなげに努力して障害をのりこえ、遂には幸せの境地に行きつくというハッピーエンドが一番好まれた。教養よりも、清純な物語が世が求めるものに一致したのであろう。母親達も、こういう純情可憐なストーリーが好きだったから、読むのをやめさせることはなかったのであろう。

なお、もっと幼い年齢の子を対象にした童話絵本雑誌は大正年間に何種も創刊されたが、昭和前期まで続いたものには、『子供之友』『コドモノクニ』『コドモアサヒ』『キンダーブック』『金の星』などがある。

5　子どもと昭和の文学

知性の健在

大正時代の後半から義務教育の普及によって識字者が増え、活字に親しむ大衆が増加していたので、文字の内容が大衆の生き方、ひいては家族のあり方に影響する度合いが大きくなってきた。

昭和初年には、社会運動の激化にともない葉山嘉樹の『海に生くる人々』、徳永直の『太陽のない街』、小林多喜二の『蟹工船』などのプロレタリア文学が盛んに生み出されたが、昭和三～四年頃からの社会主義弾圧が強まって、方向を転換せざるをえなくなった。

しかし昭和一〇年を中心とする前後五年間は、大家の復活、私小説の再生、「文学界」の創刊のほか、既成大家に代わる中堅の岸田国士、坪田譲治、武田麟太郎らが新聞や婦人雑誌の小説欄に登場するなどの動きが起って、文学者の小笠原克はこれを「ジャーナリズムによる〝文芸復興〟操作の一面」と呼び、これによって「読者大衆のレベルアップがもたらされ……昭和的啓蒙運動でもあった」と評価する。[15]そして小笠原は、その象徴的存在を山本有三に求め、「『生きとし生けるもの』（大正一五年）、『波』（昭和三年）、『風』（昭和五～六年）、『女の一生』（昭和七～八年）、『真実一路』（昭和一〇～一一年）、『路傍の石』（昭和一二～一五年）などの〝同伴者作家〟的な良心・良識・正義感は、〝人生の教師〟的役割を果たした。検閲問題への抗議や共産党シンパ容疑での検挙による連載中止、『波』の世界各国語への翻訳紹介や国語国字問題への発言、「日本少国民文庫」刊行にうかがえる次代育成など、作家的良識に根ざした文化・教育にわたる幅広い啓蒙活動は、権力体制下にあって人生主義的傾斜を辿りはしたものの、読者を正当に認識した知性の健在を示していた」[16]と結んだ。

とくに家族問題を扱う本書にとっては親と子どもの問題が重要なので、山本有三を中心とした「日本少国民文庫」の動きを次に取り上げてみよう。

「日本少国民文庫」と山本有三

昭和一〇～一二年は、ようやく成熟してきた昭和の文化が、児童文学の上にも花開いたときでもあった。それを象徴的に示す作品として、「日本少国民文庫」があったことを紹介してみたい。

苦学の中で勉学しながら「新思潮」の同人となって大成した山本有三は、日本の子どもが置かれている状況に着目し、新しい人道主義に立って「少年少女の感性の陶冶と知性の訓練に役立つ書物」を目指して、新潮社からシリーズを刊行することを企画した。この発想について、編集同人の一人となった石井桃子は、

表2－1　「日本少国民文庫」全十六巻

1	人間はどれだけの事をして来たか（一）	恒藤　恭
2	人間はどれだけの事をして来たか（二）	石原　純
3	日本人はどれだけの事をして来たか	西村　真次
4	これからの日本、これからの世界	下村　宏
5	君たちはどう生きるか	吉野　源三郎
6	人生案内	水上　滝太郎
7	日本の偉人	菊池　寛
8	人類の進歩につくした人々	山本　有三
9	発明物語と科学手工	広瀬　基
10	世界の謎	石原　純
11	スポーツと冒険物語	飛田　穂洲 豊島　与志雄
12	心に太陽を持て	山本　有三
13	文章の話	里見　弴
14	世界名作選（一）	山本　有三選
15	世界名作選（二）	山本　有三選
16	日本名作選	山本　有三選

「山本先生がすぐれた子どもの本を造ろうと思い立たれたのは、ちょうどご自身のお子さん方が成長ざかりでいらっしゃり、さて、どんな本をということになったとき、いい本を見つけることができなかったからだと伺っています。それと同時に、先生は、そのころの日本に育つ子どもたちのことをとても重く考えておられたようです。昭和十年前後ですから、日常生活が困窮を極めるとか、敵性国家の作品は翻訳してはならないというところまではまだいってなかったのです。でも昭和六年に満州事変、七年に五・一五事件、そして一一年には二・二六事件ですから、その頃育ちつつある子どもたちが、

どっちの方向に向かっていくかということを、とても案じておられたと思います。もっともっと広い、大きな世界があるんだよ、ということを伝えようとなさったのではないでしょうか」(17)と語っている。

このシリーズの刊行は、予約出版の形をとって昭和一〇年一〇月の第一二巻に始まり、一二年七月の第五巻で完結したが、その内容は表2‐1の一六冊であった。

「世界の名作」の誕生

その編集同人は、山本有三を長として、吉野源三郎が編集主任、岸田国士、阿部知二、中野好夫、吉田甲子太郎、石原純などで、当時の自由主義的知識人が網羅されており、熱のこもった編集会議が五〇回以上も続けられたという。

この一六巻の中でも、短いながらも名作のエッセンスを伝えた一四巻、一五巻と、生き方の根本を説いた五巻、一二巻が、特に大きな影響を与えたと言われている。

『世界名作選(一)』には、ドイツのケストナーの長編「点子ちゃんとアントン」をはじめ、イギリスのキプリング、ロシアのソログーブとトルストイ、フランスのアナトール・フランスとロマン・ローランの短編、カルル・ブッセなどの詩四編のほか、アインシュタインの「日本の小学生たちへ」、フランクリンの「私の少年時代」など、文学作品ばかりでなく、自然科学者の文章も収めている。しかも作品の前か後には、訳者によって、解説が添えられていて、少年少女にもそれぞれの文章の意義が理解できるように計られている。

『世界名作選（二）』には、イギリス・アメリカ・フランス・ロシアのほか、チェコ・スペイン・ノルウェーの文学作品も入り、詩が三編、マンガ一編も含まれている。この中で最も長いのはポンゼルスの「蜜蜂マーヤの冒険」で、次に長いリンドバーク「日本紀行」とともに自然科学を扱ったものである。このように、純文学にこだわらず、子どもの心に本当に訴える作品が選ばれている。企画の長であった山本有三は作品の選択と翻訳にきびしく、子どもが耳で聞いてわかる言葉でなくてはダメだと原稿を何度も突き返したといわれる。

平成一〇年の復刊にあたって解説を書いた臨床心理学者の河合隼雄は、小学四、五年の頃（昭和一四年の頃か）、兄たちの書棚にあったこの本を見つけ、キプリングの「リッキ・ティキ・タヴィ物語」の面白さに大いに感激して、「ディン、ドーン、トック！　というお触れの音は、兄弟一同何かにつけてよく使ったものだ」と述べている。「点子ちゃんとアントン」「人は何で生きるか」「ジャン・クリストフ」「郵便配達の話」などにも感銘し、さし絵の持つ力の大きさにも痛感させられたという。(18)河合の父親は地方の歯科医師であり、そのような知識階級の家庭では、この書物は子どもたちにかなりの影響を与えたことであろう。

平成八（一九九六）年の第二六回国際児童図書評議会ニューデリー大会の開催にあたり、基調講演として皇后陛下のビデオ放送がなされ、日本のテレビでも放映された。その時に陛下は、子ども時代の体験としてこの本を愛読し、ケストナーやフロストの詩、ソログーブの「身体検査」の例を挙げ、編者が子どもたちにこのような悲しい物語を読ませようとしたのは、「悲しみは誰もが背負っているのだということを、子どもたちに知ってほしいという思いがあったのでしょうか」と語られている。

少年の生き方を問う本

もう少し年長の、いや大人たちにも大きな影響を及ぼしたのは、昭和一二年八月、このシリーズの最後に配本された第五巻『君たちはどう生きるか』（吉野源三郎著。最初は山本有三が執筆する予定であったが、山本の病気のため、代わって吉野が全文を執筆。）であった。

主人公中学二年生コペル君と仇名をもつ少年が一年間に体験した精神的成長に託して「人生いかに生くべきか」を語った物語である。

夜中に見た粉ミルクの夢を手がかりに自分で懸命に考えて「人間分子の関係、網目の法則」と命名する主題の発見、それを受けて若いおじさんが、一方で励ましつつ、それを社会全体の生産関係の説明にまでもっていく。親友北見君に対する上級生のリンチ事件で、一緒になぐられると約束したのに、その場の恐ろしい光景に身がすくんで抵抗しないまま傍観し、その後悔の念で寝込んでしまい、半月も学校を休んでしまう場面など、印象的なシーンが続く。全編天降り的に命題を教えるのではなく、逆に自分のすぐそばの平凡な事柄から子どもに大切な思索を押し進めていくのである。

この作品に、目からうろこの落ちるような思いで鮮烈な感銘を受けたという政治思想史学者・丸山真男は、

「ともかく、人間が『自分の行動を自分で決定する力をもつ』ことの両面性――だから誤りを犯すし、だから誤りから立ち直ることができる、という両面性の自覚が『人間分子』の運動をほかの物質分子の運動と区別させるポイントだ、と駄目を押すことで、『おじさん』はモラルの問題を再びコペル君の発見した『網目の法則』の――つまり社会科学的認識の問題につれもどす、というのが、この作品の立体的な構成となっているわけです(19)」とその要点をまとめている。

ともあれこの作品は、昭和一二年という日本社会が傾きかけた難しい時代に発表された「少年のための倫理の本」で、丸山真男や思想家鶴見俊輔など物思う青少年を大いに魅了した。それればかりでなく、ずっと後の昭和五七（一九八二）年に岩波文庫に収録されると、一二年間で三二刷されるほどの売行きを見せた。戦後の成人にも十分受け入れられるものだったのである。

ただ私（筆者）個人に即していえば、昭和二二年頃初めてこの本に接した時の印象は、あまりいいものではなかった。コペル君は母と二人だけの暮らしなのに女中とばあやを置くぜいたくな家庭で、父親死亡後なのに十分な財産がある。成績はクラスで一～二番であるうえに、近所に住む知的な若いおじ（母の弟）が常に良い指導をしてくれる。父の失職でアルバイトに追われていた終戦直後の私には、生活条件があまりに恵まれすぎていて夢のような話に思えたからである。経済条件に恵まれない貧しい人々にもこの本は役立つのか、というのが私の根本的な疑問だった。

彩やかな名画ぞろい「講談社の絵本」

もう一つ見逃せない大きな存在として「講談社の絵本」シリーズがある。同シリーズは昭和一一（一九三六）年一二月に始まり、一七年四月まで五年半続き、その間二〇三冊が刊行された。各冊は四六倍判の並製で四色刷、四四～六四頁、定価は初期三五銭のちに五〇銭。第一回は『四十七士』など四冊で、各四〇万部で計一六〇万部も発行されたもので、全体では戦後の復刊を含め実に七〇〇〇万部に達した。子どもだった私も戦前どこの本屋にも置かれていたことを覚えている。

厚い紙でできた表紙の上部六センチほどに赤の地を置き、そこに「子供が良くなる・講談社の絵本」と大書してあるのが共通で、よく目立ち、その下には表紙一面大きな絵が描かれていた。

大正から昭和初期にかけては、絵本雑誌が続々と刊行される時代だった。『子供之友』（大正三～昭和一八年）、『赤い鳥』（大正七～昭和四年）、『金の船（金の星）』（大正八～昭和四年）、『コドモノクニ』（大正一一～昭和一九年）などである。講談社の絵本はこれらの雑誌に比べて一冊一テーマ主義で（そのテーマだけでは短すぎる場合には、巻末に短い話と絵、またはマンガを加えているが）、本田庄太郎、川上四郎などのいわゆる童画家のほか、斉藤五百枝、石井滴水、田中良などの一流画家にも絵を依頼したことが特色である。そのため、一点一劃《かく》をもゆるがせにしない綿密な描写で、子ども向きにはもったいないほどの素晴らしい絵画が並んでいる。執筆料に莫大な資金が投じられたと思われ、講談社の資本力がなくてはとてもできなかったことであろうシリーズとなった。「ベッタリ絵本」だという批判もあったが、〈名画集絵本〉ではないかという評価も生まれ、絵本の水準を格段に高めた。

ただ全体のうち五〇冊ほどは「漫画と偉人絵話」といったマンガの絵本であり、約四〇冊は「支那事変美談」「イサマシイ戦車」とか「忠勇感激美談」といった時局がらみの戦争もので占められ、「建国絵話」「国史絵巻」といった日本歴史ものも数冊あった。これによって、軍国少年に育てられたと言う男性は少なくない。

そのほか、「花づくし」「鳥づくし」「魚づくし」「虫ノイロイロ」「相撲画報」など、時局には関係なしに子どもへの知識普及を目的としたものも数点ある。それらもすべて写真や博物画によらず、花鳥画の様式によって描かれていることもまことに見事である。

名作が伝える子どもの知識

だが、「講談社の絵本」の真骨頂は、残り一〇〇冊近くの初期に多く出た、日本と西洋との有名な昔話をテーマとしたものに発揮されている。

日本のものでは、かぐや姫、一寸法師、金太郎、桃太郎、かちかち山、花咲爺、舌切雀、浦島太郎、安寿姫と厨子王丸、曽我兄弟、孝女白菊などであり、西洋のものでは、ピノキオ、ガリバー旅行記、イソップ絵話、おやゆび姫、たから島、白鳥の王子、青い鳥、人魚姫、白雪姫、マッチうりの少女、シンデレラ姫、ロビンソン漂流記など、有名なお話がことごとく取り上げられている。

たとえば、昭和一二年三月刊の『金太郎』は、「クマニマタガリ　オウマノ　ケイコ」の童謡にそって米内穂豊の鮮やかな絵で始まり、その後怪力に惚れこんだ源頼光が、名を坂田金時と改めさせて家来とし、金時は鬼を生け捕る手柄をたてて〈頼光の四天王〉になるまでが語られている。巻末には再話者千葉省三によって、四天王には他にも、源義経、木曽義仲など有名武将にもそれぞれいたことが述べられ、まさに〈子どものためになる知識〉を提供している（吉田新一「戦中期の講談社の絵本」[20]による）。このような構成こそ、「講談社の絵本」が最初に目指したいものであったであろう。

もっとも、西田良子は、講談社の絵本に見るような、仲の良い夫婦、孝行な子どもといった強調は、「教育勅語」の思想による付け加えである、としながらも、『桃太郎』の絵本を第Ⅳ期国定国語教科書の「モモタロウ」と比較して、講談社の絵本の文章が「きわめて口調がよく、描写も細かく、語りの文章としては教科書の文章より優っている。これは頁数の違いによるものである。頁数に一定の制限のある教科書と違って、〈一冊一話〉で五六頁、見開き一杯に描かれた〈講談社の絵本〉は、描写も細かく、絵数も多く、当時の子どもにとって魅力のある絵本だったと思われる。と同時に、〈講談社の絵本〉の文章は時に饒舌になりすぎたり、社会状況に迎合して本来〈桃太郎〉の話にはない余計な挿話が付加されたりしている点も見逃せない[21]」と、このシリーズ全体の長所と短所を指摘している。

もうひとつの子どもの視点

ところで、昭和一二年に東京市内の小学校に入学した私に即して言えば、「講談社の絵本」はほとんど読んだ覚えがない。戦争ものの絵本を少しのぞいたような不確かな記憶があるだけで、昔話のものはまったく敬遠していたようだ。私ばかりでなく、友達の話題になったこともなく、作文集にも登場してこない（『少年倶楽部』を貸し借りした話題は出てくるが）。たしかにカラー印刷の鮮やかな本ではあったが、よく知った昔話には、少年倶楽部の小説ほどの面白さがなく、魅力を感じなかったからであろう。私は、小学校入学後の昭和一二～一四年頃、小銭をもらってよく一人で本屋へいって店内をのぞいていた記憶があるから、本嫌いではなかった方だと思う。そこで確かに並んでいた「講談社の絵本」の方へ手を伸ばさなかったのは、多少は中身を知っているテーマが多かったことと、絵が大部分を占めているのは幼児向きなんだという思いがあったからであろう。

昭和三年生まれの作家田辺聖子は、『田辺写真館が見た〝昭和〟』の中で、昭和一〇年前後の大阪市福島区で写真館を営んでいた自分の家庭のようすを詳しく語っている。その中にも『少年倶楽部』と『少女之友』の話は細かくあっても、「講談社の絵本」はあったようだが、「一流の日本画大家が最新の注意と愛情をこめて描いていられた」(22)と敬意を払うだけにとどめている。

昭和四〇年のことだが、私がある社会調査で東京都杉並区の中規模の酒屋さんの自宅を訪問したとき、通された応接間の書棚には「講談社の絵本」が数十冊、ずらりと並んでいた。その絵本は戦前のものではなくて、戦後に再版された「ゴールド版」だったかもしれないが、酒屋のご主人は子どものためにたくさん買い込む愛読者で、こういう人も確かにいたのである。

注

(1) 東京・久恵「煙突と南と北と」『婦人之友』昭和七年一月号。
(2) 古川緑波「銀座と浅草」『婦人画報』昭和五年一月号。
(3) 千駄谷第三尋常小学校保護者会編『我が児童』昭和一五年、同会。
(4) 中央公論記者「東京だより」『中央公論』昭和一五年二月号。
(5) 「月一〇〇円に減った会社員の家計」『主婦之友』昭和六年一二月号。
(6) 「月八五円の陸軍中尉の家計」『主婦之友』昭和六年一二月号。
(7) 「九五円で四人家族の会社員の家計」『主婦之友』昭和八年六月号。
(8) 下川耿史「ボーナスで買えた豪邸」『昭和・平成家庭史年表』平成一三年、河出書房新社、九一頁。
(9) 「東京朝日新聞」昭和九年一一月一七日。
(10) キャサリン・サンソム、大久保美春訳『東京に暮らす』平成六年、岩波書店、七九頁ほか（Katharine Sansom "LIVING IN TOKYO" 1937.）。
(11) Japan Tourist Bureau "2600-Japan Celebrates Twenty-six Centuries of Imperial Rule" 1941.
(12) 半藤一利『文藝春秋　九月増刊号　半藤一利が見た昭和』平成二一年、文藝春秋社、二二－二三頁。
(13) 永嶺重敏『雑誌と読者の近代』平成一五年、日本エディタースクール出版部、二一二頁。
(14) 唐沢富太郎『図説明治百年の児童史下』昭和四三年、講談社、三八四頁。
(15) 小笠原克「昭和文学の形成」紅野敏郎編『昭和の文学』昭和四七年、有斐閣、一二五頁。
(16) 小笠原克　前掲書、一三六頁。
(17) 石井桃子「『世界名作選』のころの思い出」山本有三編『世界名作選二』平成一〇年復刊、新潮社、三二三頁。

(18) 河合隼雄「復刊にあたっての解説」山本有三編『世界名作選一』平成一〇年復刊、新潮社、三一八頁。

(19) 丸山真男「『君たちはどう生きるか』をめぐる回想」吉野源三郎『君たちはどう生きるか』昭和五七年、岩波書店、三二四頁。

(20) 吉田新一「戦中期の〈講談社の絵本〉」の講演録、平成二〇年。

(21) 西田良子「講談社の絵本―昔話」鳥越信編『はじめて学ぶ日本の絵本史Ⅱ』平成一四年、ミネルヴァ書房、一五八-一五九頁。

(22) 田辺聖子『田辺写真館が見た〝昭和〟』平成二〇年、文春文庫、一二五頁。

第三章　低所得家族の暮らし

1　身売り寸前の農山村の暮らし

札幌の女性の手記

昭和七年夏、北海道札幌郊外の農村で暮らしていた遠藤保子という二〇歳近くの若い女性の日記が残されている。

「(七月一日)

午前八時近く、隣村の伯母が来る。この四、五日と言うものは食べ物がなく、雑草をゆでてそれにゼンマイの根を交ぜて三度々々食べていると言う。そのためか子供の一人が暑さ敗けをして倒れたと言う。こんなことは不況にあえぐ北海道の農村では珍しいことではない。しかし米を作る私達百姓が、米を食べることすら出来ないとは、全く何と言う悲惨なことであろうか。

午前一〇時、役場の人が自転車で配給米を運んで来る。一升三合の白いお米！　父も母も妹も出て幾度となくお礼を言った。ひからびた皆の皮膚が軽くほほえんだ。これで私達一家六人が今日の昼と晩とそして明日の朝と昼の四回、粥にした白いお米が食べられる。全く涙が出る程嬉しい。昼が来た。一家六人それに伯母が入って白いお米の粥を食べた。一人一杯半ずつ。……帰途村の精米所のあるじに会う。村外れの駄菓子屋の娘お糸さんが東京の寺島とかいう処へ売られて行ったと言う。これで今年になってから四人目。この小さな村から四人の娘が一家の生活、借財のために東京へ、身売りに。ああ、私達農村女性の余りにも悲惨な事実！

夜、妹を連れて田島さんへ夜仕事《よなべ》に行く。一昨年の小作料の残り返金の代りに働くのだ。十時半、帰宅。一休みして藁仕事をやる。太縄三ぼうなうと一時。その代金十二銭。

（七月二日）

今日から田の草取り。妹、村長さんの家に手伝いに行く。父、兄と一緒に河川工事に行く。母と姉と私で家の野良をやる。母が夏祭りの話をする。『でも、着物はねえし、銭っこはねえし、そんよりか働いて借金なすべえさ』と姉は淋しく笑って言った。まったく私達農村の女性は、今お祭りも何もない。ただ、働いて少しでも借財をへらそうと、それ許り考えている。

昼、野良で昼食しているところへ村長さんがみえる。『もう小作料のとどこおってるのは兵吉（父の名）さんがとこばんで……』と催促される。一昨年の小作料のこと。『はい、どうぞこの米のとれるまで……』と母は手をつくような姿で言った。『いやいや、でもなァこんな良い娘さんがあるのに、まったく惜しいことだ』村長は遠まわしに私を東京へやれと言っている。胸が張り裂ける程口惜しい。けれど相手は村長。母もそれと気付いてか蒼い顔に涙を落した。『どうしておめえを東京さやれるもんか』村長さんの帰った後、母は私を抱くようにして言った……」。(1)

これは、『婦人倶楽部』昭和七年一〇月号に投稿して採用された文章なので、整っていて読みやすい。おそらく高等小学校か女学校を出た知的女性であろう。それが身売りの瀬戸際にいる貧しさである。しかも、一番ひどいと言われた昭和五年から二年も経っているのになおこの姿は変わっていない。

都市部の失業と農家の大飢饉

都市で失業させられたのは、実際には新中間層よりも下層の筋肉労働者や地方出身の女子工員の方がはるかに多かった。安達謙造内務大臣は「日本には東洋流の家族制度がある。欧米とは余程違う。失業手当など出すと、遊民堕民を生ずる」として失業者でないとした。「家族制度」の利点をたたえて、都市失業者には農村への帰農を促し、有業者とみなそうとしたのだ。

しかし、農村でも恐慌が発生すると各種農産物の価格が暴落し、とくに生糸の輸出減少の影響を受けて繭価は大きく下落していた。不況のため兼業の機会も少なくなったうえに、都市失業者が帰農することによってますます苦しくなった。

豊作飢饉

実は昭和恐慌の年、すなわち昭和五年は、平年の一二%増の米が実って珍しくも豊作の年であった。ところが豊作と発表されると米価は三分の二以下に暴落し、前代未聞の豊作飢饉が発生して、小作農はひどい打撃を受けることになった。

農家の借金は増える一方で、「青田売り」（稲が成熟しないうちにあらかじめ産米を売ること）や春の蚕を当てにして冬のうちに前借りする「寒ガイコ」もはやったが、入るお金は実際に売るときの半分にもならなかった。首が回らなくなると、岩手・山形・秋田・青森などの東北地方では、娘の身売りさえ始まってきた。これは数少ない農家のことではなく、娘がいる家はどこでも起こったことなので、山形県の村役場では「身売り相談」の看板を出すところさえ現れたり、青森県の村では「娘を売らずに食える道」部落座談会が開かれたりした。

そのうえ、昭和六年と七年の東北地方と北海道（沖縄の一部でも）には、冷害でかつてないほどのひどい凶作が襲った。豊作でさえ食うに困っていた農民はさらに窮乏のふちに落ち込んだ。六年の農産物価格は四年の五六%にしかすぎなかった。このため、「児童が体操中バタバタ倒れる」（青森県）、「零下二〇度の板の間にムシロも敷かずに寝る」（北海道）、「親は縊死、子は飢に泣く」（北海道）、「山野に自生する有毒の蘇鉄を食べる」（沖縄）などの記事が新聞に毎日のように報じられた。さらに具体的には、『日本農業年報第一輯』は昭和六年の事情を「惨たり！　農民生活、食うに困る農民」と題して次のように報じた。

「いま農村には食ふに困るものが簇出している。山の木の葉を取って来て食ったり、豆腐《おから》で飢を凌いだり、犬や猫を殺して食ったり、フスマ（注、小麦を粉にひいたあとのかす）で命を継《つな》いだり、植えつけたばかりの馬鈴薯を掘取って食ったり、蕨を取って来て食ったり、或は食料を盗み合ったり、欠食児童の弁当ドロが行われたりしている。何たる姿だ。宛然《あたかも》餓飢道の観を呈している。その上凶作でものしかかって来たら、生き延び得られる百姓はいったい何人くらいあるだらう。飢は盗みを教唆する。かくして農村には今やコソドロや大ドロが頻発している」。

そして具体例として挙げた事項の見出しは、「十日に二日は絶食」（静岡県農会調）、「山の青葉をあさって歩く」（大阪毎日、昭和七年六月七日）、「麦ばかり食って生きる」（静岡県農会調）、「犬を殺して食ふ」（東京朝日、昭和七年六月九日）、「欠食児童・お焼弁当の増加」（山梨県農会調）、「金がなくて払下げ米へも手が出せぬ」（静岡県農会調）、「味噌・醤油の代りに塩」（同上）、「御料林の大盗伐」（長野県農会調）、等々である。(2)

わが子の値段

いったい、親は娘をいくら位で売ろうというのか。昭和九年一〇月一二日山形県最上部の新庄警察署が主催した座談会の記録にその声が出ている（東京朝日新聞、「東北の凶作地方を見る」その九）。

「娘一人の身代金は年期四年で五〇〇円ないし八〇〇円、しかし周旋屋の手数料や着物代や何かを差し引かれて実際親の手に渡るのは、せいぜい一三〇円位だ。可愛い娘を手放しても、一五〇円の金を握りたい、一つの悪風習であろうが、やはりそれを詮じつめると食えない苦しさからに違いないだろう。こうして床のない家、床があっても畳のない家々から娘がポツリポツリ芸者に、娼妓に、あるいは酌婦に売られ、姿を消してゆく」。

一三〇円といえば、当時の大会社上級サラリーマンの一カ月の給料ほどでしかない。その農家で食いつないでも、せいぜい半年分にしかならなかったであろう。

娘ばかりでなく、もっと幼い子（男も女も）の人身売買が行われていた事実を、昭和二年の岡山の新聞が伝えていた（児童一人を一五円で満洲・朝鮮方面に）。また昭和六年頃のようすを、柳田国男は次のように伝えている。

「奥羽のある都市では、毎年何十人という小さな奉公人を託され売って歩く、巡回桂庵《けいあん》（人身売買周旋屋）がいた。何十人かの子どもを引率して暖かい地方に出てくることを職業とする老女である。沿道の農家から丈夫そうな者を見立て年季を切って抱える。人さらいではない。親からたのまれるのである。子どもに若干の給金の前渡しをして、老女は雑費と手数料をその中からとった。越後と信州の間にも、この巡回桂庵とも言うべき職業が一九三〇年頃まで盛んに行われていたとされる」(3)。

板張りの床に藁で寝る

実際に農家を訪ねてその内容をルポルタージュした山川均の報告が『改造』に載っている。山川は元来社会主義思想家として著名だが、この記事はその主義とはまったく関係なく、事実そのものの描写と思われる。場所は岩手県最北端の二戸郡小鳥谷村奥中山、昭和九年一〇月のことである。中層農家の生活は次のようであるという。

「中どころの農家でも、何十年来手入れをしたことがなく、壁が落ちるがままに任されている。中には壁の代わりに古板を張っただけで、隙間風をいくらか防ぐために、外側に藁束をつるしたのもあった。たいていは長方形で、大部分は土間になり、三分の一か四分の一に床が張ってある。県南の農家には畳があるが、ここらは畳のある家は一軒もない。三尺四方くらいの炉が切られ、山から拾って来た木の根株がいぶっている。真黒にくすぶった自在掛けには、大きな鉄鍋が掛っている。いうまでもなく、その中で大根の葉やシダの実が煮られているのだ。

蒲団《ふとん》のある家は、まず一軒もないと言っていいだろう。極くいいのが、布で包んだ藁蒲団、それも掛蒲団はないのだが、一般には、それすらない。ただ床張りの片隅に、長いままの藁が置いてある。でなければ鼠の巣のようにボロ屑が積んである。その中へもぐって寝るのだ。家の中が障子や襖で仕切った家を、私は一軒も見なかった。寝室になる部分との境に蓆《むしろ》のつるしてあるのは、むしろ良い方だ。赤ん坊があれば、部屋の隅っこのところに、直径二尺五寸くらいの、「エンツコ」

と呼ぶ藁でこさえた飯櫃《めしびつ》入れのようなものが置いてあり……よく見ると赤ん坊だった。……子供は驚くほど生れて、驚くほど死んでゆく。戸籍調べに廻ってみると、この前生れていたのが、たいてい死んでいるので、若い駐在所の『長官（巡査のあだ名）』も驚いていた。小鳥谷村の隣の岩手郡の御堂村は、乳児死亡率九〇％だというから驚くのほかない。奥中山でも、栄養不足のためだろう、眼の見えなくなるのが、ことに年寄りに多かった。こうなると飢饉の問題ではなくて、なし崩し的な飢餓なのだ[4]」。

娘の売り先

結局、全体の状況は次のようだと昭和七年六月九日の「東京朝日新聞」は報じている。

「秋田県由利郡本庄町附近の玉米・下郡の両村で百名の娘が売られていった。それだけではない。最近では娘の実家で、売った娘にくら替するやう強制し、その差額金を送らせてゐるものが少くない」「山形県下を通じて借金で首が廻らず、可愛い娘を人身御供《ごくう》に奉って金に換えてゐるもの県下全体で四、五百人はある。そのうち最も極端なものをあげて見ると、最上郡西小国村の出来ごとでこんなのがある。この村では十五歳以上二十四歳未満の若い娘さんが合計四六七名のうち、売られて行ったものが百十名の二十三％。此の外女中や酌婦に出てゐるものが、昭和六年十一月の調べによると百五〇名ある。これはみんな借金の犠牲だ」。

「婦女子の売られてゆく勢は実に猛烈なもので、現在青森を去っている年頃の女性は約七千人に達している。その内訳は、

酌婦、一〇二四　　芸妓、四〇五
娼妓、八五〇　　女工、一四二七
女給、九四八　　女中、二四三二

また昨年十月から今年九月までの一年間の婦女出稼者は二千人以上、その大部分が悪斡旋屋の手にかかっていて、一人最高二百円、最低十円といふ馬鹿な値段で、酌婦・娼妓に売られているが、この調子でいくとこの冬を越せない農村の子女はどれだけ身を売るか想像さえつかない状態である。一人でも家に人間が少いのを望み、然も金になるといふので東北のある地方では娘が生れるとお祝をするところさへあるさうだ。だから子女救済はまず『娘を売るな！』の教育から出発しなければならない」(5)。

昭和九年の青森県について、隣保館（隣組の集会所）長田中法善は以上のように語っている。結局のところ、「娘の身売り」は通算して二万人以上に及んだのではないかと推測されている。

小作争議

このように、何が何でも食べて生き延びるだけのひっ迫した状態にまで追い詰められた家族には、

図３－１　小作争議件数の推移

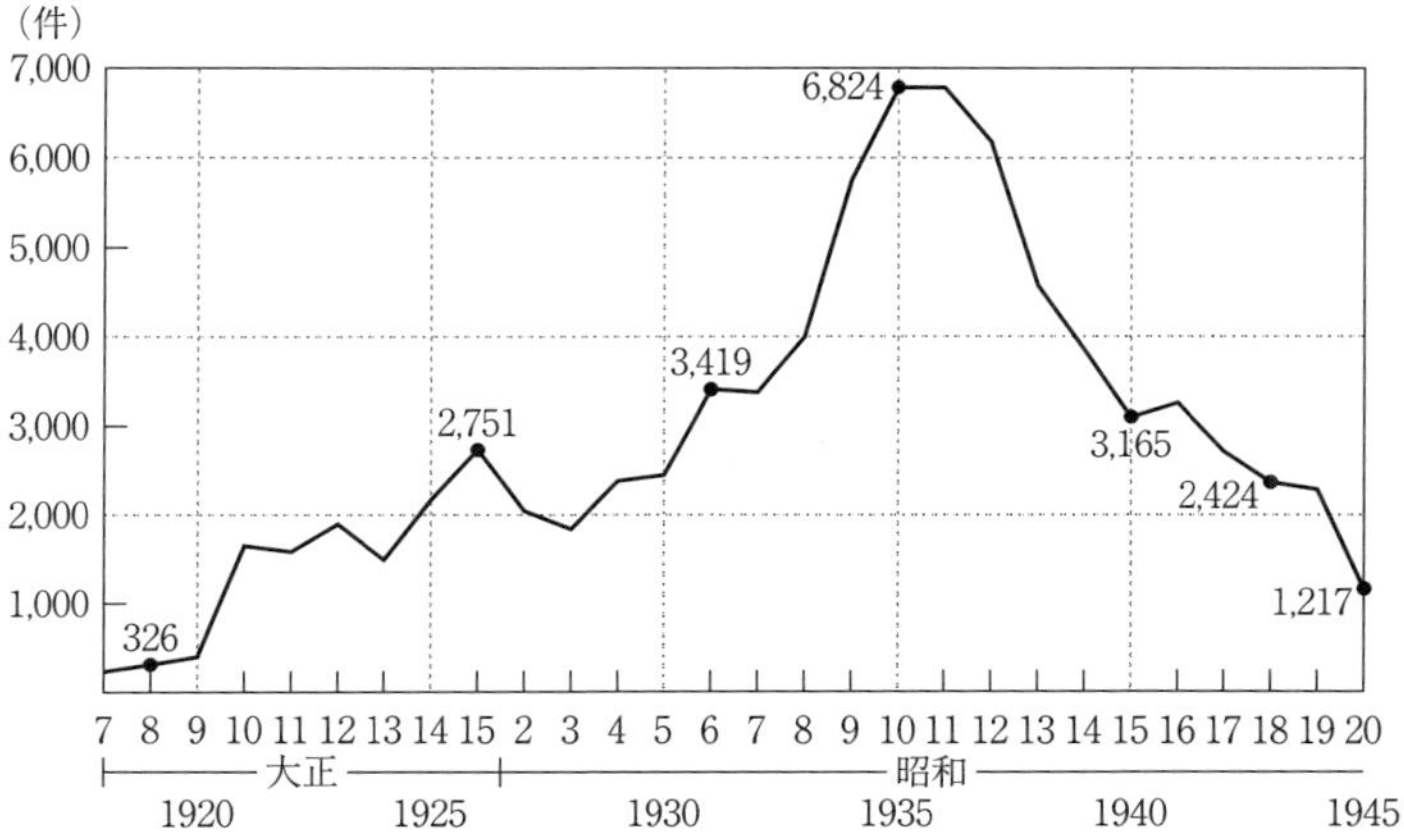

出所：那須良郎「独占資本の進展と国民生活」，『生活史』３，山川出版社（昭和44年）319頁，
および遠山茂樹ほか『昭和史』岩波新書（昭和59年）220頁。

経済問題こそすべてであって、ほかの家族問題（夫婦や親子や相続などの争い）が生じる余地がない。昭和五〜一〇年頃の離婚率が戦前の最低にまで低下したのも、このことが大きな原因の一つであったろう。当時は、都市よりも農村の方が離婚が多かった。

この窮状を脱却するために、気力ある貧農は立ち上がって小作争議を起こした。

農家の負債は最も少なかった大正後半の大正一四（一九二五）年でも、自作農家で平均五六一円、小作農家でも平均二九四円あり、翌年からまた悪化して、農業恐慌につながっていった。小作争議は大正一四年には二〇〇〇件を超え、一五年には三五万人が小作人組合に入り、うち一五万人が二七一三件の争議を起こした（図３－１）。要求は小作料の一時的な引き下げから、永久的な小作料率の引き下げ、小作権の確立が多くなっていた。しかし昭和恐慌期になると、農家の借金はもっとひどくなり、昭和五（一九三〇）年には一戸当たり七〇〇〜八〇〇円と推定された。貧しい農家は、地主・肥料商・米仲買屋などから高利で金を借り、首が回らなくなるとあらゆる生き物を食べて生命をつなぐほかなかった。

争議の中心は、小作料率の問題から、小作権や永小作権をめぐるものに変わった。それは自己自身も借金がかさんだ中小地主が、小作地を取り上げて自作化したり、都合のよいものに変えるなどの土地取り上げが多くなった。農家側では、子どもが石を投げて抵抗する例まで見られた。

今では信じられないことだが、この頃の米作農家は、全国的にみても米の飯をわずかしか食べていなかった。白米が入ったものを食べる日は年に四〇日位に決まっていた。東北の農民は、軍隊に入って初めて米の飯を食べられるようになったと感激したくらいである。

節約の村内申し合わせ

昭和七年になると、一戸当たり平均五一三円の借金になった長野県北佐久郡横島村では、村民一同が次のような節約の申し合わせをしたという。

「(一) 今後十箇年間は、絶対に子供と雖も菓子を食ってはいけない、砂糖も使ってはいけない。(二) 酒は一箇月五合宛節約すること。(三) 電燈は高燭のものを節約し、外燈は整理すること。(四) 自転車などはやめて、テクテク歩くこと。(五) ゴム底足袋や靴は百姓には贅沢であるから使わない。(六) その他肥料の三割低減、米の節約[6]」。

また、同年六月には、新潟県のある農村が生活費節約の様子を次のように報じている。

「酒、煙草の全廃六割、半減三割、晩酌二合を一合、一合を五勺とした者がその余を占め、新聞・雑誌の全廃四割、従来一年を通して購読していた新聞を、一・二・三・八・十二の農閑期に変更し、雑誌や娯楽物は三箇月乃至五箇月遅れで読み、また七、八人で共同購入するようになった者が多い。電燈をやめてランプに変え、電燈数は従来の二割減、さらに冠婚葬祭は縁者のみに限ると申合せ、なお高等小学校通学子弟を中途から退学させている[7]」。

昭和九（一九三四）年には、水稲だけでも岩手県は平年の五八％減、宮城県でも四六％減といったように、再び大凶作に見舞われ、新聞には「土まで食べる農民」と報道された。

政府もやっと腰をあげ、弁当を持っていけない児童たちに給食を始めたが、対象者は、

冷害凶作地方　四万七〇〇〇名
繭価下落地方　三万二〇〇〇名
旱害地域　二万六〇〇〇名
北陸・関西水害地　一二万二〇〇〇名

など、計二三万名以上にも上った。東北・北海道だけのことではなく、困窮は全国の農村に及んでいた。実際には、児童に支給された弁当も、その半分は家族のために家に持ち帰るものが多かったという。

農村の困窮状況

以上のような農村の苦しみは、大都市の中間層にはほとんど伝わっていなかったようである。しかし農家の出身者にとっては他人事とは思えず、同情を寄せていた人もわずかにあったことが村上兵衛（評論家）のエッセイにある。

「母が毎日のように新聞をジッと眺めては、〈ああ、気の毒に……〉と嘆息していたのは、年表をひもといてみると、昭和九年の東北の大飢饉であったことがわかる。母は零落した百姓の娘だったから、飢えのつらさには実感があったのだろう(8)」。

この農村の困窮状況は、小学校教員の給料にまで及んだ。

帝国教育会の昭和七年六月現在の全国調査によると、俸給未払校は二三％に上った。地方別には凶作地の北海道、東北諸県、茨城県、養蚕地帯の長野県・山梨県・宮崎県、多島の鹿児島県、沖縄県がとくに甚だしかった。

教員も生活苦にあえいだが、しかし、恐慌下の農村では安定した唯一の俸給生活者である教員は羨望の的であった。三〇~四〇円であれ、それに相当する収入などは農家では夢にも考えられぬものであったから。(9)

2　地主と小作人の破たん状況

農業だけでは暮らせない農家

以上のような状況の背景には、日本農村特有な「地主‐小作関係」があった。

産業化が急速に進んだとはいえ、大正九年でも農林水産に従事する「第一次産業従事者」が過半数の五四%を占め、昭和に入って五〇%を切ったものの昭和一五年でもなお四五%以上あって第一次産業が首位を占める日本の産業構造の姿は変わらなかった。第一次産業の大部分は農家である。昭和前期においても、一口に「五〇〇万農家」といわれた農家こそが、やはり日本家族の中心だったのである。しかし、農業だけでは暮らせない農家の方が圧倒的に多いことが問題なのであった。

農村では、土地を広く持つ地主が一番強い。大正時代には、地主は金銭を小農家に貸し、返せない時には担保としていたその土地を簡単に取得して自己の所有地を増やしていった。その地主制が最も発展した大正六年には全耕地の五二%が小作地になっていた。五〇町歩（約一五万坪）を超える巨大地主の数も、北海道を除いて二四五一人（全農家の〇・〇五%）のピークに達していた。他方、昭和一

図3－2　農地改革前後の自作・小作割合の変化

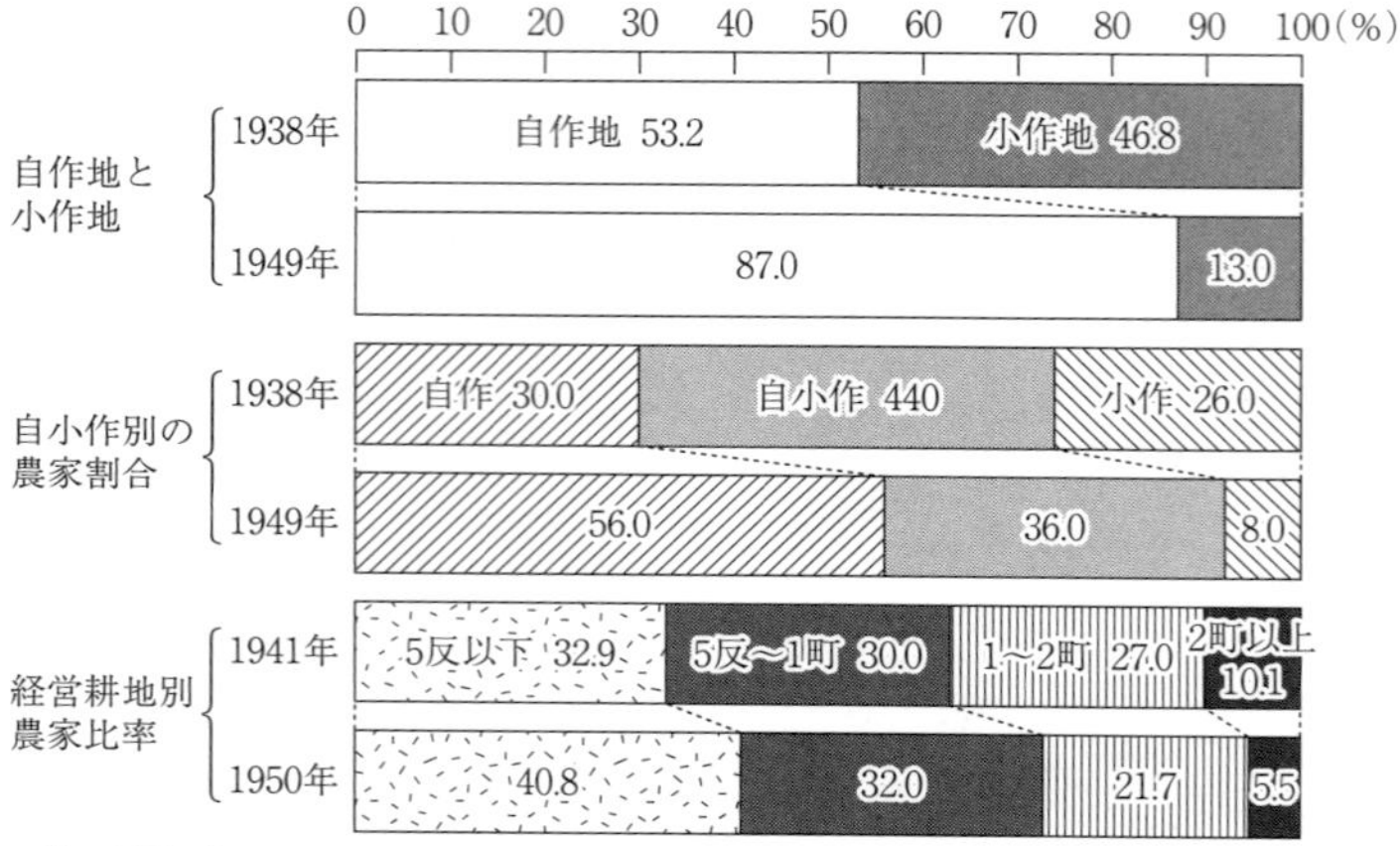

注：１反＝約10アール，10反＝１町。
出所：井上光貞・笠原一男・児玉幸多『新詳説日本史』平成元年，山川出版社，337頁より引用。

三（一九三八）年においても、小作地だけの農家は約二六％、自作地もあるが足りないので小作地も借りている自小作農家が四四％、残りの自作地だけの自作農家が三〇％であった。自作農家は一見豊かそうに見えるが、一町（歩）未満が三分の二もあって、農業だけで安定して暮らせるのは、全農家の一〇％ほどしかないというのがふつうの農村であった（図3－2）。

群馬県八幡村の様子

村全体の自小作分布状況を示す数少ない例の一つに、群馬県八幡村の姿を示すことができる。明治四五年五月二八日から六月七日までの「東京朝日新聞」に二〇回にわたり連載された報告である。八幡村は当時碓氷郡の一つで二〇一〇年は高崎市に編入されている。

妙義山の東北側だが関東平野の西北端にかかる扇状地で、農村としては平均以上の好条件にある所であった。

明治四五年現在、その農家四三二戸の内訳は表３－１のとおり。七四％ある一町未満耕作農家は、老母が孫の世話と家事をし、夫婦、両親、弟の五人が農作業しても、収支は年間八円の赤字となるので、春には地主層から五〜一〇円の借金をする。そのため、農業外の就労が不可欠であった。

表３－１　八幡村農家の内訳

自小作別	自　作　＝	133戸（30.8%）
	自小作　＝	124戸（28.7%）
	小　作　＝	175戸（40.5%）
耕地面積	５反以下　＝	91戸（21.1%）
	５反〜１町未満＝	230戸（53.2%）
	１町〜２町未満＝	95戸（22.0%）
	２町以上　＝	16戸（ 3.7%）

「一家の生活を営むが為には是非日雇人となって、労銀を得るか、年季奉公をして他人の飯を喰はねばならぬ状態であった。しかし、働いても働いても暮らしは少しも楽にならなかった」[10]。

知多半島の農村

小作農や自小作農の大半がいつも家計破綻状態にあったのは、この八幡村だけではなく、広く一般的な現象であった。

愛知県知多半島の農村で青年時代を過ごした教育家の三浦藤作は、明治末期の生活状態をこう記している。三浦の家は自作農を持ち、藤作が小学校教員を務めるための師範学校まで行くことができたほどの中級の農家であったにもかかわらず、こういう言葉が出ている。

「幼い弟妹の多い貧しい農家にはいつも苦しい生活難の空気が流れて居るのみであった。父も母も妹も、汗にまみれて毎日働いて居た。それでも楽々と暮らすことは出来なかった。金がないとか、金が欲しいとかいふ言葉ばかりをきくのみであった。私の家は少しばかりの田畑ももって居た。村中の一番貧乏な部類といふわけでもなかった。それであるのに此の苦しい家計の有様であった。田舎の農民の生活のあはれさを、私は、幼い時から身にしみじみと感じた(11)」。

では、実際の地主と小作はどういうつながりにあったのか。具体例を挙げてみよう。

相模原の争議

神奈川県相模原台地の一部橋本村の大地主の次男に生まれた相原菊太郎は、明治二五（一八九二）年に本家の兄から一一町三反余（約一〇万九〇〇〇㎡）を贈与されて分家を立てた。本家は、明治二〇年において、山林数十町歩のほか農地四八町歩強をもつ相模原でも三番目の大地主であり、菊太郎はその二三％を分与されたものである。ほとんどが畑地であったが桑には適していた。

菊太郎はうち四町歩を作男を使って養蚕農家として自作したが、残りの七町歩（二万三〇〇〇坪）ほどを五三人の小作人に貸付けていた。小作人は平均すれば二反歩（約六〇〇坪＝一九〇〇㎡）程度の零細小作地を得ていたのだが、その小作料は明治三三年で七六二円になるはずであるが、未収金が四八％もあり、明治三九年にも三四％あった。小作人にとっては、小作料を完納することは容易なことでなかったのである。小作人は利子をつけての延納を求めたがなお支払わなかったので争議が続出した(12)。

小説にみる東北の地主

次の話は小説であるが、時事問題を正義感で裏づける作家石川達三が、昭和一〇年前後の東北の地主家庭と小作人のやりとりを描写した情景である。

「久原一家は三代にわたってこの家に住み、地主と金貸しとを業としてこの町に羽振りを利かしていた。祖父は表座敷の一二畳の室で炉の前に端然と坐り左手はいつもふところにしまい右手は煙管をもって曲めた唇にあてがったまま、誰もいない室のなかをじろりじろりと睨みまわしていた。そうした姿は奥の間の屏風絵の老人をそのままに、狷介《けんかい》にして孤独、近づきがたいきびしさと見事な落ち着きとを示していた。その様子はまるで妻のある男とは思われないほど冷やかであった。妻は一段下った茶の間と広い板張りの台所とそして寝室とで生涯を終った。彼女は一度として良人と食事を共にする光栄を許されなかったが、しかも他人に対しては大家の主婦としての貫禄を失うことはなかった。いわば封建的な有産家庭の形式が立派にまもられていた(13)」。

祖父が死んであとをついだ父は、祖父の生活習慣をそっくり受けついだが、その長男策太郎には進学を認めたので（旧制）高等学校へ入学できたが、一九歳の若さで放蕩を始めた。そこで父は彼を退学させ、家でぶらぶらさせて嫁も押しつけた。

「彼が二六になったとき、父藤吉が死んだ。そこで彼は大きな自信を抱いて表座敷の囲炉裏の前の父が残した座布団の上にどっかりと坐って高々と肩をそびやかした。さあ、革命だ！

すると裏口から続く広い湿った土間にほとほと草履の音がして、やがて老いしなびれた一人の百姓が上がり框《かまち》に顔を出した。

『へい！　よく降りますことでございます。先日は大旦那さまがどうもとんだ御不幸でございまして、申し上げようもござんせん。どうも早く持って上がろうと思いながらつい溜まってしまいまして申訳ござんせん、どうぞ勘弁なすって。今日、少々でございますが……』

彼はろくろく聞きもしないで天井を睨みながら、明らかに愉快な顔をしてなんぼ持ってきた！と言った。

『へい！　只今三俵だけ……』

『せつ！』と今度は茶の間に怒鳴った。『帳面[14]……』

女房は台所から下働きの黒川を呼びに行った」。

つまり、こういった様子が三代続く地主の姿であり、うやうやしく小額の小作料を納める小作農民の姿なのであった。

地主は、まったく汗を流すことがなくても多大の収入があるので、のうのうとして小作人に威張りちらすだけで良かった。そして、大地主になるほど土地のことは使用人に任せ、大都市へ出て別の事業で利益をあげた。研究者たちは、このような地主を「寄生地主」と呼んでいる。

3　都市労働者の暮らし

世界恐慌の波及

一九二九（昭和四）年一〇月二四日、ニューヨークのウォール街で株式の大暴落が起こり、史上最大の世界的大恐慌が始まった。日本ではその前の昭和二年から金融恐慌が始まっていて、不景気は深刻なものとなっていた。そこへ世界恐慌の大波が押し寄せ、明治以来経験したことのないひどい状況を現出した。生糸や綿織物などの輸出が大きく減少し、貿易額は前年に比べて五年には三割以上、六年には四割以上も減少してしまった。企業の操業短縮、倒産があいつぎ、産業合理化によって、賃金引き下げにとどまらず、給料生活者、肉体労働者、下級公務員の人員整理が行われて、失業者が続出した。

かつてない失業地獄だといわれた。政府は最初、一週間のうちわずかでも収入がある者や帰省者は失業者と考えなくてよいとしていたので約三〇万人と発表していたが、実際には、その一〇倍の約三〇〇万人はあったものと推定されている。

多くの女工は都市から生まれた村に帰っていった。関西はおろか、九州まで帰るという者もいる。しかし汽車賃もなく、トボトボと物乞いをしながら街道を歩く姿が目立った。帰る先がない失業者は、ルンペン（浮浪者）になったり売春婦になったりするほか生きるすべがなかった。

サラリーマンの失業

失業者の中には、安定したサラリーを貰えることで羨望の的であった高学歴の筆が立つ知的労働者が多数含まれているのが特色だった。総合雑誌『中央公論』は、昭和五年八月号で失業体験記を募集したところ、多数の応募があった。入選作となった五編の一つ、江崎秀夫はこう言っている。

「俺等には仕事が無いんだ。もう質草も借金可能性も、古本も無いんだ。米も無く成る、味噌も醤油も。為政者達よブルジョア御用学者たちよ。俺等は仕事が無いんだ。喰へ無いんだ。役にも立たない軍縮問題や、組合法案などと資本家の手先となって騒ぐより、失業問題を一日も早く解決しろ。明日から腹の膨れる方法でも考へ出して呉れ。空腹は来年迄持たねえんだ。俺等は餓死に迫られて居るんだ。〝餓死〟か、さもなくば××より外明日から俺等は道がねえんだ」(15)。

生活にあえぐ体験記

さらに『中央公論』は、同年一二月号に重ねて「生活に喘ぐ体験記」を募集して次の五編を入選作として掲載した。

高橋辰二「高等貧民窟富久町!」、和田隆三「光のない世界で」、正木仁「一小売商人の生活苦体験」、中山宏「飢餓線を行く」、日吉東山「没落に瀕する清水焼職工の月末」。

このどれもが悲痛な叫びを伝えているが、その一つ和田隆三の一部を紹介してみよう。餌を求めてはい回る虫ケラのようなものだ、と自分を嘲りけなしている。

「殴られた様な気持ちで、私は一日をほつつき歩るく。ピカピカと光つた圓タクの中の紳士、旨さうに煙を燻らせて、オーバーの裾をひらつかせてゐる月給取、手を上げてゐる交通巡査、盛装して赤い絹物を蹴り出してゐる女、三輪車のペダルを踏んでゐる小僧、……彼らは生活をもつてゐる。

……

私は算盤とタイプと簿記の技術によつて××モータース會社に買はれたのだ。が世界的不景気は決して中小資本家を没落させ、勞働者を街頭にほり出すだけではなかつた。米国の大金持、モルガン商會の疵護のもとにある私の会社も亦他の各大工場の整理に倣つて、狂暴な経済恐慌の嵐の前に四百名の職工と三十名の社員を飢餓の大海におつぽり出したのだ。その日から私は失業者だつた。

疲れ切つて、空家の様にガランとした家に帰る。妻は居ない。ベタベタと白粉を塗つて稼ぎに行つたのだ。妻は女給だ。そして私は、もう妻を捉へておく力もない。……妻がまた泣き出してゐた。私は小さく消えた喫殻を汚れた指の間に挾んだまま、じつと妻のふるへてゐる肩を見つめてゐた。どうしていいかわからない。考へもしない。薄暗い部屋でただぼんやりと石ころの様に坐りつづけるほかなかつた(16)」。

デパート店員の苦労

以上は失業者の話だが、就業中の者も多数は大変な状況にあった。たとえば、東京の大デパートの女店員は同じ昭和五年に「デパート女店員の内幕」をこう書いている。

「私は或るデパートの女店員です。店員と言いますと外見した所ちょっと美しくて楽な仕事のように見えますが、どうしてなかなかつらい苦しい仕事です。……朝は開店よりも三十分早く店に出なければなりませんし、夜は閉店後三十分、今時でしたら六時まではどうしても居なければなりません。このように帰りの時間は非常に不規則ですのに、朝は一分でも遅刻したら大変です。遅刻時間を記入してその理由を書いた遅刻理由書というものを係長まで提出しなければならないのです。こうした事が月に三度あるともう半日休んだ事としてわずかな給料の中から引かれて仕舞うのです。

もっとひどい事には夜業料を一銭もくれなかったのです。一昨年まではたった三十銭ではありましたが、とにかく夜業料が出ましたが、昨年の暮には『不景気』をよい事にして全然出さなかった

図 3 - 3　労働争議件数の推移

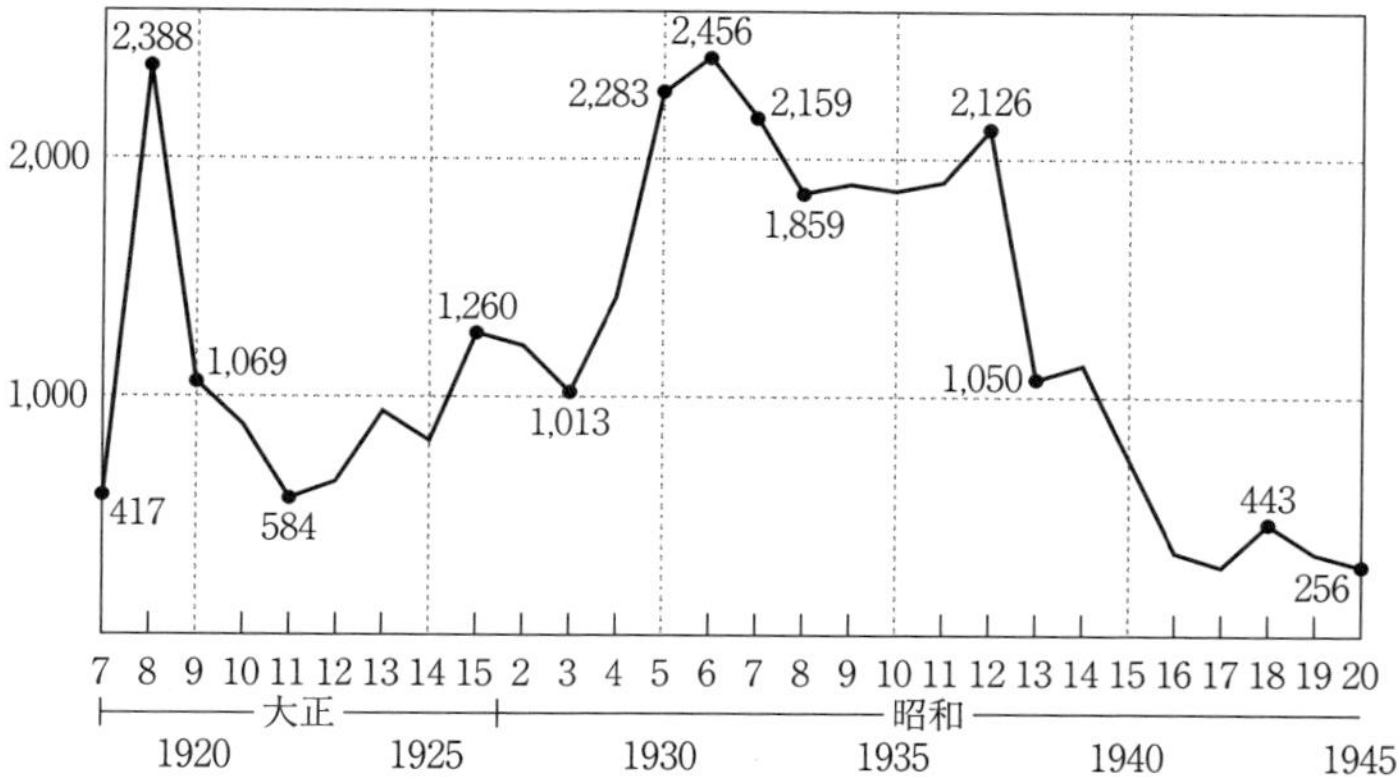

出所：読売新聞社『日本の歴史・12』昭和43年，97頁，および遠山茂樹ほか『昭和史』昭和59年，岩波新書，65，142，220頁。

のです。……『恐慌だ』『不景気だ』と資本家共が勝手に造り出した行き詰まりの尻ぬぐいを私ども、か弱い娘たちにおしつけようと言うのです。給料は日給で小学校だけ出た人が七十五銭から八十銭、女学校出が八十五銭から九十銭です。ここでは初給も、二、三年たってからも全く同じ事で、私は入店後今月でちょうど一年になりますが、まだ一銭も昇給しません。その上に保証金と言うのを毎月々々きまって三円ずつ差し引かれるのです。この外にまだ互助会費だの、観音様の寄附だのと盛んに取り立てられるので、体の具合でも悪くて一日でも二日でも休もうものなら、電車賃にも足りない位になってしまいます。次に衛生状態ですがこれが又見かけによらずわるいのです。……ひどいひどい土ぼこりの中で働く事です。ことに地下室の売場なぞでは開店して二時間もたつかたたない中に机も商品もざらざらになって仕舞います。……

こんな風ですから、私共店員の大部分が肺をおかされているのも不思議ではありません。私の働くデパートに三十年居るとか言うおじいさんの話では、この三十年間に肺をおかされて死んだ人が百人居るそうです」[17]（この頃の労働争議件数については図3－3参照）。

やりくり中尉の家計

他方、低いながらも定収入を得ている家族の暮らしはどうか。昭和四年の職業軍人の家計の紹介がある（四人暮らし）。珍しいので紹介しておこう。

「貧乏少尉に遣繰中尉とは昔からよく申しますが、全く穿ち得て妙だと存じます。学校配属の歩兵将校、それも中尉では二等給の月八十五円でございます。家族は主人夫婦に赤ん坊、それに主婦の妹との四人暮らし、長男でない主人に田舎の両親を扶養する必要がないのがせめてものです。先ずその実際をお目にかけましょう。

住居費　＝　二十一円八十銭（内訳：家賃　二十円、電灯　一円三十銭、町費　五十銭）
飲食費　＝　三十六円（内訳：米代　十一円、副食物費・調味料・茶菓代等　十九円、酒代　六円）
被服費　＝　三円
個人小遣＝　十五円（内訳：主人　十円、主婦　五円）

雑費　＝　九円二十銭（内訳：燃料　四円、新聞　一円、雑誌　一円、通信費その他　三円二十銭）

合計　＝　八十五円

如何に貧弱な生活振りかこれを見てもお判りでしょう。……何にしても俸給の二割以上二割五分も家賃に取られるのでは薄給者はたまりません。

燃料の四円というのは、水道もガスも無い家のくせに、内風呂を立てていますからその燃料、ご飯始め台所一切、座敷の炭まで入れてのことで、冬は勿論夏分でさえ普通なら四円で足りる筈はないのですが、さいわいお隣りの炭屋さんから法外な安価で分けて貰っていますので大助かりいたします。

以上の家計内容では、世間普通の中流家庭と比べて、まだまだ足りない費目の沢山あることにお気付きでしょう。例えば、交際費、医薬費、娯楽費、家具費、育児費などです。又、保険料も貯金も税金も右の表には計上してありません。いかに貧乏していましても、そうした費用が少しも要らない訳はないのですが、それは到底月々の家計から捻出する余地がございませんから、やむを得ず別に特別会計の帳面を拵えまして、月計によらずに年計にいたしております[18]」。

この主婦が特別会計といっているのは年二カ月分のボーナスや講演料収入などで計約二〇〇円入ることで、これで軍服、定期券、保険料、医療費などをまかなっている。苦しい薄給者といいながらも、定収入が保証されている中級サラリーマンは、失業者はもとより、小額収入もままならない農民、商人、職人などよりも、圧倒的に恵まれていたことがこの例からも分かる。

失業者のエンゲル係数

この生活の全体的苦しさは、どん底といわれた昭和四〜六年にとどまるものではなかった。内閣統計局の「家計調査」によっても、その実質生活費は七年以降もほとんど横ばいし、昭和一〇年以降はむしろ下降して、エンゲル係数は逆に上昇していった。

家計調査は一九二六〜二七年は一二都市で、三二〜四一年は一〇都市（札幌、仙台、東京、金沢、名古屋、大阪、広島、徳島、八幡、長崎）で、平均五〇〜一〇〇円の月収がある四人前後の世帯で、家計簿記入能力がある家庭である。全国で一〜二割にしか過ぎなかった定収入がある給料生活家庭で、それだけでも当時としては恵まれていた。とても全部の家庭を代表するものとはいえないが、その枠の中での比較は可能である。労働者を対象とする三つの調査年次を抜き出して比較すると表3－2のようになる（なお家計調査は、一九四一年八月をもって中止された）。

景気のどん底といわれた昭和六〜七（一九三一〜三二）年の様子を同表からみると、平均世帯人員四・一八人の月平均生活費（実支出）は七三・〇八円で、飲食物費の割合（すなわちエンゲル係数）は三五・七％、住居費一七・五％、被服費一二・九％、光熱費四・六％で一九二六年の別調査で四〇・三％あったエンゲル係数はかなり低下している。農家世帯では約五％ですんでいる住居費割合がここで一八％と高いのは、ほとんどが借家住まいだからであり、これが文化的支出を少なくしている。そ

表3－2　労働者世帯月あたりの家計費

	年　次	1931～32（昭和6～7）	1935～36（昭和10～11）	1940～41（昭和15～16）
	世帯人数(人)	4.18	4.23	4.20
金額（円）	実収入	88.43	86.99	120.99
	実支出	73.08	76.65	101.49
	消費支出	72.34	75.94	99.79
	飲食物費	25.83	30.30	45.25
	住居費	12.69	12.43	13.02
	光熱費	3.36	3.74	5.60
	被服費	9.35	8.58	10.05
	その他	21.11	20.89	25.87
	保健衛生	5.54	5.36	7.16
	育児教育	1.51	1.89	2.83
	交通通信	1.16	1.16	1.66
	交　際	6.48	6.03	7.20
	修養娯楽	4.34	4.41	5.15
	その他	2.08	2.04	1.87
	非消費支出	0.59	0.53	1.50
	負担費	0.59	0.53	1.50
	記入不備	0.15	0.18	0.20
	貯　金	11.00	11.44	18.71

出所：内閣統計局『家計調査』に基づく伊藤秋子『生活水準』40～41頁より引用。

れでいて実収入の一二％も貯金しており、これはさらに増えていくのである。修養娯楽費も約六円出しており、失業者にならなければ、大正時代よりかなり上昇した生活を営んでいけたのである（大正四年の典型的労働者家族についての「二〇職工家計調査」では、エンゲル係数は四一・七％を占めていた）。

なお、昭和五〜七年の月当たり生活費（消費支出）を職種別に昭和四〇（一九六五）年価格で比較すると、

農家　　　＝　三〇・九三一円
労働者　　＝　五〇・二〇二円
給料生活者＝　五六・七三二円

であり、労働者は給料生活者に実質一二％劣るものの、農家よりは一・七倍も恵まれていたといえる。

ただし給料生活者といっても職種で差があり、昭和一〜二年の家計調査の実支出は、

官公吏　　＝　一二二円
銀行・会社員＝　一三八円
教師　　　＝　一四四円
巡査　　　＝　八八円

という差があった。

しかし、いったん失業したとなるとその収入は四分の一以下になり飢えに瀕した。昭和七年九月内務省社会局が失業対策のために、失業者の生活状態を調査したものがあるので次に掲げる。

表3－3　失業者世帯の月あたり家計費（昭和7年）

	項　目	世帯員数	収入	支出	生活費	住居費	光熱費	交通	医薬	図書新聞	その他
		人	円	円	円	円	円	円	円	円	円
実額	知識階級失業者	3.26	36.96	56.45	29.53	11.96	1.26	3.20	2.01	1.39	7.10
	工場労働非解雇者	4.19	30.67	44.90	27.90	9.38	1.03	0.80	1.30	0.38	4.11
	交通労働被解雇者	3.77	26.94	41.02	25.86	8.16	0.93	0.71	1.40	0.35	3.61
				%	%	%	%	%	%	%	%
割合	知識階級失業者	−	−	100.0	52.3	21.2	2.2	5.7	3.6	2.5	12.6
	工場労働被解雇者	−	−	100.0	62.1	20.9	2.3	1.8	2.9	0.8	9.2
	交通労働被解雇者	−	−	100.0	63.0	19.9	2.3	1.7	3.4	0.8	8.8

出所：内務省社会局『失業者生活状態調査』1935年3月。

知識階級でも毎月の赤字は一九円を超え、エンゲル係数は五二％、文化的支出は極度に押さえられている。工場労働、交通労働の失業者の場合はもっとひどく、赤字がそれぞれ一四円と一五円、エンゲル係数は六二％をこえ、生きているのがやっとの様子がうかがわれる。とくに収入が減っても住居費の割合が二〇％以上ときわめて高く、弾力性が乏しいことが生活全体を圧迫しているのである（表3－3）。

住宅難

当時の庶民家族の生活にとって、食べ物と並んで大きな問題が住宅の問題であった。どの家計調査を見ても食費に次いで二番目に多額の出費は住居費なのである。

大正はじめからの資本主義の発展に伴って、町村から都市への人口流入が激しくなり、住宅不足が言われだし「住宅難」の言葉が強まった。

大正九年の調査によると、大阪市今宮地区では、約三〇〇〇の世帯中、自宅を所有するものは九四戸、借家は一二〇〇戸で住宅所有者は四三％にすぎず、残りの間借人七〇〇人、木賃宿生活者一四〇〇人は自宅といえるものがなかった。

大正九年での空家率は、大阪市・神戸市・東京市ではどこも一％もなくて住宅はふさがっており、全国での住宅不足数は一二万戸、六〇万人に達したと推定されていた（内務省社会局調査）。定収入がなくて住宅に入れない人夫や日雇者は、木賃宿に雑然と寝泊まりした。その数は大正七年の警視庁調査によれば、東京市内で約二六万名、東京府郡部では約一二万名に上っていた。

大正一二年九月に起こった関東大震災が、これにいっそうの拍車をかけた。全国から寄せられた義《ぎ》捐《えん》金で罹災者の住宅建設と収容施設の計画が立てられたが、当初の予定は次第に後退して、同潤会アパートなどの集団住宅が少し出来たほかは、トタン屋根の板張りバラックの仮家屋が普通の姿となって定着してしまった。

関東大震災で焼け出された借家居住者は膨大な数となり、借地問題とからんで多大な紛糾を生じていた。そのため、東京市の区部に一つずつ設けられた調停委員会出張所は混雑をきわめていた。

借地調停にみる住宅事情

その一件を担当した調停委員穂積重遠（当時東京帝大法学部教授）は、その思い出をこう語っている。

「事件は純物理的でした。小さな二階屋があって所有者はふるぎやだった。二階はその住居、階下は二つにしきって、半分はふるぎやのみせ、半分をさかなやに貸して、その夫婦が奥に住み、表にさかながならべられてあったのです。その二階屋が焼けたので、取りあえずそのあとにバラックを建てたが建坪は同じながらの平屋になったため、容積は正に半分になったので、二家族ははいり切れないのです。そこでふるぎやさんの方は、住居と店に全部使わなければならないからさかなやさんはおことわりだ、と言う。さかなやさんは、せっかくなじみのできたこの土地を離れたら鼻の下がひあがるから、三分の一でもいいから貸してくれ、と主張する。双方の言い分がそれぞれもっとも千万、たがいに一歩もゆずらない。

……『おまえさんたちふたりは、大げさに言えば東京市復興の「衣」と「食」の両方面を分担している、そのふたりが「住」のことでけんかするとは何事ですか。おたがいに相手を押しのけることばかりを考えずに、どうしたらふたりとも元の場所で商売ができるだろうか、ということを相談して見なさい。あとの御客様がお待ち兼ねだから、この辺で「せんさまおかわり」（先のかたは代わって）にしましょうや』。

と突っ放した。ふたりは変な顔をして引きさがり、テントのそとの焼け材木にならんで腰かけて、ぼそぼそ話していましたが、やがてやって来て、

『なるほどだんなのおっしゃる通りだ。そこで考えて見たのですが、隣が町内のかしらの持ち地面で、まだ使っていませんから、一つかしらに頼んで、今のバラックの横手ならその地面にはみ出してさしかけを張り出し、そこでさかなやのみせを出すことにしたらどんなものでしょう』と言います。そこでさっそく賛意を表した[19]』。

この事件は、隣に空地があったために解決がついたようだが、難事件も多くあった。たまたまその前年に成立し、大正一一年一〇月一日から施行された「借地借家調停法」はかなり活用された。

東京や大阪の郊外には分譲地が開けて、有産者が多い地域には、いわゆる文化住宅が作られていっ

たが、昭和五年当時でも、土地一〇〇坪に立つ三三坪の分譲文化住宅は六〇〇〇円近くしたので、多額のボーナスをもらった一部の恵まれた上級サラリーマンしか手が出せるものではなかった。

家賃不払いによる立ち退きの末

労働者や職人や下級サラリーマンの世帯持ちは、狭くても家賃が安い小住宅を探すほかはなかった。しかし、失業や賃金の低下から不払いで追い立てられた人々に見合う住宅は、なかなか見つからなかった。

金融恐慌が続く昭和三年四月、貸家探しの望みを断たれての一家心中が東京赤羽で起こった。その内情はこういうものである。

「……列車通過を待ち合わせてゐた人群の中から、突然みすぼらしい親子四人が工事中のさくのすきから線路に飛び込み自殺を計り、まず夫が最初に飛び込み即死を遂げたが、妻子はこの無残さにたじろいでいるところを助けられた。死んだのは……木箱職工具手春吉（三六歳）で、助かった、その妻はる（三二歳）との間に一二歳を頭に二男二女の子供があり、震災前までは神田錦町で、木箱製造業を営み、相当の生活を立ててゐたが、大震災で丸焼けとなってからは次第に落ぶれ、目下、日本橋の某問屋で働いてゐた。月の収入は三〇～四〇円に満たず、今までに立退命令を受けたので、やむなく月七、八円の安い借家を得んものと毎日探し求め、この日も、三つの次女を背負ひ、六つの次男を連れて赤羽方面を探したが、見当たらず、一家の不運を悲観の極《きわみ》前記の始末に及んだものである」。[20]

借家や貸間に入れても、その家賃の問題がまた大きかった。

借家人の家賃不払いの増加が続くと今度は家主側の生活に打撃を与え、大正半ばから各地に借地借家争議が続発した。大正一四年には、借地借家調停法ができていたのだが、現実の対策にはまだ程遠かった。

昭和一二年以降の好景気

ここまではおもに大正末から昭和ひとけた時代の労働者家族の状況であった。昭和一一年以降も名目賃金は増加を続けたが、米価を中心に物価も上昇を続けたので、米価換算したときの実質生活費は昭和一〇年からぐんぐん低下していった。すべての物資の欠乏と諸統制令によって、生活全体が貧しくなっていったことは、給与生活者も農家も同じであったが、軍需景気によって昭和一二年頃から大都市の工場労働者がうるおいだし、昭和一二～一三年には浅草六区や新宿の盛り場は好景気に包まれて、浮かれた学生数千人が街頭で検挙されるということもあった。

しかし全体としてみれば、労働者家族は（給料生活者もだが）昭和五年頃に小作農家よりは六～八割も高い消費水準をもっていたが、昭和一五年には同等かその水準以下に下がり、とくに被服費の急激な低下がみられた。それ以後終戦まで、いや戦後二六年頃までやりくりの続く生活難が続いていったのである。

4　都市職人の暮らし

職人の歴史と職種

江戸時代の都市は職人の時代だ、という言い方がある。とくに江戸は、新しい城下町を建設して多数の武士の消費生活を維持するために、意図的に大量の職人集団を関西から移住させることによって成り立った町であった。

はじめは同一職種の職人たちが集まってそれぞれ一つの街を作っていたが、商人の中央地区への進出とともに分散して、数多くの職種を作っていった。明治初期に作られた花東山紫編の「諸職盛衰鑑」には、九〇もの職種が挙げられている。工員も会社員もない時代であるから、役人や商人を除けば、職人で生きるしかなかったこともあるが、工業製品が普及する前には職人は日常生活に欠かすことができない存在だった。また、長年苦労して身につけた技術によってものを造り出すことは尊いものだという考えも色濃く残っていた。

職人は、古くから「居職」と「出職」の二つに大別されていた。自宅の仕事場でものを作る業、すなわち下駄・鼻緒・袋物・蒔絵・製本・裁縫・塗物・きせる・提灯作りなどに従事するのは居職人であり、出先で仕事をする大工・石工・左官・藁葺・畳変え等は出職人である。

出職人はふつう労力を売って生活する肉体労働者であるが、居職人は労働者であるとともに商店を開いて売買を行う者もあった。

明治から大正にかけては西洋風の新しい業種、すなわち靴・帽子・洋服・洗濯・洋傘・革細工・写真・印刷・メッキ・ペンキ塗・金銀細工など多種多様なものが加わり、東京では市内周辺区から郡部へと拡散していった。

なかでも、一番華やかだったのは、素人ではどうにもできない大きな家屋を造り出す大工職であったであろう。大工は指導者に当る棟梁以下、鋸頭、鍛冶頭、左官頭などの上職人、壁塗・屋根葺・石切・畳張りなどの下職員などの働き手を多数抱えていた。その独特の職人かたぎは、昭和に入ってからも十分生きていた。

大工職人の気風

大正一四年に大工の棟梁の二男に生まれた作家の中野孝次は、昭和一〇年前後の暮らしの思い出を、次のように語っている。

「すべて昭和十年代、一九三五年頃の話だ。

私の生れ育った家は、父が大工の棟梁だったから、生活の万事が職人気質で営まれていた。暮しの習慣もよそとはだいぶちがっていた。……

別にこうせよという決まりがあるわけではなく一年中が同じことの繰り返しだが、毎日父と母のすることが決まっているので、それによって一日の秩序ができていた。それはかなりはっきりしたもので、何をしててもいいが、してはいけないことの一線は厳然とあった。物を使ったら（たとえば踏み台とか道具とか）必ず元のところに戻しておかねばいけない。物を散らかし放しにしておいてはいけない、等々。そういう小さな日常の定めはしっかり守らねばならなかった。……

父は仕事場で職人たちといつも働いている。木を叩く音、切る音、運ぶ音の絶え間がなく、それが父の目一杯仕事をしているしるしだ。家の中では母が朝から晩まで、食事の支度、後片付け、掃除、家族全員の着るものの洗濯、お針仕事と、休む間もなく働きづめにしている。それを見ているから、子どもたちもおのずから家の手伝いをせずにいられないのであった。「自堕落」なことをしてはいけない（これだけが口数少ない父が家族に強いた倫理だった）という気分が、家族を律していた。また父と職人たちが仕事の合間に話すことからも、たえず一種の気分が伝わってきて、職人気質というしかないそれが、我が家の気分になっていた」[21]。

このような職人の家族には、父も母も無学で言葉はないが、親の働く姿と生き方を見て子どもも生き方を覚え、その気分が家族を一つに結びつけていたとする。しかし、親の言ったことは絶対で、中野は小学校卒業後、上の学校へ行きたいと泣いて頼んだが、「職人の子に学問はいらない」との一言で、夢は潰されている（その後実際には独学で専検〈旧制の専門学校入学資格検定試験〉に合格し、東京大学独文科を卒業して、大学教授兼作家になっているが）。

しかし中野は、それらを含めても自分の家庭はいいものであったと満足している。両親のまじめで力いっぱいの仕事ぶりと子どもを無言で従わさせる気風があったためだが、同時に部下の職人を使って絶え間なく注文があるほど成功した大工の親方であった背景も大きいであろう。

『綴方教室』にみる職人の家庭

しかし同じ時代でも、仕事に恵まれない職人の家庭であると、生活は随分違ったものになる。

作家豊田正子は、大正一一年一月東京の郊外で生まれ、貧窮に追われて五回も移転したが大半は葛飾で育った。昭和七年四年生のとき葛飾区本田第一小学校へ転校して、担任の大木健一郎より綴方指導を受けて「赤い鳥」へ投稿、「うさぎ」以下七篇が入選、その五年後、作品を集めたものが中央公論社から『綴方教室』(22)として刊行されて評判をよんだ。父は実直なブリキ職人（トタン屋ともいった）で、気丈な母と弟二人との五人家族（のちには、さらに子が二人生まれて七人家族）であったが、昭和恐慌の中で収入もとだえがちな困窮の中で、ひたむきにみずみずしく日ごろの生活を文に綴った。暮らしぶりを綿密率直に描写しているので、昭和一〇年前後の底辺職人家族の生活実態史として、大変貴重な価値をもっている。ノーベル文学賞受賞作家の川端康成は「文学の元型または出発点を見事に示した……厳然として神聖である」と評し、天才少女の出現との声も生まれた。

たとえば、昭和六年九歳のときに書いた「うずら豆」という文章では、母が三銭で幼い弟光男に買ってやったうずら豆五〇粒ほどを、光男をだまして自分と上の弟稔とで横取りして食べてしまい光男を泣かせてしまう。母は「また泣かしたのか」と怒って二人の背中を一つずつなぐったことが書かれている。おやつに当たる物は他にないので、数十粒のうずら豆が奪い合いのけんかの種になるのである。

同じ年の「お昼ごはん」では、昼食をとりに帰宅したら、ごはんのおかずが一五センチのキュウリ一本しかなかったが、それを幼い光男（二歳位か）にとられてしまうという話である。

豊田家の窮乏

昭和七年暮れから八年の正月にかけては、東京の職人街にも一層の不況の嵐がおそい、豊田の家もひどい貧乏に追われていた。ハサミとハンダを抱えて近所一帯を動き回っても、少しの注文の口も見つからないのである。昭和八年一月に書かれた「自転車」は、父の商売の道具である自転車が仕事先で盗まれてしまった苦しさから書かれている。

「ぬすまれたのは、十二月のすえでしたから、もう、くれの用意はできていたのですが、自転車をぬすまれたおかげで、お金をつかったので、稔坊と光坊の着物は出来たのですが、私の着物はとうとう買ってもらえなくなってしまいました。元日の式に行くときはずいぶんいやでした。しょうがないから、もうせんの、ふるい着物を出して着てゆきました。みんなきれいなきんしゃだの、はぶたいだの着ていくのに、私はメリンスのうすはげたのを着ていくので、みんなと一しょにいくのがいやなようでした。学校へ行ってからもみんなが私の方ばかり見ているので、なきたいようでした。いつもなら、家へもどってから、さんざんもんくをいってなくのでしたが、母ちゃんや父ちゃんの困っているのを知っているのだから、それもできませんでした。ほんとうに、きょねんのくれのことを思うとおあしなんて一銭だってむだにはできません」。

自転車を盗られては仕事にならず、交番へ届けてもだめなので、やむなく中古を分割払いで八円で買った。そのため正子の晴れ着は買えなくなった。父親は、五時起きして職業紹介所に並ぶのだが、仕事の登録が当たるのは三日に一回しかない。

先生はこの作文を見て豊田家の窮乏が想像以上にひどいことを知り、給食支給、保護者会費免除、学用品給与など教師として事務的にできる配慮を最大限してくれた。それでもなおたりない。父親の雇い主は四日分の仕事をあてがっても、現金の払いは初めの二日分だけ、あとの二日分は結局払わないでふみ倒す。こういうことが重なって、とうとう母は食べる米もないと正子の先生にまで訴えたりしたのである。

裁判所の通知

小学校尋常科を卒業したとき、中等学校へ進学できないものは小学校高等科へ進むのが普通であったが、正子はそれもできなくて、近くの日本製紐の四ツ木工場へ就職した。しかし綴方を書くのは続けていて、一六歳までに書いたものは『続・綴方教室』（昭和一四年、中央公論社刊）としてまとめられている。その中の一四歳、昭和一一年の時に書かれた「家賃」はこうである。

「帰宅すると父は手紙を前に心配そうな顔で
『大変なことになっちゃったよ。とうとうこの家、引きはらいだよ、だからお前仕様がねえから、会社よして奉公にでもいくんだな。そいじゃなきゃあ、会社の部屋住みになるか、どっちかだ』と言った」。

裏に東京区裁判所と判が押してある厚い封筒を投げて「それを読んでごらん」と言う。父は全然字が読めないのである。正子も「家賃滞納分五〇何円」とか「五月末日マデニ」などは分かったが、あとの続き文字は読めなかった。父は「六年まで上がって読めないのか、馬鹿野郎」とどなる。ここを追い出されると、六人家族で四畳と土間しかない別の家へ移らなくてはならないから皆ため息ばかりになる。夜中に、父は家賃のことで母のやりくりが悪いと怒って何度も殴ったので、母は家出してしまった。正子は母が荒川へでも飛込んでしまったかと心配するが、やがて疲れて寝てしまう（母は以前にも、一杯の酒もないことから父になじられ殴られて家出し、鉄道自殺をはかったことがあるが、正子が懸命いてみる。

にだきとめて助かったことがある)。

ところが翌日工場から帰宅すると、父はいい機嫌で酒を飲み、母も安心した顔で座っているので聞

「『なら父ちゃん、あの通知は立ちのかなくってもいい通知なの』

『ああ、あれはね、ほれ、いつか父ちゃんが裁判に行ったろう、あの時家賃滞納分五十何円、ま、あったろう、それを一遍に支払うことが出来ねえから、月八円のとこを五十銭多くして、八円五十銭にして、滞納分を少しずつ、納めていくって事を父ちゃんと原崎さんの小父さんと二人で約束したんだ。そのオー、つまり豊田由五郎、まあこの父ちゃんだな、この父ちゃんが、そんなら五十銭ずつ滞納金を払いますっていうしょうこが此の、通知なんだ。……そうだ。俺れゃ、よくしらねえけどな。もっと早く、裁判してすぐくるんだったが都合で三月ものびて、今頃になったんだってよ。ほれ、ここにいらっしゃるお雪様がおっしゃったんだ』と言って、体じゅう動かして笑った。母ちゃんも、苦笑いをしていた」。

ということで、立ち退きの危機はかろうじて免れたが、その数カ月のちには正子の身にもっと大きな危機が訪れた。困窮が続いたすえ、正子の身売り話が登場するのである。

正子の身売り話

やはり一四歳のときに書かれた「芸者」にはこうある。

「会社から帰宅すると、近所のおばさんが家の前で、『かじ屋の子がね、今芸者になって大したもんよ。……親はもう大喜びよ』としゃべっている。さらに、

『だからね、正ちゃんも思い切って芸者にしちゃった方が、家のためにも本人のためにもいいですよ。どうせ困っているって言っちゃあ何だけど、下に兄弟が多ければ、どしたって大した事ぁ親だってしてやれないしさ、芸者になれば、嫌だて言ったって好い着物は着られるし、うまい物は食べられるし、こんないいこたぁないでしょう』と言って私の顔を見た。

おばさんが帰ったあと、母は、

『ねえ、正子が芸者かなんかなって家へ金が入れば相当助かるよねえ。まあ、五百円としたって、ちょっとした家を建てられるからな。どんな小さくたって、自分の家となると気強いからな。家賃がいらないから楽だよ。地代だけだもの』と言うと、父ちゃんはやたらにこっくりして同意する。」

その夜、芸者はよい商売でないと知っている正子は、嫌になってなかなか眠れないうちに、二年前にあった話を思い出した。母の知人のおふうちゃんにさそわれて写真屋で肖像写真を撮らされ、その写真が大阪へ送られた。しかし先方が気に入らなくて、その時の話は流れてしまった。そして今度の

芸者の話も反対をおし通した。

映画化されるも窮状のまま

『綴方教室』は昭和一二年、正子が一五歳のときに先生一名との共著として、中央公論社から出版されて評判になり、同じ年、東宝の映画にもなっていた。しかし、当時の著作権はないに等しく、豊田家にまったくお金が入ってこないという時代だった。だから正子にも、芸妓身売りの話が二回も起こっていたのである。

豊田正子本人は、昭和六〇年に復刊された『粘土のお面』の「あとがき」でこう語っている。

「……四年前の昭和十二年に同社から『綴方教室』が出版され、映画になり芝居になり、世間の評判になっていた。それは大変な評判で、食うや食わずの貧しいブリキヤの娘「正公」は、世の中の騒ぎの大きさに、目をパチクリさせ、呆気にとられて身辺を眺めまわしていた。いまと違って、当時七、八〇万部売れた本は、凄いほどの力で、一人の少女の運命を変えていったのである。そのうち私は身のまわりに、何んともフにおちない現象がおきているのに気がついた。あれほどの世間の評判が、私たち貧しい職人一家を経済的に何一つうるおしてくれない事実である。『綴方教室』の編者である先生がすべて取り上げてしまっていることを、うすうすながら感じないわけにいかなかった。しかし私は、私のものを書く能力をひきだしてくれた恩人を、そんな風に考えるものではないと無理やり自分に信じこませて日を送った。それと重なるように、私の家では父母の辛いごたごたが起きた。娘の私には手におえない問題だったが、私は争う父と母に言葉どおり体をぶつけて事態を収拾しようとした。どちらをむいても、正視するにたえない大人たちのみにくい姿だった。世間の評判とはうらはらに、私は心の底から淋しかった」(23)。

戦前東京の困窮家庭

昭和の戦前期、東京の底辺には豊田正子のように困窮して暮らしていた職人の家族は、それこそごまんといたのである。

収入は生活の源泉である。それは物質的な生活構造を規定するばかりでなく、あらゆる文化生活、社会生活、精神生活までも規定して人間生活を左右する。

昭和七年頃、ブリキ屋の日当は一円五〇銭位だと父親は自ら語っている（「かんじょう」）。

「『おれがな、立石のブリキ屋によ、手間が一円七十銭ぐらいでいいだろって言ったんだ。なアに、そう言ったってな、向うじゃ、一円五十銭と出るだろうと、ないないこっちのほうはそうきめちゃいたがな。ところがどうだえ。竹中組の仕事だから二円でいいってわけさ。だから、手間は二円さ』と、ちょっととくいそうに言いました」(24)。

この仕事が月によくて二〇日間だから、計三〇円にしかならない。これでは親子五人の生活費にとてもたりないので、職業紹介所の登録労働者になってその工事に従事する。その日給は一円三〇銭ほどだが四日に一度うまくいっても三日に一度しか割り当てられないから、よくても月に五～六円にしかならない。合わせても、月に二八円から三三円ほどの収入しかない。これは、昭和五年国民所得調査によれば全世帯の平均月収換算四六円二五銭の三分の二程度であり、しかも豊田家の世帯員は五人から六人（のちには七人）もいるのだから、失業者に近い低収入である。そのため正子も、小学校五年生になると、内職と称して放課後から夜にかけて近くのセルロイド工場へ毎日通って日給二〇銭を稼いでいる。これは彼女一人の例外的事実ではなく、幾人かの友人も同じセルロイド工場へ通っているのだから、昭和一〇年前後の東京東部の地区には困窮家庭は広汎に存在していたのである。

5　海外への集団移民

海を越えて求めた活路

国策によって家族の運命が翻弄される例は枚挙に暇がないが、海外移民はほぼ家族単位に行われるので、被害が起こったときの家族の全体がこうむる打撃は最大級のものとなる。

日本の集団としての海外移民は、明治初年から始まっていたが、もっとも大規模に行われたのは昭和前期であるので、この節でとりあげる。

表3－4　昭和20年以前の南米への移民者数

	ブラジル	ペルー	メキシコ	アルゼンチン	その他（8カ国）
明治時代（1888～1912）	4,573	9,106	11,128	22	
大正時代（1913～1926）	44,036	15,051	1,207	1,339	
昭和前期（1927～1945）	140,292	7,489	2,170	4,054	
合　計	188,901	32,917	14,505	5,415	2,596

出所：国際協力事業団作製の統計（今野・藤崎『増補移民史Ⅰ　南米編』1994年，神泉社，360－361頁）をもとに筆者が再集計したもの。

明治政府ははじめ、「移民は奴隷売買と同じ行為だ」として旅券の発給を認めようとしなかったが、地租の強制、凶作や不況によって農村の貧窮化が進行し、小作争議も頻発して、海外移民を求める声を押さえきれなくなってきた。明治一八（一八八五）年に政府は第一回の「官約ハワイ移民」六〇〇人を募集したところ、その四七倍、約二万八〇〇〇人もの申し込みが殺到した。この官約移民は、一〇年間のうちに約三万人の移民をハワイに送った。この波はアメリカ本国・カナダへも広がり、アメリカ移民は明治三九・四〇年だけでも五万人を超えるようになった。しかし、日本をはじめアジアからの労働者は、低賃金で過酷な労働に耐えてよく働いたので現地労働者の仕事を奪い、アジア人排斥・排日運動へと発展してしまった。

このため、その後の行き先は南米に変えられ、メキシコ・ペルーを経てやがてブラジル移民が主流になっていった(25)（表3－4）。

ブラジル移民と家族

ブラジル移民は明治四一（一九〇八）年から始まったが、その前年にサンパウロ州政府との間に結ばれた「日本移民輸送」に関する契約には次のようなものが含まれていた。

①一九〇八年以降三年間、毎年一〇〇〇人ずつ輸送すること。

②移民は、農業に適した三人ないし一〇人よりなる家族単位のこと。

③石工・大工・鍛冶職などの非農業者は、全体の五分の一まで認められること。

ここでいう「家族」には、夫婦の他に一人以上、計三人以上の労働力があることが必要条件とされ、夫婦とその親族によって一家族を構成した。四五歳以上の男女または一二歳以下の子どもも夫婦の家族ならば同行しても差し支えないとした。移民のためのこの家族を「構成家族」と呼んだが、移民のためだけのにせの仮夫婦もいたといわれる。実際には、一六五家族で平均四・五名、六歳以下は一二名にすぎず、高齢者もほとんどいなかった。

この当時の移民たちの多くは、行き先に定住者となって永住するのではなく、三〜四年働いて貯金ができたら帰国することを考える「出稼ぎ移民」をめざしていた。

第一回移民団の一人、熊本県からの藤本末人は「辛抱して夫婦で四、五年働き、このかばんに金をいっぱい詰めて帰るつもりだ」と語り、広島県からの若夫婦は、「三年間しっかり働いて一万円をためて故郷に帰り、おふくろを連れて京都の本願寺に詣でたい」と語っている。

第一回の移民は、東京をはじめ一四県から七九一人が集ったが、その半数近い三二四人が沖縄県出身で、鹿児島県の一七二人が続いた。九州、中国、四国出身者で八三%が占められていた。南九州の方が、南米の気候風土に近いからよい、との考えがあったと言われる。

初期移民の苦労

移民募集内容には、移民一人につき、一日の純収入一円二〇銭、家族三人だと一日で三円六〇銭の純収入があり、一年間で一〇〇〇円以上が残ると記されていた。これは当時として上級サラリーマン並の非常に恵まれた収入を意味した。

だが実際には、その年は天候不順でコーヒーは不作、「三人家族で一日一円にもたりない収入で、どうして生きていけというのか。移民会社にだまされた。これでは棄民ではないか」との声があがった。その農場では農場主と妥協ができず、二カ月足らずで全員が移民収容所に引き上げ、港の荷役労働者や家庭奉公人、鉄道敷設工夫などに変わっていった。他の農場からも逃亡者があいついだ。(26)

日本公使館の報告では、一年後の一九〇九年九月消息が判明した五七七名中、サンパウロ州の六農場にとどまっていたものは四〇人にすぎなかった。都市へ移った者二一三人、鉄道工夫一二〇人、アルゼンチンへ転航したもの一六〇人、死亡者六名といった苦しさであった。

第二回移民でもトラブルは起こったが、農場定着率はずっと高くなり、移民は続くようになった。やがて湿地帯に水田を拓いたり、原始林を購入して、米・豆・トウモロコシ・コーヒー・綿花などを栽培できるようになった。

大正末期から昭和にかけて政府は「海外移住組合法」を作り、ブラジル移民に対し旅費全額と移民会社の手数料を負担するようになり、現地事業組織が土地を購入して分譲するようになった。アマゾン川領域への入植も始めるなど非常に発展し、移民の金銭上の負担も少なくなっていった。ようやく、ブラジル移民も成熟期を迎えたのである。

のちに第一回芥川賞を受けることになった石川達三の『蒼氓《そうぼう》』は、昭和五年三月から秋にかけて自身が移民船に乗り、ブラジルへ渡航するまでの八日間の体験を小説にしたものである。

「神戸港は雨である。細々とけぶる春雨である。海は灰色に霞み、町も朝から夕暮れどきのように暗い。……左は黒く汚い細民街に連なるこの丘のうえのこれが『国立海外移民収容所』である(27)」。

この文章で始まる第一部の内容を、「作家と作品」を書いた小田切進はこう要約している。

「その丘の上の収容所に集まってきた移民の大半は、食いつめた農民たちだった。医者から渡航不適格者の診断が下されても、彼らにはもう帰る家も土地もないという零細農民が多い。渡航不適格なのだが、九州まで帰る旅費がないために、合格の判定を受ける人たちがいる。ブラジルにさえ行ければ、土地は肥沃だし、気候はよいし、物価も安い、そこに地上の楽園があるかのような夢想を抱いているものが多い。弟の希望をかなえさせてやるために、縁談をふって乗船したお夏のような女性もいる。移民たちは誰ひとりとして、本物のブラジルがどんなに大変なところかを知らずに、期待に胸をふくらませていた」(28)。

だが、この夢想は、サントス(ブラジル)の上陸第一日から無残に打ちくだかれる姿を第二部・第三部に描き出していく。小説の形をとっているが、内容はほぼ事実通りであったことが推測できる。悲惨な農民の運命は、日本国家の苦悩と悲劇につながっていたのだ。

移民成功者の声

なおこの間の一九三二(昭和七)年に一九歳でブラジル移民の一人になって、二〇〇九年まで健在であった男性に紺野堅一がいる。紺野は大正二年大阪府吹田市の米屋の五男に生まれた。独力で自立したくて一九歳のとき親の反対を押し切って単身でブラジルへ渡った。

皿洗いなど職を転々として会社を起したが倒産、自動車部品の販売業でやっと生活が安定した。結婚して成功してからは、たびたび日本に帰国し、ブラジルから出稼ぎのために日本に渡った日系ブラジル人のようすを訪ね、援助していた。紺野に言わせれば、「ブラジルは日本人移民を寛容に受け入れてくれたが、日本は日系ブラジル人を外国人として差別している」と感じているからだ。

「ブラジルで成功もできなかったが、能力を十分試すことができてありがたかった」「ブラジルは幸せないい所よ。人種差別がないから。移民一世は安心して死ぬことが出来る」と穏やかな笑顔で語っ

たという。(29)

自立心があり、努力して成功したものには、こういう見方もあるのである。

昭和三（一九二八）年、家族でブラジルへ移住し、昭和一六年の太平洋戦争開戦直前に帰国した農家の実例がある。高知県土佐市出身、片岡君《きみ》の語りで、まずは成功例の一つと言えるものである。

「昭和三年、五歳の時、既に移住していた母方の親戚を頼って、両親ともにブラジルへ渡った。ブラジルには日本人学校があって、翌年尋常小学校に入学した。小学校は一年生から六年生まで合わせて四八人の複式学級だった。休み時間には、おじゃみやあやとり、おはじき、鞠突きをして遊び、男の子と一緒に遊ぶことはなかった。高等小学校は隣町のピネイロスまで通い、午前は日本語による授業を受け、午後はブラジル語による授業を受けた。日本語の授業は、日本から教科書を輸入し、国語・算数・理科・歴史・地理と勉強したが、現地語の授業では、国語と算数しか教科書がなかった。地元の子どもが通う学校もなく、私たちの現地語の授業を受けにくる子どももいた。

ブラジルでの仕事は農業を主に、家族でじゃがいもを作っていた。そりゃ、みごとやった。広い土地を借りて、一面にじゃがいもを植え、多い時には六〇キロの袋を五〇袋ばぁ植えた。雨の降る日以外は家におることはなかったわね。八月下旬にじゃがいもを植え付けては一二月上旬に収穫。同一月、別の畑にじゃがいもを植え、六月に収穫と、年に三回繰り返した。それぞれ収穫後の畑ではトウモロコシを栽培し、大変忙しい毎日やった。

まず、じゃがいも作りはブラジル人を雇って耕し、植え付けは近所の日本人同士が協力して一日で終わらせた。

収穫には、一アールいくらという値段でブラジル人を雇っていた。収穫したら、すぐにより分けて六〇キロの南京袋に入れ、運送業者に取りに来てもらった。だいたい二〇日くらいで出荷が済むようにした。出荷先はコチア産業組合。代金は通帳に入った。今の農協と同じ仕組みで、お金を借りることもできた。順調にじゃがいもさえできれば、お金に困ることはなかった。移住した日本人の多くがじゃがいもかトマトを作って生計を立てていた。

植付けをした日の夜はお客（宴会）をし、ビール、ちらし寿司、焼肉、鶏のから揚げ、スパゲッティなどを大量に載せて振る舞った。おんちゃんらが酔うとよさこいを歌い、最後はよさこい節で締める。若い人は振り付けをして日本の流行歌を歌ってね。日本で上映された映画やレコードを輸入業者が仕入れ、各農協を通して発売するので、すぐに出回った。また、週に二回は日本映画が上映されていたので、近所の人とトラックの荷台に乗り合わせて、よく観に行った。『赤城の子守唄』もブラジルで聴き、映画「愛染かつら」も観た。

昭和一六年九月末、一八歳で帰国。『アメリカと戦争になるき、もう帰れんなる』という情報を得、急いで荷造りをして大阪商船のサントス丸に乗り込んだ。出港した船は最初パナマ運河を目指したが、既に日本国籍の船は通ることが許されず、途中で航路を変え、マゼラン海峡を通って太平洋へ出、船首に日の丸を掲げ、一路日本へ急いだ。この船が日本へ帰る最後の船となった」[30]。

ブラジルから満洲へ

ところで、一九三〇年にブラジルに大きな政変が起り、国家主義を第一とするバルガスが大統領となった。バルガスの新憲法は各国の移民数を制限したので、一九三四年の二万一二三〇人を最後に三五年以降は一万人以下に減少していった。三九年からは日本語教育も日本語の新聞・雑誌の発行も禁止されたので、日本への帰国者の方が多くなった。四一年で戦前の移民は終わりとなり、日本の国策も大きく転換されて、移民の中心は満蒙方面へと移っていったのである。

ほかに、明治時代から昭和初頭にかけて東南アジアに渡って「からゆきさん」と呼ばれた私娼たちがいるが、これは個人が単位なので、ここでの記載は省略する。

満蒙開拓団の三つの目的

昭和一一（一九三六）年からはじまって都合二七万人（三〇万人とする記録もある）もの人が参加した「満蒙開拓団」は、日本国家としては最大級の植民政策であった。

大正末期から徐々に満洲に広めていった日本の権益を回復しようとの意向が中国から示され始めたので、日本陸軍は危機感を深め、関東軍は意図的に昭和六年八月柳条溝で爆破事件を起こして満州事変が始まった。内閣の不拡大方針を無視して軍は戦争を拡大し、翌七年には満州国の建国を宣言した。

ただちに中国と世界の反感を買ったが、押し切って強引に独立させ「五族共和」をうたいながら日本の支配権を確立しようとしたが、全人口の一％にも足りぬ日本人を補うために、広田弘毅内閣は、「二〇年かけて、一〇〇万家族、五〇〇万人を送りこむ」という国家プロジェクトを計画し発表したのだった（昭和一一年七月二〇日）。

これは大きくは、三つの理由に基くものであった。第一は、昭和三年から九年にかけて、連続的に起っていた日本農村の不作、生糸の暴落による大不況による激しい窮乏化で困窮した農家を救う手段が必要だったこと、第二には、ブラジルを中心とした南米移民政策が現地の反対から行き詰ってきたこと、第三にもっとも大きな理由として、ソ連国境周辺の土地へ農民男性を移住させることによって、治安維持のほか戦時の武装化が期待できる「屯田兵」となりうることであった。

実際、二七万人に達したとみられる開拓団員のうち、そののち壮年男子四万七〇〇〇人が兵士として召集された。

青少年義勇軍

昭和一三年春からは、これら不足する男子を補充する意味もあって、満一六～一九歳くらいの青少年が目をつけられ、「満蒙開拓青少年義勇軍」が発足した。茨城県の内原訓練所（女子訓練所も別にあった）で二カ月の訓練をおえたのち第一陣五〇〇〇人は五月に沙蘭鎮寧訓練所の掘立小屋に住み、一人一〇haの開墾で自給自足を始めたと報道された。義勇軍の渡満は八万六〇〇〇人に上った。日本の農家は自作であれ小作であれ、一戸でも平均〇・七ha（七反歩、約二一〇〇坪）そこそこの耕地しか持てなかったのだから、自作地となるその一〇倍以上もの平坦地を見たとき、開拓民には大変な魅力に映ったことであろう。

だがこの広大な土地は、現地満州原住の農民が開墾した土地を、満洲国政府が二束三文で強引に買い叩き、開拓団に割り当てたものだったから、現地民は土地を奪われた上に小作人になるほかなく、これが将来非常な恨みを買う原因となった。中国農民は「匪賊（集団強盗）は金品は掠奪するが土地までは奪わない、日本移民は〈屯田匪賊だ〉」と呼んで恨んだ。

大陸の花嫁

昭和一三年に入ると、独身男子開拓団員の花嫁を募る動きが全国的に広まってきた。まず四月九日、警察官婦人協会家庭学校は第四回入学式に当たり「大陸の花嫁と戦傷者の好伴侶教育」を掲げて生徒を募集した。五月九日には、満洲移住教育協会が、全国から二四〇〇人の大陸の花嫁の募集を始め、六月一四日には全国農民学校長会が、農学校の女生徒を大陸の花嫁として養成することを申し合わせ、八月一〇日には、ついに政府の拓務省が全国からの募集を開始している。

他方、長野県新田村の処女会は会則に、「全会員が満州移民の花嫁となる」という項目を加えたりするようになった。

開拓団員は、毎年全国の村役場に割り当てられ、昭和一九年までに約二七万人が参加した。出身の県は、山形・宮城・埼玉・東京・山梨・長野など全国に及ぶが、中でも三万三〇〇〇名を送った長野県がもっとも多かった。長野県は、生糸相場が高かった昭和初年には、県民所得が東京・大阪に次ぐほど高い県であった。しかし、養蚕に依存しすぎていたために、昭和一〇年前後の生糸の暴落で没落した農家が多かったためである。

では、開拓の実情はどうだったのだろうか。

初期の知らせは「王道楽土」

初期に当たる昭和一〇年代前半の記録には、かなり明るく希望が持てる記事が少なくない。次に紹介するのは長野県泰阜《やすおか》村から昭和一五年四月に三江省大八浪開拓団へ渡満した稲葉操の記録である。

「現地に着いた私たちは、先に来ていた人たちの家に世話になり、共同経営と共同生活でした。そのうちに麦まきがはじまり、次々といろいろな作物が植えられ、渡満一年目がはじまりました。私は七月末に出産しましたが、その年は大変な豊作で、淋しいながらも希望が出て来ました。その年の暮れに各地区に分散しましたが、私たちも家を造り、自分の家に入りました。正月には、小さいながらも鯛のお頭付きでした。

やがて春が来ると、氷が溶けて水路には満々と水が入って来ます。水路の中の水には、たくさんの魚が自分の世界が来たとばかりに泳ぎまわっています。そんな魚を皆は取りに行き、馬車に積むほど取ってくるのですがとても食べきれず、捨てたものでした。小高い丘にわらびを取りに行った帰りの湿地で、鴨の卵をたくさん拾って来たこともあります。

私たちの部落は水田が近くにあり、主に米作りをしました。畑の方はほとんど満人に貸していました。満洲の私たちのところでは、種籾を前面にばらまき、田植えなんてしないのです。ところが種まきが始まる頃になると、向こうが見えないほどの鴨の大群が来て、水田に播いた種籾を食べるのです。しかも鴨が来るのは夜なので、夜になると鴨追いをしなくてはなりません。私も何度か行きましたが、とても大変な仕事です。大きな夜蚊がくいつくのには、まったく閉口しました。農耕期になると、満人や朝鮮部落の人を大勢頼むので、食事を出さなければいけないので大変でしたが、でも楽しい毎日でした。

個人経営の一年目は不作な年で、赤字でした。内地から持って来た金も減ったようでしたが、満洲が嫌になるようなことはなく、かえって来年こそはと強気になり、この広い満州で成功し、何年か後には親戚一同に千円札をお土産にしようと考えていたものです。

だんだん満洲の気候にも慣れ、土地にも慣れ、適した作物も判って来ました。南瓜や瓜のおいしいことといったらありません。作物も植え付けさえすればできる、ほんとに不思議な土地でした」(31)。

次は長野県片桐村から昭和一三年に東安翔長野村へ渡満した米山好雄の記録。

「私は当時三六歳で一男三女の子に恵まれ、わずかばかりの農業のかたわら、大工仕事などについていました。不況の波は農村にも押し寄せ、なんとかせねばと考えていたところ、一二年秋に県から満洲農業移民第六次の本隊募集員が来て、木に餅の成るような話をされました。

その時に自分はすでに移民の考えをもっていたので、上片桐村として第一番に届け出をしました。東西南北に連なる原野の広大さは、内地における募集員の話と全く同じでした。二日間の休みを終えて、それぞれ自分の職業を分担されたが、自分は本部建築班に残りました。作ったこともない内地でいう倉庫に似た建物を、満人の大工や左官を使っての建築は、言葉が通じないので身振り手振りで大変な作業でした。満洲は、どこの土も煉瓦になるので煉瓦造りは簡単で、壁の厚さ一尺、土屋根、窓は外硝子戸、中障子、暖房はペーチカ、オンドルなので、零下三〇度でもシャツ一枚で暮らせました。この年に個人家屋一八棟、二戸建一〇棟、部落ごとに馬屋を建築しました。……農地は満拓公社のトラクターが開墾し、見渡す限りの原野が耕地になってゆきました。しかもその農地は肥料を入れなくともよく、何を蒔いても立派な農作物が収穫できるのです。水田も一五年には半自給となり、内地の配給制度も当時は満州にはなく、一八年ごろ砂糖が配給になったように記憶しています。関東軍に納める野菜作りで現金収入は多く、どの家でもかなりの良い生活ができました。独りで入団した者も、やがて子どもの泣き声が聞かれるようになり、豊かな楽土建設の足音は日ごとに大きく広がっていったのでした(32)」。

また、埼玉県秩父郡中川村から中国の黒竜江省奥地に作られた中川村分村へ渡満入植した団長の堀口辰三郎は、昭和一四年八月二八日母村の人々へ次のような手紙を書き送っている。

「然かもこちらへ来て見れば、住めば都の楽天地で何一つ心配することはなく、来るその日からほんとに一団一家、家族としての安心立命の生活です。肥沃の耕地が豊富で収入の道が際限ないから、女子供がいくら来って食う心配など少しもないのです。殊に此地区の畑など近在見ることのできぬ立派な畑で、今年は各地とも水害を被ったというのに此地区ばかりは豊作です。所詮高台なるが為に、水田もまた実にえらい豊作です。一反歩五石もとれるとは嘘の様な事実です。今年もざっと一五〇町歩の水田と畑作りをやりましたが、農耕部よりの報告に依れば、確い計算でも経費が七千円で収入が二万六〇〇〇円、差し引き一万九〇〇〇円は残る勘定です。

それで山林もあれば放牧地も際限ありません。山林など植付けすれば八年目には一本一円にはなるそうです。今仮りに一年一万本ずつ植樹を一〇年繰返せば、倫伐しても年々一万円の収入はある訳です。植林などそんな段ではありません。少なく見積っても高原地が三〇〇〇余町歩ですもの、然かも木種が良くて植付けなくも此儘山林になる所もたくさんあるのでございます。又老人方や子供が参りますれば其方々の副業として豚を飼うことも面白いです。一年から一年半も飼えば一頭一百円は確実です。夫れも野放しで有り余る屑穀位を食べさせれば満点なのですもの。一〇頭も飼おうものなら、一年半の後には千円の収入は見えてます。こうした此北満の天地は常に天には鶴が舞い、鴨も雉も沢山居て、野には春から杏が咲き、つゞじが咲き、芍薬また桜草から鈴蘭から、赤黄とりどりの姫百合から、菖蒲、かきつばた迄、内地坪庭の花壇一切の草花が腰をおろすのも悔しいばかりに咲き誇り、秋まで百花りょう乱の地平線です。

今は萩、ききょう、おみなえし、十五夜花やらみそ荻やら、百日草、鳳仙花は愚か色とりどりのなでしこまで丈なし茂り咲いています。蛍飛び蛙鳴き、トンボも空を賑わして内地に変わることとてはございません。又水田地区の娯楽などは格別で、尺余もある鯉やふなを始め種々な雑魚が沢山いて、女子どもでも釣れるので毎日の食膳はすてきです。黒く見えるほど魚のいることも此地区の有難い所で、公休日などには全団員が魚つりです(33)」。

若干の誇張は含まれているかもしれぬが、初期（昭和一〇年代前半）の開拓は経営条件として悪くはなかったように思われる。たとえば、中川村開拓団へ来た笠原花二はこう語っている。

「俺は決められただけの畑をもらっただけで、よけいにはやらなかった。昭和一五年の春には弟の豊吉も団にやってきて、兄弟四人がそろって十町歩の農場主となった。まさにわが世の春でした。戦争さえなけりゃ、満洲は天国でしたよ。でも、せっかく畑をもらっても、俺は百姓をやったことがねえわけで、苦力《くーりー》を雇って全部お任せだった(34)」。

その頃流行した「王道楽土」という言葉が、正に実現されていたと言ってよい。
昭和七〜九年のいわゆる試験移民は入植条件が悪く、反日勢力の襲撃も多くて成功しなかったが、昭和一二年からの大量移民は「分村移民」と「義勇軍」方式をとることによって、しばらくはかなりの成功をみた。

敗戦による家族の悲劇

ブラジル・チリ・アルゼンチンなどの南米移民に比べると、初期の開拓作業が少なかっただけかなり楽だった面があるだろうが、昭和二〇年八月のソビエト軍の突然の侵攻と現地人の反乱・報復から、開拓移民は大きな悲劇に直面することになった。

本来、防衛の役は、日本軍の中でも最強といわれた関東軍が当たるはずであり、関東軍がいるから心配ないのだというのが募集のうたい文句の一つになっていた。ところが、数年前から陸軍は劣勢になってきた南方戦線の補充に関東軍の主力を回すようになっていたため、無力に近くなっていた。開拓団の働ける男たちは召集されていなくなっていたので、女・子どもたちは、すさまじい暴行・虐待の果てに逃亡するほかなかった。

国境方面の奥地にいた開拓農民たちはとくに悲惨であった。東部で生き残った開拓団員の一部は関東軍がいるはずの方正《ほうまさ》に向かって三〇〇キロの道のりを歩き始めた。山と荒野で一カ月かかり、時には暴徒の襲撃に会い、飢えと疲労で子を捨てて女も次々と倒れた。やっと着いた方正は関東軍が去ったあとであり、団員は零下三〇度の冬を越せず、栄養失調と発疹チフスで四五〇〇人が死んでいった。翌年春になってその死体が溶け出し、県政府が石油をかけて焼いたが三日三晩かかったという。一八年後この骨の山を発見した残留日本人女性が、墓を建てたいと申し出、周恩来首相に認められて「方正地区日本人公墓」が建てられた。

そのほか集団自決の道を選んだ者も多く、子どもや女性は生きのびるために残留孤児・残留婦人となっていった。これらの悲劇は、ほかの三江省や吉林省や黒竜江省など各地で起こった。

長野県大日向村の開拓団

開拓団員二七万人中の犠牲者は約七万九〇〇〇人、未帰国者は約一万一〇〇〇人（うち半数は死亡）と推定され、直接の死亡者は三人強に一人の割合にも上った。日本に帰国後も、家も土地も処分していった者は郷里にも住めず、新しくあっせんされた入植地は荒れ果てたもので、ここでもまた辛酸をなめるほかなかった。

満洲移民の歴史の中で、はじめてひとつの村を二分して村民を満洲に送り出した例に大日向村がある。大日向村は長野県南佐久郡にある山村で、戸数三三〇余戸、養蚕と炭焼きが主な産業であったが、農業恐慌による物価暴落で村行政が破綻寸前となった。そこで村の戸数の約半分の一五〇戸と二、三男を満洲で独立させ、計二〇〇戸の分村を建設しようとする計画を立てた。昭和一三年、三七名の先遣隊が現地に入植、同年中に本隊も迎え、計画は予定通り進行した。全体のモデルのような満蒙分村だといわれた。だが敗戦で死者三七三名を出し、生きて帰った人たちはやっと浅間山西南麓へ入植した。(35)農業者の中でも、二重三重の苦痛を味わうことになった生活困難家族が、この満蒙開拓団なのであった。

注

(1) 遠藤保子「不況と闘う農村の娘の日記」『婦人倶楽部』昭和七年一〇月号。
(2) 小西四郎「戦時下の国民生活」森末義彰編『生活史Ⅲ』昭和四四年、山川出版社、四一三頁。
(3) 柳田国男「明治大正史―世相論」『柳田国男全集　二六巻』平成二年、筑摩書房、二七〇―二七一頁。
(4) 山川均「東北飢餓農村を見る」『改造』昭和九年一二月号。
(5) 「東京朝日新聞」昭和九年一二月一〇日。
(6) 「東京朝日新聞」昭和七年七月一二日。
(7) 「東京朝日新聞」昭和七年六月一〇日。
(8) 村上兵衛「子供の目に映った昭和一ケタ代」毎日新聞社編『一億人の昭和史1　満洲事変前後』昭和五〇年、同社、二五二頁。
(9) 小西四郎、前掲論文、四一七―四一八頁。
(10) 有地亨『近代日本の家族観・明治編』昭和五二年、弘文堂、二八八―二八九頁。
(11) 有地亨、前掲書、二九〇頁。
(12) 小木新造『ある明治人の生活史』昭和五八年、中央公論社、二一頁。
(13) 石川達三『三代の矜持』昭和一三年作『日本文学全集六四』昭和四七年、集英社、六五頁。

(14) 石川達三、前掲書、六八頁。
(15) 江崎秀夫「或る日のインテリ失業者」『中央公論』昭和五年八月号。
(16) 和田隆三「光のない世界で」『中央公論』昭和五年一二月号。
(17) 田中道子「デパート女店員の内幕」『女人芸術』昭和五年四月号。
(18) 子母沢さだ「陸軍中尉のやりくり家計」『婦人之友』昭和四年一二月号。
(19) 穂積重遠「二十七年前の一ケース」家庭事件研究会『ケース研究』二号、昭和二四年、二一-二三頁。
(20)「東京朝日新聞」昭和三年四月一九日。
(21) 中野孝次「職人の家の気風」『文藝春秋　四月臨時増刊号　家族の絆』平成一六年、一七-一八頁。
(22) この「ブリキ職人の家庭」における引用はすべて豊田正子『綴方教室』(初版昭和一二年作)昭和五九年版、木鶏社、による。二一-二三、一〇八、二四三、二五三頁。
(23) 豊田正子「あとがき」『粘土のお面』昭和一六年、中央公論社。
(24) 豊田正子『綴方教室』前掲書、一一七頁。
(25) 高橋幸春『日系ブラジル移民史』平成五年、三一書房、二二-二九頁。
(26) 藤崎康夫『母と子でみる・ブラジルへ』平成一一年、草の根出版会、六五頁。
(27) 石川達三『蒼氓』(発表は『星座』一号、昭和一〇年)、『日本文学全集六四』昭和四七年、集英社、七頁。
(28) 小田切進「作家と作品」昭和四七年、『日本文学全集六四』昭和四七年、集英社。
(29) 平山亜聖「母国への出稼ぎ見守り続け」東京朝日新聞、平成二一年八月二二日。
(30) 片岡君「ブラジル移住」高知の女性の生活史『ひとくちに話せる人生じゃない』平成一七年、同会、二一一－一二二頁。
(31)　稲葉操「満州開拓団の思い出」ＮＨＫ長野放送局編『満蒙開拓の手記――長野県人の記録』昭和五四年、日本放送出版協会、一二八－一八二頁。
(32)　米山好雄「半生の記」ＮＨＫ長野放送局編、前掲書、一八〇－一八二頁。
(33)　山川暁『満洲に消えた分村』平成七年、草思社、一一六－一一七頁。
(34)　山川暁、前掲書、一二九頁。
(35)　和田登『旧満州開拓団の戦後』平成五年、岩波書店、六－一五頁。

第四章　死に至る病と思想の迫害

1　乳幼児の死亡と医療の普及

昭和初期の平均寿命

医療制度が充実してきたいまの日本ではほとんど忘れられていることだが、戦前の日本には疫病（伝染病）が多く、しかも子どもや若者の死亡率が恐ろしく高かった。たとえば、一歳未満で亡くなる「乳児死亡率」は、平成一八（二〇〇六）年に比べて大正九（一九二〇）年は六四倍、昭和五（一九三〇）年は四八倍も高かったので、家族は常に病気の心配とつきあっていなくてはならなかった。

戦前日本の家族は、外で敵国と戦い、地域で貧しさと闘う以外に、家庭の中では病気と闘わなくてはならなかった。とりわけ病気こそは、どの地域であれ、どの階層の者であれ避けて通れぬ人生最大の強敵であった。

そのことを象徴的にあらわしている問題の一つが「平均寿命」の短かさである。

日本での科学的算出の最初のものは、大正後期（一九二一〜二五）のもので男四二・〇六歳、女四三・二〇歳だった。昭和一〇（一九三五）年でも男四六・九二歳、女四九・六三歳にすぎず、男女とも五〇歳に達していなかった。(1)

もっとも、「平均寿命」というのは、「生まれたばかりの〇歳児があと何年生きるかの平均余命」を示すもので、その時の大人の平均年齢を示すものではない。一九三五（昭和一〇）年でも、六〇歳に達した男はあと一二・五五年、女は一五・〇六年の余命をもっていたから、高齢者（現在の社会統計では六五歳以上）も少ないながらもいたのである。

もっとも、平成二〇（二〇〇八）年生まれの男は七〇％まで、女は八五％までが七五歳以上に達することが予測されているが、昭和一〇（一九三五）年のそれは男一六％、女二五％にすぎなかった。ほかの先進国と比べても、昭和前期は、非常に短命な社会なのであった。

その主原因は比較的明瞭である。一つは乳幼児期の病気であり、二つ目は青少年期の流行病とくに結核の蔓延であった。以下、とくにこの二つの点について検討してみよう。

乳児と新生児の死亡率

周知のように、戦前日本は子だくさんの国で、大正後期から昭和一八年まで（昭和一九〜二一年は戦争のため統計がない）は、各家族には五〜七人、全国では毎年二〇〇万人以上の赤ちゃんが生まれていた。人口差を勘定に入れれば、平成の現在と比べて三倍以上である。

これ以外に、貧しい家庭ではいわゆる「間引き」（口減らしのために出生直後の子を窒息などで殺すこ

図４－１　100年間の乳児死亡率と新生児死亡率の推移
（出生数1,000あたり）

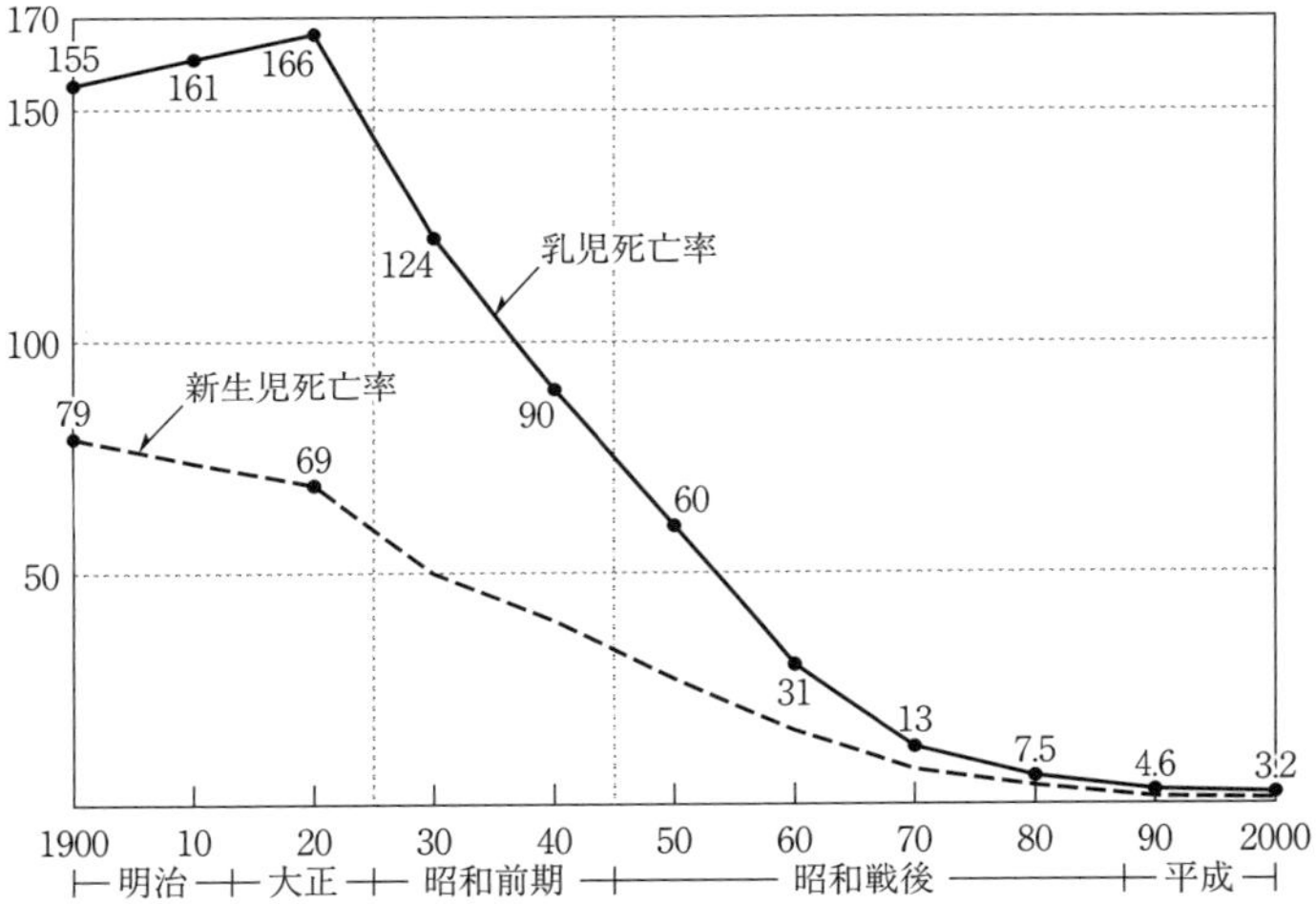

出所：人口問題研究所編『人口統計資料集2008』72～73頁より作成。

と）がかなりあったといわれるが、暗数のため数字には計上できない。

しかし、その赤ちゃんも満一歳の誕生日を迎えるまでに大正時代は約一六％が、昭和に入って減少を始めたものの五年でも一二％が亡くなっていた（「乳児死亡」）。その約半分は、生後一カ月以内に命を落とす「新生児死亡」である(2)（図４－１）。

なぜこれほど乳幼児は弱かったのか。暉峻義等の大正末調査によると、新生児死亡で最多の原因は先天的弱質及畸形（四四％）で、呼吸器疾患、消化器疾患がこれに次ぎ、梅毒（四％）もあった。出産前の母親の労働の激しさ、貧しい生活の連続が先天的弱質に関係している(3)。

作家の半藤一利は昭和一〇年前後に弟二人と妹一人を乳幼児期に失っている。母親は忙しい助産婦で夜中に呼び出されて仕事に行くが、その間夜具から飛び出した子は誰にも見てもらえず、風邪から肺炎になって死んでいった。運送業の父親は大酒飲みで夜目をさますことがなかったからだという。[4]

また、納税者家庭での乳児死亡率は（一〇〇〇人あたり）一三四・四であるのに、不納税者家族のそれは二二三・五であったことにもみられるように、貧富の差もかなり関係している。ここではとくに結構豊かな家庭でも死んでいることに注目したい。

医者に見せてやれない家族

きびしい実態を描いた青森県東力村の次の話はまことに悲惨である。大正元年に二〇歳で東力村に嫁いで大正二年から昭和七年までに五男六女をもうけたあるばばが、八一歳のときに語った言葉のうち、昭和にかかる部分を引用してみよう。

「五男は七歳のときの飢饉で、食べられる物を探して毒うつぎの実を食べて死んだ。長男は大洪水のとき、刈り入れて束にした〝稲島〟を守ろうとして、ついに流されて死んだ。

六女は一カ月もしないうちに腹下しで、誰もいねえ家でエジコ（乳児を寝かせておく籠）さ入ったままこっそら死んでいっただ。飢饉続きでどうにもならねえ世の中だっただ。肺炎、腹下し、はしか、百日咳で死んだで、よく赤子が死ぬだ。医者へ行けば殺さねくてもいいこと、皆わかっているだ。しだも、先立つ物は銭コだ。仕事休んで、誰が病気の赤子ばおぼって、わざわざ町の医者様まで、銭コ取られるに行くものがよ。泣きたくなるのは腹の中でじっとこらえて田仕事しながらなんとかよくなってけれと祈ってるのし。そう祈っても死ぬ者は死ぬだ。ああ死んだなと涙コもながさねで、そう思うだけし(5)」。

死亡率にみる地域格差

なお、当時の地方自治体は三分の二が無医村であったことも重要な条件である。

戦後、日本一高い乳児死亡率を日本一低いものに改善することに成功した岩手県沢内村（現西和賀町の一部）での最大の課題は、豪雪に閉ざされる冬の半年間、街の病院へ病人を運ぶ車が通る道路を開くことにあったという。このような交通機関の不整備も大きかったことも重要なことであった。

この間の事情に関係する乳児死亡率の時代別・都道府県別のちがいを表4－1で示しておこう。大正九（一九二〇）年から昭和一五（一九四〇）年までは二〇年間の開きしかないが、この間に全国の乳児死亡率は（一〇〇〇人あたり）一六六から九〇へ急減した。しかし、その間の減り方は一様ではなく、大阪・京都・福岡などの大きな減り方に比べて、青森・秋田・岩手・福井・富山など諸県の減り方は小さい。医師の普及度の違いのほかに、労働事情や交通事情の改善事情もからんでいたことを推測させるものがある。

表４－１　都道府県別乳児死亡率

	1920（大正９）	1940（昭和15）		1920（大正９）	1940（昭和15）
全国	165.7	90.0	三重	179.2	100.4
北海道	159.1	95.6	滋賀	174.7	103.3
青森	211.1	138.7	京都	190.4	77.4
岩手	169.7	132.9	大阪	223.8	76.7
宮城	166.2	104.6	兵庫	178.3	81.9
秋田	185.1	135.2	奈良	176.8	101.8
山形	188.9	113.7	和歌山	138.0	91.8
福島	163.4	92.2	鳥取	157.3	90.5
茨城	202.5	105.0	島根	149.8	104.5
栃木	159.5	85.2	岡山	144.4	93.8
群馬	154.0	82.9	広島	144.2	82.0
埼玉	190.1	100.5	山口	121.2	78.1
千葉	201.8	108.8	徳島	164.7	103.2
東京	167.6	59.5	香川	158.0	101.3
神奈川	160.5	66.9	愛媛	140.1	85.3
新潟	163.0	98.5	高知	167.4	89.2
富山	195.6	135.0	福岡	179.7	84.4
石川	201.6	129.5	佐賀	155.1	106.8
福井	194.1	139.2	長崎	137.6	88.9
山梨	142.7	80.0	熊本	122.0	74.8
長野	138.7	75.3	大分	140.6	97.4
岐阜	158.4	99.9	宮崎	114.1	75.6
静岡	149.1	82.9	鹿児島	102.5	80.3
愛知	172.7	89.6	沖縄	88.4	44.6

出所：人口問題研究所編『人口統計資料集2008』224頁。

2　結核という名の国民病

死因の第一位

ようやく青年期まで成長しても、また別の恐ろしい病気が待っていた。明治時代から多かった肺炎・気管支炎・胃腸炎・結核・脳血管疾患などのほか、死亡率が高い疫痢《えきり》・ジフテリア・腸チフス・コレラ・インフルエンザ（スペイン風邪）等の疫病、死亡率は低いものの、ほかにはやっていたのは、トラホーム・寄生虫・脚気などであった。中でも、罹病率が高く、昭和に入って死因の第一位にまで高まってきた「（全）結核」こそが「亡国病」「死病」と呼ばれて恐れられていた。昭和一〇年には、一一六万人が死亡したが、その一割以上の一三万人が結核であった。かかっていると分かれば、結婚や就職も取り消されるのである（表4－2、図4－2参照）。

結核とは、結核菌の感染によって起こる伝染病で、八五％は肺結核だが、どこにでも病巣を作る全身病なのである。患者の咳によって空気感染するのできわめて多数者が感染するが、発病するものは二〇％程度である。ただ発病が数カ月後と遅いのが特色で、発病後の進展も階段状に進み、ゆるやかな例が多くて絶望の中に希望の日々を作るが、やがては死に至る確率が高い。明治末期から昭和初期にかけて、製糸・繊維等の工場で働いていた女工の労働環境や、軍隊に入隊していた兵士の待遇が悪いために集団感染し、出身の町村にかえるとたちまち家族に広がっていった。大正一四年に出版され

表4－2　死亡率からみた死因順位（1900～1970年）

順位	1900年（明33）		1910年（明43）		1920年（大9）		1930年（昭5）	
	死因	死亡率	死因	死亡率	死因	死亡率	死因	死亡率
1	肺炎及び気管支炎	226.1	肺炎及び気管支炎	262.0	肺炎及び気管支炎	408.0	胃腸炎	221.4
2	全結核	163.7	全結核	230.2	胃腸炎	254.2	肺炎及び気管支炎	200.1
3	脳血管疾患	159.2	胃腸炎	213.4	全結核	223.7	全結核	185.6
4	胃腸炎	133.8	脳血管疾患	131.9	インフルエンザ	193.7	脳血管疾患	162.8
5	老衰	131.0	老衰	120.2	脳血管疾患	157.6	老衰	118.8

順位	1940年（昭15）		1950年（昭25）		1960年（昭35）		1970年（昭45）	
	死因	死亡率	死因	死亡率	死因	死亡率	死因	死亡率
1	全結核	212.9	全結核	146.4	脳血管疾患	160.7	脳血管疾患	175.8
2	肺炎及び気管支炎	185.8	脳血管疾患	127.1	悪性新生物	100.4	悪性新生物	116.3
3	脳血管疾患	177.7	肺炎及び気管支炎	93.2	心疾患	73.2	心疾患	86.7
4	胃腸炎	159.2	胃腸炎	82.4	老衰	58.0	不慮の事故	42.5
5	老衰	124.5	悪性新生物	77.4	肺炎及び気管支炎	49.3	老衰	38.1

出所：人口問題研究所編『人口統計資料集2008』90頁。

図4－2　結核死亡率の推移

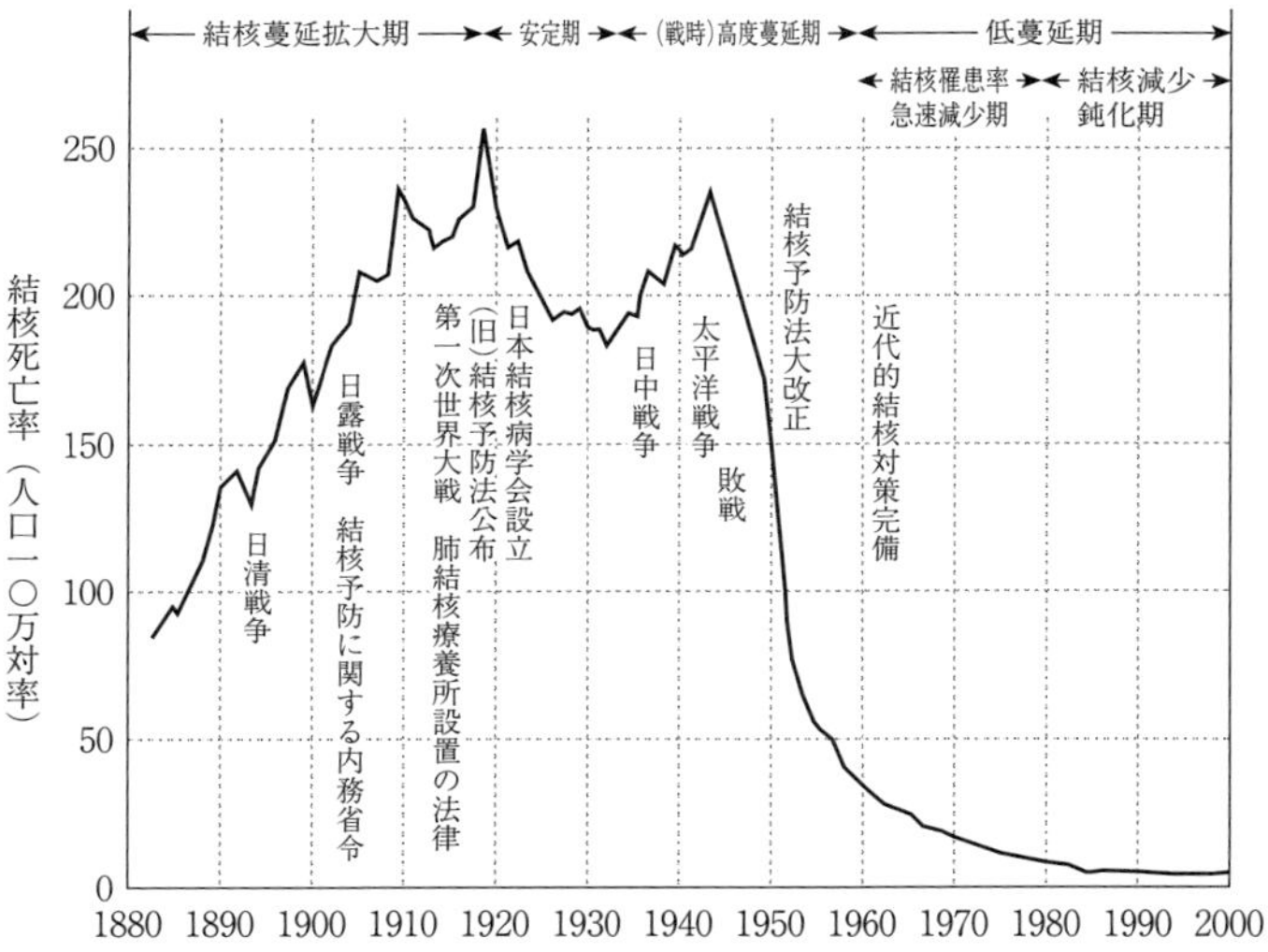

出所：青木正和『結核の歴史』2003年，講談社，105頁。

た『女工哀史』[6]の中で、細井和喜蔵は肺結核になって帰村する女工を描いているが、その姿は昭和一〇年過ぎでも変わることはなかった。

帰郷しても薬品はなく、病院は高くて入れなかったから治療もできず（健康保険はなし）、栄養の貧しさもあり、隔離もされないので家族は当然のように二次感染者になった。そのため近隣者も近寄らないようになってしまう。女工はわずかな賃銀とともに、家族に大きな病気をも運んで家族を破滅させたのである。

短命の作家たち

有名人の中にも、家族感染の例がいくつもみつかる。

明治二九年に、結核のため二四歳で亡く

なった樋口一葉は、一五歳のとき同居の長兄が肺結核で死亡し、その兄から感染して胸膜炎を発病し、以後肩こりで悩んだ。「たけくらべ」を発表した二二歳のときは、咳・血痰・胸病・発熱など肺結核の症状が出始めたが、平熱に戻ると結核を否定していた。二年後「大つごもり」を出したのち半年で腸結核を起こし、栄養が急速に衰えて二四歳で亡くなってしまった。

明治時代後期に、俳句の革新にのり出して近代俳句を確立した正岡子規（本名常規）は、明治二八年日清戦争に従軍する頃から、結核が脊椎に転移し、最後の二年は病臥生活の苦痛の中での筆録で『仰臥漫録』『病状六尺』という病床手記を残し三四歳で亡くなった。高山樗牛、国木田独歩、長塚節、青木繁、石川啄木などの天才的な作家、芸術家なども結核のため若くして世を去っていった。(7)

昭和一一年前後に発表された堀辰雄の『風立ちぬ』(8)は、抒情的散文の代表作であるとともに、主人公と恋人の双方が結核者同士の交流を描いた典型的な結核文学である。

重く進行した婚約者綾子と八ヶ岳山麓の高原サナトリウムに生活する「私」は、刻々に死に向かう彼女を見つめることを通して、生を超える死を、その先に、死を超える新しい生を発見する。標題は、ヴァレリーの詩の一句、「風立ちぬ、いざ生きめやも」から取られたもので、当時のインテリ青年男女の九割近くの読者を持ったといわれる。辰雄は四九歳まで生きたが、戦後も病床に親しむことが多く、傑作は戦前のもので終わっていた。

山本七平の記憶

作家山本七平が満六歳になった昭和二年、ある日母親から「今日から一郎さんと遊んではいけません」と言われる。一郎君はガス灯があるシックな家に住む親友である。東京市の郊外三軒茶屋（現世田谷区）付近の住宅街のことだった。七平は大変不満だったが、父親からも厳然とした口調で申し渡される。一郎君の母親が結核で絶対安静らしいという情報をもたらしたのは「金棒曳」だった。金棒曳とは、ちょっとしたことを大げさにふれ回る人のことを言う。

「両親の措置はもちろん私七平への感染予防だったのであろうが、やがて一郎君も動けなくなった。結核菌が膝の関節に入って立てなくなったというような話を聞いたが、事実か否かはわからない。しかし彼もまた絶対安静のようになって行ったことは事実である。

結核による一家離散。全国的に見れば当時の日本で数多く起ったと思われる悲劇が、目の前で進行中であった。もちろん子供の私には何もわからない。ただ毎日のように遊んだ一郎君が姿を消したことが、さびしかっただけである。やがて一郎君のお母さんが亡くなった。母が弔問に行った。私は帰ってきた母にとびつくようにして言った。『一郎君どうしてた』。母はちょっと黙っていたが『看護婦に両側から抱えられて、泣きながら、お母さんに最後のお別れをしていましたよ』と言った。……一郎君には姉二人、弟妹各一人がいたが、みなどこかの親戚か何かの所へそれぞれ身を寄せるようになり、家族はバラバラになって消えた。その後のことは知らない」(9)。

これは文字通り、結核による一家離散の悲劇の一例である。

それ以外にも同氏は、ミス○○と呼ばれた美人と職場結婚したOさんについて語っている。結婚二年目で奥さんが発病して一〇年後に亡くなり、Oさんは文字通り性根つき果てた人間になった例や、中学生の時からの親友Kさんは、弟二人妹一人の四人兄弟だったのだが、下の三人は、一八歳から二〇歳の間に次々に発病して世を去った。そのとき親友の母は、一時的だが、少し精神がおかしくなった。それを聞いた七平の母は「そうなって不思議ではないでしょう。そうなっても精神がおかしくならない人がいたら、その方がむしろ精神異常でしょう」といった例などを紹介している(10)。

山本七平自身も結核発病者であったが、昭和二四年にストレプトマイシンの大量投与を最初期に受けて生きのびることができた人であった。

医師たちの試練

昭和一〇年代は大正後期と並んで結核死亡率の最盛期であったが、特効薬の発見はまだ先であり(ワクスマンらが細菌性疾患に有効なストレプトマイシンを抽出したのが一九四四年。それが日本にもたらされたのが一九四九年)、さまざまな試験的療法が試みられていた。自らも結核を辛うじて克服した医師松田道雄は、昭和一〇年頃の体験をこう語っている。

「二十年ほどまえのことである。私はある公的な医療施設につとめていた。同僚にL君という独身の青年がいた。非常に勤勉で篤学の人であった。……当時結核患者の痰の検査と言えば染めて顕微鏡でみるだけであったのに、わざわざ研究室にもって帰って培養することもはじめ、しまいにはその数が何十人にもなり、土曜日の午後をつぶして培養基の点検をやるのに私も手伝うようになった。……どこの保健所でもやっている外来患者の痰の培養の草分けをやったのはL君であった。そういう積極性のある人だったから、そのころあまり行われなかった人工気胸を外来でやるということもL君は進んでやってくれた。……ところが、そのL君が不慮の事故をおこしたのである。

外来で気胸《ききょう》（胸膜にたまったガスを取る治療法）をするのは危険だという先生方もいたので、私たちは気胸には格別の注意をはらった。空気を入れる前には透視をして肺の状態をよくしらべて、入れる分量を加減し、空気を入れる時は厳重に胸腔の内圧の動きをはかった。もし私たちがしくじると、療養のできない貧困患者の唯一の治療法でもある気胸も一般にうけいれられなくなるおそれがあったから、注意の上に注意をかさねた。ところが、それにもかかわらずL君の気胸をしていた患者が気胸の途中でいわゆる肋膜ショックをおこして死んだのである。何千例に一例という珍しい事故が、よりによってL君におこるというまわりあわせになった。……

L君に不注意による過失はなかった。しかし新婚後まもない奥さんが冷たくなりつつある夫にすがりついて号泣しているのをみると、私たちは遺族に対して陳謝の言葉をのべずにはいられなかった。……

遺族が納得し事件にはならなかったがL君のくさり方はひどかった。とにかく気胸さえしなければ急死することはなかったのだから、人を死に至らしめたということは事実であった。

そういうL君にたいして医者として君の行為は最善のものであった、というのが私の語ることのできるなぐさめのことばであった。私はそれを何十ぺんもくりかえした」(11)。

3　思想の迫害と家族

三高内での学生逮捕事件

昭和七（一九三二）年一月二七日、京都にあった三高（旧制第三高等学校、現京都大学）三年生の土屋祝郎は特高（特別高等警察）に逮捕された。学校の授業中、教室から呼び出されて向った校長室でである。いわば校長が学生を警察に売り渡したのである。川端警察署の留置場へ入れられ、道場で激しい拷問を何時間も受け失神してしまった。四～五時間後に再び拷問を受け、激痛の中でアジト（隠れ家）は白状してしまったが、同志の名は守った。

土屋が逮捕されたのは、学生自治会の再建をきっかけに運動家になったためだった。アジビラを作ってはビラ撒きをし、学内の自由化を訴え、学生消費組合への弾圧を抗議し、東北で発生した農村凶作地救護運動をするだけの学生運動家であったが、特高の目を逃れることはできなかった。

一カ月後、三高の生活課に移送され、八人の教授から訊問された。彼の判断によれば、「一言でもよい、あるいは嘘でもいいから、今後絶対こういう運動はやらないと言ってくれさえすれば、一年停学ぐらいで復学を考えてもよい」という学校側の意向からである。家族とくに母親に泣いてすがられると、多くの闘士も翻意してしまう。現に土屋と一緒に検挙された五人の学生も、自宅へ家族に引き取られて帰っていった。しかし土屋には家族がいない。母は九歳のときに死亡し、父親は九歳の土屋を寺にあげ山深い苫屋に入ってしまった。以来親の世話になったことはなく、虐待ばかりをする禅寺を逃げ出し、三カ月さまよったのち隣県の寺で救われた。その後、釧路の弁護士夫妻にみこまれて養子になることができたが、土屋はその養親を呼ぶことをしなかったのである。(12)

左翼思想に近づく学生たち

大正時代中頃から、勤労条件の悪化から労働争議・小作争議が続発し都市でも農村でも困窮家族が増え、ヨーロッパからは社会主義・共産主義・アナーキズム（無政府主義）などの新しい思想が導入し、またロシアでは革命が成功したニュースが流入するなどあって、進歩的若者の思想は大きく左に傾いていった。少しでも良心がある学生は、社会の矛盾を考えて何とか改革しようという思想に近づくのは、ごく自然のなりゆきであったのである。

労働者の組織とは別に、大学や旧制高等学校などの上級学校へ進学できたものの大部分は、社会的には恵まれた上中層生活者家族の出身者であったが、それらの者も学校の中に、「マルキシズム」を考える会を作ってそこに集まるようになった。

昭和初年には、ほとんどすべての旧制高校や専門学校以上の上級学校には、秘密の「読書会」や

「社会科学研究会」が作られ、共産青年同盟や反帝同盟の班ができていた。昭和三年から五年ころにかけて、その動きを止めようとする学校当局に対して一度もストライキをやらないという上級学校はないくらいであった。だから、最初の普通選挙が行われて共産党が公然と表に出た昭和三年に、「赤化思想」の脅威におびえた政府が関係者の一斉検挙にふみきった（三・一五事件）とき、逮捕者に学生インテリゲンチャが一番多く出たのも当然であった。

左翼思想の弾圧

これらの中でも活動的な学生は検挙されて処罰された。学校を退学させられて将来を棒にふる者も出たが、その患いは家族にまで及んだ。「国体に反逆する非国民」として一家が近隣や勤め先の悪評にさらされるのである。そこで家族は、息子や娘の意識の改革を願って、左翼思想をやめるよう迫ることが多かった。左翼学生の思想転向には家族特に母親の感情が大きく関係することが分かっていたので、警察は母親による説得を一番頼りにしていた。

昭和一二年に発表されたものに、司法省による『思想犯の保護に就て』[13]がある。それによると、左傾している逮捕者（学生・生徒・知識階級者）二一五名のうち、家族に関心を示すものが五四％おり、これらの者が転向する場合の動機として一番多いのは「家族に関する反省」であって、全体の四九％あり、関心を高めたという者まで加えれば七九％であると報告されている。若者を転向させるためには、家族特に母親の肉親愛が一番であるから、官憲がそれを露骨に利用することが示されている。

「このままでは、おまえの一生が台無しになるばかりか、親兄弟などの家族一同も世間に顔向けができず毎日泣いていなくてはならなくなる」といった母親からの泣き落としが一番利きめがあると教えていたのである。

転向学生の手記を数多く読んだ教育史学者の唐沢富太郎も、次のような感想をもらしている。

「多くの手記を通しても、その転向の動機として圧倒的に多いのは、その肉親愛からである。しかも、それが悪いことをしたという罪悪感と結びついている。すなわち、捕まったことが親に対してすまぬという意識が強く出ている。この場合の転向は、多く非合理的な感情からの転向であって、自己の従来抱いていた思想の内在的批判とか、行き詰まりから生じて来たものではない。それは母の傷心と父の悲嘆という肉親愛によって理屈を超えて転向せざるを得なくなっている。非論理的な愛情によって軟化し転向をしているのである。ここには日本の家族制度が強く影響しているものといわなければならない」[14]。

ここでは、成人に達したか、それに近い年齢になった子どもでも、自己の思想・信条を貫き通す信念よりも、骨肉の情愛の方が強いことを示している。

この問題をよく調べた法社会学者・有地亨は、「これらを見ても、日本の家族の特質ともいうべき、子と親、とくに、母親との密接な関係、あるいは親子の一体感が持ち出され、子の親に対する思いやり、罪悪感によって当の本人の思想、心情を貫く気持までがぐらついてしまうのである。このような感情が日本の親、子のそれぞれの心の奥のヒダにひそんでいる(15)」とまとめている。

労働争議とインテリサラリーマンの憂鬱

争議の解決に親の声を借りるという手法は、労働争議でもかなり使われた。それは、大正中頃から労働の場で女性の活動が目立って大きくなってきたこととの反映でもあった。

昭和五年、紡績業中の最大の大企業鐘紡が、実質二割の賃下げを従業員に通告したことで起こったのが「鐘紡争議」である。兵庫工場では従業員が機械を止めて工場長に嘆願書を提出したが一蹴されたのでストライキに入った。大多数が女性である従業員は大食堂に立てこもり、神戸市内の各労組が応援団を結成、争いは全国の工場へ波及した。

会社は女工の里ごころに訴えて切り崩しをはかった。「ハハキトク」の電報を打たせたり（これはすぐばれて効果がなかった）、争議団の男女の風紀が乱れていると親を心配させる手紙を出したりした。

「皆男とごろ寝していて、妊娠してない者はないと逆宣伝し、また親を呼び寄せて娘を連れ戻させる手を打った。あちらでもこちらでも、娘を引きずって連れ帰ろうとする父親と、泣いて争議団にふみ止まろうとする娘とが争う姿が見られ、争議団は閉口した(16)」。

鐘紡はそれまでも「家族主義」を看板にしている会社だったのだが、汽車賃まで出して親を呼びつけて説得させるという手段は、近くの東洋モスリンの神戸工場争議（昭和五年）でも使われてかなり流行した。

このように、左翼的な思想や運動は弾圧され続けた。大学を出て事務系サラリーマンに就職できた者も、内心では極端な格差の存在には怒りを感じていたが、実際にはただじっとしていた。プチブル・インテリの本能的卑怯のために、実際に参加ができない人間になるほかなかったのである。

作家の広津和郎は、昭和七年の時点でこう書いている。

「インテリ及びサラリーマン層が、毎日毎日どんなに憂鬱な、未来のない、明日のことを考えても仕方がない、考えても解らない、だから考えずにその日その日をただ送って行くと云った気分で生きているかという事は、此処に云うまでもなく、その層の人々がよく知っているだろう。……こんな生き方は、凡そ人間としては恥しい生き方ではあるが、併しこんな風にしか彼等には生きる道が他にないのである(17)」。

注

（1）国立社会保障・人口問題研究所「平均寿命」『人口統計資料集』平成二〇年、八〇頁。

（2）国立社会保障・人口問題研究所「性別乳児死亡数」前掲書、七二頁。

(3) 暉峻義等「乳児死亡の社会的原因」一番ヶ瀬康子編『日本婦人問題資料集成第六巻』昭和五三年、ドメス出版、一三四頁。
(4) 半藤一利、前掲書、二三頁。
(5) 中原順子「病気の盛行と衛生の不備」湯沢雍彦編『大正期の家庭生活』平成二〇年、クレス出版、二二六‐二二七頁。
(6) 細井和喜蔵『女工哀史』昭和二九年、岩波文庫、五四頁。
(7) 青木正和『結核の歴史』平成一五年、講談社、三三‐三四頁。
(8) 堀辰雄『風立ちぬ』(昭和一二年、新潮社)平成七年版、新潮文庫。
(9) 山本七平『昭和東京ものがたり一』平成二年、読売新聞社、一五四‐一五五頁。
(10) 山本七平、前掲書、一五一頁。
(11) 松田道雄「医者と裁判官」『法律時報』二七巻四号、昭和三〇年、日本評論社、五二‐五六頁。
(12) 土屋祝郎『紅萌ゆる』昭和五三年、岩波書店、二一〇‐二一一頁。
(13) 司法省『思想犯の保護に就て』昭和一二年、司法省資料。
(14) 唐沢富太郎『学生の歴史』昭和三一年、創文社、二五三頁。
(15) 有地亨『日本の親子二百年』昭和六一年、新潮社、一三四頁。
(16)「大阪毎日新聞」昭和五年四月二八日。
(17) 広津和郎「ニヒリスト・サラリーマン」『中央公論』昭和七年五月号。

第Ⅱ部　非常時の暮らしと家族の絆

――一九三七～四五年――

第五章　非常時のはじまり

1　もの言わぬ知識人と戦時色のまん延

戦勝報道にスポイルされる人びと

昭和初年までの多くの知識人に支持されていたマルクス主義は、激しい弾圧で影響力を失い、ナチズムにもファッシズムにもついていけない知識人たちは気力を失ってきた。それに代わって、地方では、軍部や政府の指図に従って皇室主義や軍国主義の担い手となった町や村の有力者が新しい指導層になってきた。中小地主・青年団長・在郷軍人・役場吏員・小学校長などである。これらの人達は、もう昭和五、六年の頃から防護団の結成や防空演習、青年学校の教育などで住民に保守的な考えをふきこみ、大衆を戦争に駆り立てる先頭に立っていった。国民は社会の矛盾や貧困も忘れ、どんな戦勝の報道にも拍手し、喜び浮かれるように変わっていった。勝ちいくさの報道はすべての人を麻痺させる妙薬なのである。軍需景気で収入も上がってきた。

満洲事変が昭和六年に始まるや否や、日本国民の雰囲気はがらりと変わって、一般大衆は喚声をあげて軍隊の行動を賛美した。インテリ層の大部分も「冷静傍観」するのをやめて、戦時体制にのめりこんでいった。大正時代から昭和初年までのデモクラシーや民主主義は一時的な付け焼き刃に過ぎないようだった。個人主義は悪で、団結して国のためにつくすことが一番大切になっていく。

金子光晴の戸惑い

外国から帰ったばかりの詩人、金子光晴は、この現象に驚き呆れて、（戦後になってからだが）自伝の中でこう書いている。

「だがその当時から、僕としてはどうしても腑におちないことが一つあった。内心はともかくたとえ表面のことだけとしても、昭和七、八年頃までの日本人のなかにはインテリと称するものがいて、世界共通な人間的正義感を表にかざして自由開放を口にしていたのが、いかに暴力的な軍の圧力下とは言え、あんなに見事に旗色を変えて、諾々として一つの方向に就いてながれ出したということは、一〇年近くも日本をはなれてかえってきた僕には了解できないことであった。明治の日本人が、わずか一銭の運賃値上げに反対し、交番を焼き討ちした血の気の多さが、今日、こんな無気力、奴隷的な、何の抵抗もできない民衆になりはてたということを、そんなに取り立てて不思議に思うのは、昭和のはじまりからのとくに発達してきた大機構の重圧の下に、われわれ国民が全くスポイルされてきた経緯を不在のために僕がいっしょに味わい理解する機会をえられなかったからであろう。

　戦争がすすむにしたがって知人、友人たちの意見のうえに、国民教育の反応が如実にあらわれてくるのをみて、僕は呆然とした。ちょうど外来の思想が根のない借り物で、いまふたたび小学校で教えられた昔の単純な考えにもどって、人々がふるさとにかえりついたようにほっとしている顔をながめて、僕は迷わざるをえなくなった(1)」。

戦時色と結婚観

その結果、満洲事変の勃発と同時に国内の空気が一変し、新聞論調、雑誌の編集方針、議会の論議、世間の立話、そして学校内の雰囲気も戦時色ひとつに染められていった。それに反する行動や発言をすると、「非国民」として軍部を背景とする人々の圧力や警察による弾圧が、その人のみならず家族にも振りかかってくることが、無言のうちに分るようになってきたのだ。

　このことは、家族問題にも大きく響いてきた。夫婦関係も、男女交際も、自由恋愛などすべての異性との自由な関係についての強い反発である。

　旧制高校の一つで鹿児島の第七高等学校の学生であった小山栄三（戦後の初代世論調査所長）からこういう話を聞いたことがある。

「風紀委員長という職に選ばれたので、女性と交際している高校生を見つけると、懸命にその不心得を改めるよう説得した。話していると感情が激してきて、遂には涙を流しながらの説教になった。戦後になって振り返ると、年頃の男女が親しくなるのは人間としてごく当たり前のことなのに、どうしてあれほど激してしまったのか、生涯にあれほど愚かなことをしたことはないと反省しきりだ」。

夫婦でも離れて歩け

極端な例としては、たとえば、夫婦であってもその二人は男女だから一緒に歩いてはいけないとされた。その具体的な姿を、川島武宜は『結婚』の中で次のように語っている。

「権力による隔離の強制は、特に犠牲と禁欲とを必要とする太平洋戦争中には極端な程度にまで強められた。ある時期には、男女二人の旅行者は、警察に逮捕され警察署の留置場に留置された。名古屋では、その上さらに『見せしめ』のため、翌朝、鶴舞公園の中を公衆の面前で歩かせ、恥をかかせた（このやり方は、徳川時代の『ひきまわし』の刑罰をわれわれに思い出させる）。この『アヴェック』禁止の刑罰は、夫婦にまでも及んだ。東京のある大学の教授（五〇歳くらいだったと記憶する）は夫人同伴で先祖の墓まいりのため名古屋に赴き駅で下車したところを、『アヴェック』旅行のかどで警察に逮捕され留置されたとのことを、その事件直後に私は、その教授の友人から聞いたことがあった。要するに、権力は恋愛を処罰したのみならず、結婚によって社会的に公認された夫婦すら社会の中で隔離されることを要求し、その違反を処罰したのである」(2)。

家族も国家の細胞に

評論家徳富蘇峰はすでに昭和七年の時に、「家族をもって国家の国防的単位たらしむ必要」を説いていた。とくに太平洋戦争に入った昭和一六年以降になると、医者や学者までも「戦時下の結婚道徳」を説くように変った。これは、昭和一六年七月に文部省教学局より出された『臣民の道』、さらにそれを家族版として敷延した感じの『戦時家庭教育指導要綱』を受けたものといえる。その要綱とは、敬神崇祖、一家和楽、母の教養、日本婦道、健全なる趣味、科学的教養、強健なる母体、家族皆労、皇国民たる信念といった二八の徳目を平板に羅列したものであった。

経済学者大熊信行は、

「情感も官能もそれだけとしてはとどまりがたく、それらを貫いて一つの偉大な自覚が、男女に魂を与えなければならない。この偉大なる行為の自己直視は、もっとも直接には生命の創造にかかわるものであるが、しかしいっそう具体的には『家』の形成に、――そして『家』の形成をとおしてまさしく民族の形成にかかわるのである。……生命の創造、『家』の形成にかかわることを自覚して、『家』を超え、さらに民族の形成にかかわることを認識すべし」(3)。

というのである。

また、社会学者樺俊雄もこう言う。

「愛情の問題に限らず、すべての問題が大東亜戦争の発生とともに、当然進むべく定められている新しい相貌を現しだしたと私は考えるものである。……女性の愛情の現れ方が個人的立場に立っているということなども、今は改めて考え直さるべきではないかと思われるのである。……女性が従来の個人的立場から民族的立場へ、あるいは家族利己主義の立場から国際的立場へ転換することによって、新しい家庭生活のあり方、新しい女性の教養ないしはたしなみも現れてくるのである[4]」。

要するに、結婚も家族もすべて国家的細胞となって国のためにつくせということだが、個人と家族の生き方にかかる問題をしばることは、実際には出来ることではなかった。

千人針の流行

満洲事変開始の翌年昭和七年春になると、街頭では「千人針」の寄進風景がみられるようになった。千人針とは、一枚の布に千人の女性が赤い糸で一針ずつ刺して縫い玉を作り、武運と無事を祈って出征兵士に贈ったもので、日清・日露戦争に始まるといわれる。

物理学者の寺田寅彦も、吉村冬彦というペンネームで、害毒のないおまじないの一つとして次のようにほめている。

「去年の暮れから春へかけて、欠食児童のための女学生の集金や、メガフォン入の男学生の出征兵士や軍馬の為の募金が流行したが、此等はいつの間にか下火になった。そうして此頃では到る処の街頭で千人針の寄進が行われて居る。……如何にも兵隊さんの細君らしい人などが赤ん坊を負ぶって居るのに針を通してやって居る人が矢張同じ階級らしいおばさんや娘さんらしい人であったりすると実に物事が自然で着実でどうにも悪い心持のしようがない。そうした事柄が如何にも純粋に日本的だという気がするのである。迷信だと言ってけなすひともあるが、……千人針にはそんな害毒を流す恐れは毛頭なさそうである。戦地の寒空の塹壕の中で生きる死ぬるの瀬戸際に立つ人に取っては、たった一片の布片とは言え、一針一針の赤糸に籠められた心尽しの身に沁みない日本人はまず少ないであろう。どうせ死ぬにしても此の布片をもって死ぬ方が、もたずに死ぬよりも心淋しさの程度にいくらかのちがいがありはしないかと思われる(5)」。

世間の風は、このようにして移り変わっていった。

2　物資の不足と使えない代用品

国家総動員法の影響

もっとも、家庭を中心とした国民生活は、勝ちいくさの報道と、物資がそれまでと変わりなく流通している限り、戦況の推移とは関係なく平和なものでありつづけた。

しかし政府は、昭和一三年四月「国家総動員法」を成立させて、あらゆる経済活動を自由に統制し動員できるようにした。その四カ月後に労働者の労働時間などを統制したのをはじめに、すべての軍事生産を優先し、たとえば綿糸、綿織り物の製造を禁止し、金属製品の供出を求めるなど、国民生活に必要な物資をきりつめ始めた。

国（内閣統計局）が調査作成する「生活費指数」をみるだけでも、基準を日支事件発生の昭和一二年七月を一〇〇とした場合の一四年一二月の指数は、被服費は一六四、飲食物資一三八、光熱費一二九、住居費一一一、その他一〇八と上昇していた。開戦後まだ二年半しかたってなく、しかも日本社会は表面的には平穏を保っていた時代なのに、もうこれだけ物の値段は上がってきていたのである。しかもこれは、政府が行った公式統計であり、生活実感としてはもっと上がったとみられていた。

スフと国民服

この中で一番値上がりしたのが飲食物ではなくて被服費であることを不思議に思う人は少なくないであろう。表5－1からも明らかなように、一般用の綿製品の生産は早くも一三年四月に禁止されている。生活物資の統制対象としてはこれが一番早かった。純綿や絹などの良質な繊維製品はすべて軍需用品専門にする必要があったからだが、その頃「スフ」の実用化が進んで、スフを三割以上混入することで綿製品を補えるとの考えがあったためである。

「スフ」とは「ステープルファイバー」の略称で、紡績用に短く切断した化学繊維のことをいう。

表5－1　生活統制の歩み　（年月は昭和）

13年4月	国家総動員法、国民徴用令
	綿製品生産禁止、スフ混用となる
	パーマネント禁止
9月	価格停止令
10月	物資統制令、地価家賃統制令
	映画法、児童入場禁止、洋画制限
12月	デパート年末売出し廃止
14年4月	賃金統制令、羊毛の販売禁止
15年3月	マッチ配給制
4月	米の切符配給制
	肉なしデー始まる
6月	砂糖割当配給制
7月	奢侈品等製造販売禁止（7・7禁令）
8月	電力制限、ネオンサイン禁止
10月	ダンスホール閉鎖
11月	国民服令
16年2月	一般車のガソリン使用禁止
4月	生活必需物資統制令
	米穀割当通帳制（一人一日三三〇g）
	鮮魚介配給統制規則
7月	雑誌統廃合（80誌から17誌へ）
8月	青果物配給統制規則
9月	魚は公定価格制
11月	タバコ大幅値上げ
17年2月	衣料切符制
	全国中等野球大会中止
	みそ・醤油・塩が配給制
3月	妊産婦手帖開始
5月	戦時家庭教育指導要綱
8月	マヨネーズ製造中止
11月	在学年限短縮（17年度から）
18年1月	英語追放を含む学制改革
	電力消費規制
	玄米配給始まる
4月	住宅建築は15坪まで、鉄鋼は不可
7月	学校は夏休み廃止
19年2月	決戦非常措置要綱（女子の挺身隊強制加入）
6月	学童集団疎開要綱
8月	学徒勤労令
10月	兵役法改正（満17歳以上を編入）
20年3月	国民決戦勤労動員令
5月	戦時教育令（学徒は勤労のみせよ）
6月	国民義勇兵役法（15歳以上男子、17歳以上女子も戦闘隊）

出所：下川耿史編『昭和・平成家族史年表』などをもとに筆者作成。

糸に豊満性を持たせるために捲縮《けんしゅく》させたというが、これが実用品としてははなはだお粗末であった。「スフ三割のネル布を買ったが、一度洗ったら使えなくなった」という報告があるように、洗うまでの寿命しかなかった。しかし、スフの混入率は徐々に高まり、「スフ」は戦時中の貧しいマガイものの一般代名詞にまでなった。しかもそのスフすら、配給切符に当たらなければ入手できないのである。私自身の経験に照らしてみても、中学二年生になってやっと中学生の制服の配給を受けたが、昭和一九年のことなので、みるからにヨレヨレでほとんど洗えない代物だった。

このため、たまにヤミ市場に出る「純綿物」はダイヤモンドのような貴重な価値をもち、高いヤミ値で取り引きされた。古い純綿の衣料は農家へ持参すると、あたかも高額紙幣の価値を持って米や野菜と交換できた。

一方、成人男性の洋服は、「奢侈《しゃし》品等製造販売禁止令」（ぜいたく禁止令）の施行によって、背広から「国民服」へと変わり、一五年一月に被服協会は国民服のデザイン四種を制定した。作家獅子文六の「国民服史」によると、「日本服飾史上これほど早く流行し、またこれほど早く捨てられた服装もあるまい」(6)という存在になった。これはカーキ色のスーツで襟が広すぎるとか非難が多かったが、そのような文句も一七年までで、一八年には消えていった。物資の欠乏がひどくなって、批判などは入る余地がなくなっていったからである。

代用品の注意事項

このころ書かれた文章では、物資の欠乏から生まれた代用品が代用品にならないことを告げる内容が少なくない。主婦は毎回、配給物の行列に何時間も並んで、わずかな食料を仕入れ、衣料の不足から穴のあいた靴下や破れたシャツのつくろいをすることに追われていた。

日常の家庭用品も次々と不足していき、とくに金属性のものは代用品にとって代わられた。昭和一七年夏の段階で言われていたことを紹介してみよう。

・陶製ガスコンロ＝落として壊さぬように。
・陶製なべ＝金属なべより熱の伝導がよくないので燃料が余分にかかる。
・陶製焼き網＝赤熱したものを急に水につけないこと。
・コンクリート流し＝トタンの代わり。すのこ板を必ず使うこと。
・煙突＝銅やトタンに代わる金剛煙突。倒すとこわれるので注意。
・セルロイドのたらい＝陶製、ガラス製のも出ているが、セルロイドはきわめて安全、軽くて剝《はが》れない、色、形も自由。ただ熱湯を入れると軟らかくなり形が歪む。
・代用革靴＝牛皮に代わって、鯨、鮫、豚、犬、うつぼの皮が使われる。布製ズック靴、スフ運動靴にはコールタールを塗るとよい。
・レザー（クロス）の鞄＝本革に代わって布または紙に塗料を塗ったもの。ハンドバック、紙入れにも使われている。
・ファイバー＝硬い革の感じを与えるので、米ビツ、屑かご、ちり取り、箱などに使われるが、原料は紙なので水にぬらさぬよう。無理に折ったりしないよう注意。
・再生ゴム＝靴のカカトに使われるが、はなはだ弱い。合成ゴムの方がまだよい。
・人造樹脂（ベークライト）＝丈夫で弾力があるので灰皿、釦、傘の柄、装飾品などはよいが、食器には粗悪品がまざることがある。(7)

生活統制の進行

本来自由であるべき市民の日常生活とそれに必要な物品の流通について、政府は最優先に軍事産業を充実し平和産業を後回しにする経済政策を昭和一二年からとり始めていたが、この政策を国民生活全体に拡大したのが前項でも述べた一三年四月の「国家総動員法」であった。これ以来、年を追うごとに市民の行動や物資の購入が困難になっていく。前出の表5－1は統制令が出た年月であり、実際の物資はそれ以前から不足していた。そして街角には次のような「国民決意の標語」（昭和一四～一七年）がベタベタと貼られて、いやでも目につくようになってきていた。

「ぜいたくは敵だ」
「撃ちてし止まむ」

「欲しがりません、勝つまでは」
「足らぬ足らぬは工夫が足らぬ」
「頑張れ、敵も必死だ」
「敵機を受けるか、鋼鉄出すか」
「最低の生活、最高の名誉」

食糧不足のはじまり

昭和一五年になると、食糧品とくに主食である「米」の不足が深刻になってきた。一四年は不作で内地米の産出が前年より九一三万トンと一割以上減り、軍需消費が増えたにもかかわらず、朝鮮米、台湾米の移入が減少した。政府は対策として「米の供出制度」（強制的に政府が買い取る）を始め、精白して目減りするのを防ぐために白米を禁止し、麦やイモ類などのいわゆる「代用食」を奨励するようになった。

ほかの生活物資も生産や輸入が止まったので乏しくなり、物価はインフレーションで上がりつづけた。政府は昭和一四年「価格停止令」を出してくいとめようとしたが、物資の売買はヤミ値になり、賃金だけがストップしたので庶民の生活はますます悪化した。主婦は、残してあった品物と交換したり、高いヤミ値で求めたり、何とか配給を待ち、野菜の販売に行列するなどして、食品と生活物資を入手するのが最大の仕事となった。もし家庭に帰っても、家族員の栄養補給ができなくなれば戦力に影響すると考えたためか、政府は最後まで主婦を動員することは考えなかった。

買い物行列

野菜を買うための行列について、作家の壺井栄はこう記している。昭和一六年夏のことである。

「その後ずっと悪天候もたたって、八百屋の店先は行列がつづき、二時間立っていて大根半本というような有様であった。これなど運のいい方で、少しおくれて行列の後の方にでもなると、何も買えないことさえある。そこに見えていても、それはもう売約済みであることが多く、ただもう、その売約済みの野菜をうらめしく見ながら、ひがんだ心になって、空っぽの風呂敷をひらひらさせながら帰ることも度々あった。大体私の家では八百屋の行列に加わりにゆくのは若い者なのだが、『あああ、今日もまた買えなかった』という声を私は何度聞いたろう。そして、毎日それだけずつ立っていて、この夏中にトマトを五つも買えたろうか。きゅうりを一度に二本買えたことが何度あったかしら。茄子と来ては、遂に一度も買えなかったと思う。その代わりまた、今年ほど野菜ものお土産やすそわけを貰ったこともかつてなかったのは面白いことである。これは考えようによっては、あるところにはあるものだとも考えられるが、やはり悪天候のための不作ということは誰にも呑みこめることであったと思う。そんな中で、商人根性を出し過ぎた八百屋さんが闇で処罰されたり、至極当たり前のことをした人が正直八百屋で名をあげたりした。隣組の常会では、無い茄子をほしがるようなことをやめて、有る玉葱やカボチャで台所のやりくりをせよと聞かされ、私たちは正直にそれを実行しようとした。全く無い物を欲しがるほど馬鹿げたことはない。ところが、そうなると今度は玉葱やカボチャが姿をかくしてしまい、此頃の玉葱など偶々手に入れると二つの中の一つは必ず腐っている。買う時に選り出すなどは以ってのほかで、そんなことでもすればどなりつけられる。野菜が目方売りになって以来、腐った玉葱も目方の中へ入るし、ごぼうは目方をはかってから、無用の長い茎のところを切り捨ててくれる。大根ときたら土だらけで、見た目などは一向構わず、菜っ葉も土にまみれている。この切り捨てたり、洗い捨てたりするものの目方は大したものであろうし、それはまたわざわざ運搬せねばならないことは御苦労なことだと思う」(8)。

世間では、「世の中は星に碇《いかり》に闇《やみ》に顔、馬鹿者のみが行列に立つ」という狂歌がはやっていた。星と碇は陸軍と海軍の象徴で、軍人と、闇取引きに顔がきく者が優先的に物資を手に入れている、と世間の人はみていたのである。

鰻どん

昭和一五年春のデパートの食堂でも「鰻丼」が変わってしまって、大いに考えこまされた体験を、作家の高田保はこう語っている。

「ある日のこと、私はデパートへ出かけて食堂へ入った。腹がへっていたので、鰻どんを注文した。待つ間ややあってそれが到来したから、急いで箸をとり上げた。と全く面喰らってしまったのだ。

おい君、君、こ、これは何だね！　と私は吃《ども》る程に慌ててサービスの女の子を呼びたてた。するとその女の子は、落着いた声で、はい鰻どんでございます、と答えた。

鰻どんはいいが、これは一体全体何だと思うね？　と私は箸の先に摘《つ》み上げたものを見ていい続けた。するとその女の子は少しも騒がずに、はい、うどんでございます、と返事した。じゃ訊くが、どうして鰻どんの中にうどんが、と私は重ねていいかけたが、ここですっかり私の咽喉は詰まってしまった。というと、いかにも食欲が失くなってしまったからという風に聞こえるが、実はそうではない。咄嗟に私は気がついたからであった。そもそも鰻どんの『どん』とは何ぞや？

通例この『どん』は、丼のどんだと解釈される。そしてその丼の中には通例米の飯が入っている。だが待てよ。あるいはこの解釈が間違いなのかも知れない。私が箸の先に摘み上げたものは、その少女が答えた通り、たしかにうどんであった。つまりその鰻どんの中は、蒲焼とうどんだったのである。鰻うどん、略して鰻どん、とすればこれは必ずしもインチキな品物ではないかもしれない」(9)。

しかし今からみれば、上の方にはちゃんとした鰻が乗っていたのだから、大した贅沢品である。このすぐあとからは鰻のような高級魚にはまったくお目にかかれなくなるのだから、まだかなり結構な言分が通る時代だったということになる。同じ店には、米の代わりに卯の花（おから）で握った「寿司」（上は昔ながらの魚）もあったそうである。

新宿の雑炊配給

昭和一九年四月になると、一般大衆の食料対策として飲食店での雑炊配給が始められた。それを行った東京新宿中村屋の状況を社長の相馬愛蔵が記している。

「配給が少ないため発育ざかりの子どもをもつ家庭のやりくりはたいへんであった。だれかが一食でも外でとれば、それだけ家の者が助かるのであった。

その頃、朝、新宿の通りに出てゆくと、方々から昼飯を食べようとして集まってきた人たちが、各喫茶店の前に長い行列をつくって、根気よく待っている姿が見えた。喫茶店としてもほかには売る物もなく、綜合食堂組合から割当配給になった原料で、何とか工夫して昼食をだすのが唯一の仕事であった。どこの店でも北風の吹きすさぶ街頭に、お客を立たせておいてよいものではないが、配給量は少なく、手も足らないのに、お客様の数は無限で、十時半から十一時になってやっと店を開けると、もうそこに長蛇の列で待ちかまえていて、どっと店に入ってこられる。たちまち椅子はふさがり、後ろの壁は立って待つ人でいっぱいで、ろくに通路もない。一時入口を閉めて中のお客様がすんでから交替してもらう。これでは一回の昼食もなみたいていのことではない」[10]。

国民モラルの荒廃

しかし生活物資について、旧来の生活習慣を守れるのは、昭和一六年頃までであった。一八年以降は、物資はますます無くなって代用品を笑う声さえ出なくなった。紙の配給統制から雑誌や新聞のページ数が縮小されたこともあるが、勇ましい軍部の発表とは裏腹に事態が改善される見込みがなく、少ない代用品をやりくりして暮らすほか、生存の手段がなくなってきた。表立っては何も言えないが、何よりも自分のために、そしてせいぜい家族のために物資を得なければどうしようもないことが分かってきた。その時の国民道徳のおそるべき荒廃について、珍しくも、当時明確に発言した評論家中野好夫の文章が残っている。

「先日ある小さな会合で、一人が次のような発言をした。昨今の社会に現われた国民道徳の有様を見ていると、なにか大きな荒廃状態に向かっているのではないかというような気持ちがする。いわゆる自由主義経済時代には、まだしもそれはそれなりに一つの道徳秩序というものがちゃんと保たれていた……それが今は全く地を掃ってなくなった。どんなインチキ品を、どんな不正量目で売ろうとも買手のほうは百中九十九までは泣寝入りで、商人の方は大きな顔で威張っておれる。商人ばかりではない。教育者も、誠意と責任をもった仕事というものは、金のワラジででも探し廻らなければならないほど寥寥たるものになった。――云々と、いうような話の主旨であった」。

「私の近頃通う銭湯の脱衣場には、手不足で下足を廃するから、成るべく汚い悪い下駄、傘で来るようにという大きなビラが「汚い、悪い」に大きな赤インキの丸までつけて麗々しくかかげられている。空地開墾が声を大にして奨められるが、その空地野菜園の作物が肝心の実を結ぶ頃になるこのように一夜の中にどんな目に逢うものであるか、奨励者当局者は承知なのであろうか」。

「私自身直接の経験だけからいっても、昨秋私の庭の栗は、一日暴風雨の強まった夜の間に、木戸をこじ開けて見事に蒐められて行った。拙宅の前の見返しが悪いせいか、米の配給人が私の家の台所まで届けている間に、外に置いた自転車の米を掻払われたことが昨春中に実に二度。昨夏東海道線で私の丁度向側の客が、恐らく二、三時間の仮睡の間に座席下に脱いでおいた靴を見事にすりかえられた。私も呆然とした。盗まれた当人すら余りの呆気なさに腹も立たない有様であった(11)」。

このように大いに慨嘆する。しかし中野は、日本国民は心底においては悪い国民であるとは到底信じられないから、国民自身の中から、時代に沿った一つの道徳運動が起らなければならない、ということを強調して結びとしている。

たしかにその後の日本は、このような小さな道徳の退廃はたくさんみられたが、組織的な大規模秩序違反や大暴動は起こらずに終戦に至った。限界に近かったが、尽忠報国中心の精神で何とか持ち応えたといいえる。

そして、家族内の秩序も守られていた。働き手を戦争と動員で奪われ、生活物資の欠乏に苦しめられながらも、社会福祉がきわめて貧困な時代に、子どもの出産育児の機能を果たし、高齢者や病者の介護もよく果たしたといえる。家族の機能は、社会が困難な時代であったればこそ、かえってよく保たれたともいえるのではないだろうか。

3　妻・母の地域活動

国防婦人会・愛国婦人会

「非常時だ」という叫びがだんだん強くなって、昭和七（一九三二）年三月、大阪府市岡の婦人会の人々が陸軍の支援のもとに「国防婦人会」を結成した。女性も地域で何かしなければという思いから、自然発生的に生まれた婦人団体だという。カッポウ着（白の筒そで、うしろあきの前掛け）姿でたすきをかけ、駅で出征する兵士を見送る。そこでは、参列者にお茶をそそいで回るサービスも始めた。明治時代に奥村五百子《いおこ》が作った「愛国婦人会」の昭和版ともいえた。

結婚した人妻がメンバーで、白エプロンで旗を振る出征兵士の盛大な見送りのほかに、出征中の兵士への慰問袋を作り、地域出身の兵士への手紙、街頭で千人針の協力者を集めたり、留守家庭の慰問などできる限りの戦争協力をする多忙な団体だった。全国各地に作られ、昭和一五年頃には数百万人が参加した。

しかし別名の類似団体もあり、団体統合の一部として、昭和一七（一九四二）年二月、国防婦人会・愛国婦人会・大日本婦人連合会は統合されて「大日本婦人会」になり、初代会長には山内侯爵夫人が就いた。会員は一三〇〇万人にも上った。別に学生ではない青年男女は「大日本連合青年団」に強制加入させられた。

こうして、既婚女性は晴れて地域活動に積極的に参加し、未婚女性は男性に代わって各産業へ進出していったので、都市でも農村でも「家からの解放」に役立ち、女性の姿は「堂々といきいきしたもの」になっていった良さはある。

隣組の良し悪し

婦人会は、実際には「隣組」の組織にとけこまれて活動していた。隣組に似たものは前からあったが、正式には昭和一五年に制度化された国民統制のための地域住民組織である。内務省はこれを「隣保班」と呼んだ。五ないし一〇軒を一単位として町内会の下におき、配給、供出、動員などの行政の最末端組織としての役割を果たした。いわば、政府から民家までをピラミッド型につなぐ上意下達機構の最底辺をなすものだった。

隣組は三〜四軒先の隣人とも挨拶も交わすようになれたという利点もあったが、困った点もあった。隣組長になったとたんに威張り出す人があったり、期限過ぎの配給切符を回したりすることがおきた。その具体的な姿を一つ紹介してみよう。昭和一六年の『婦人之友』にのった「隣組風景」で大阪に住む一女性の手記である。

『私の隣組八軒』はどうしたのか常会も、ちょっとした相談も、いつも奥さん達に限られたようになってしまっている。

それに初めの頃は二、三度午後二時といった風な時間に集まりをしたので、つい奥さん達になってしまったのだろうけど……御主人たちも少し熱意がなさ過ぎる。

常会の茶菓も初めの頃はとても大変で、一番はじめ山川さんの宅でのお茶とお菓子を手始めに、次の月当番福岡さんの家ではカルピスに果物にお菓子、藤田さんとこでは今時どうして手に入れられたのか生菓子の数々、高田さんの時は又びっくり、……坂谷さんは『自分が御馳走をする番になって随分厚かましい話ですが、今度こそ番茶だけという常会の趣旨を実行させてもらいます』とその夜はきっぱりお番茶だけになってしまった。中には非難めいた口振りの人もあったけど、結局その時の常会が一番気持がよかったということだった。それからはずっと絶対にお菓子等出さないことが守られている。ちょっと出しゃ張りで小面憎い時もあるが、この隣保での坂谷さんの存在はけだしひと役ものであろう。

市場に行く時も坂谷さんは必ず『何かついでに買うて来ましょか』と隣向うへ声をかけるが、『へエーおおきに』だけの返事で過ぎていたのに、つい先き頃からは藤田さんが大根を頼み、志水さんがキャベツを頼み、次は志水さんが坂谷さんにさつま芋を買って来て上げたりするようになった。……

単に近所であるだけだったら、高田さんも坂谷さんもこんなに調子よく融合できなかっただろうけれど、隣組という家族的な親しさと、常会による打ちとけ合いによって、いつしかこんなにまで互いに信頼を以って協力し合えるようになったのだろう。

又都会と都会の中間にあるこの辺の土地は隣組が出来る迄は何かにつけ別荘さん、借家人、地の者と区別されていたが、今は殆んどそうした言葉づかいも消えかかった。いわゆる別荘さんの高田さん、福岡さん、志水さん、借家人の藤田さん、坂谷さん、土地の人の山川さん、安井さんと、前は魚屋さんの売付値段も違っていたが、もう決してそんなこともなくなり、互いの間に立っていた垣を払って『格子を開ければ顔なじみ』という朗色になって来たのはうれしい[12]」。

この「顔なじみ」という言葉は、同じ年に、岡本一平作詞・飯田信夫作曲の歌からとったものである。ラジオから流れだすと、徳山たまきの歌い方が調子が良くて、よく歌われるようになった。

とんとんとんからりと　隣組
格子を開ければ　顔なじみ
廻して頂戴　回覧板
知らせられたり　知らせたり

4　出征兵士の家族への思い

昭和六（一九三一）年の満洲事変から昭和二〇（一九四五）年の敗戦まで出征兵士の数は七二〇万人にも上ったという。これは昭和一五年の総世帯数一四二一万の五一％、つまり二家族に一人にあたり、一三三〇万夫婦の半数近くの夫が召集されたことになる。これは、中年以上を含んだ全世帯と全夫婦のことだから、二〇代、三〇代の働き盛りの男性に限れば、その大部分は兵隊に動員されたことになる。

学徒兵の心情

とくに前途ある身で召集を受け、大学や高専の学業なかばにして前線におもむいた学徒の心情はどのようなものであっただろうか。『きけわだつみのこえ』に収録された文から故郷の両親や妻子に寄せられた二つの便りをみてみよう。

最初に紹介する目黒晃は昭和一六年一〇月一〇日、中国の華中、岳州野戦病院で戦病死している。当時二四歳であった。

「父さん、秋が来ました。今まで百何十度（華氏）という暑さの中にうだっていたのが、急にあの冷涼とした秋風に驚かされたのです。星空も綺麗です。虫が身近に鳴きます。どんな虫でも――

蟋蟀《こおろぎ》でも松虫でも、内地で聞けるような秋の虫はどんなものでも、この支那の地に私たち兵隊にちょっとした郷愁をおこさせるのです。……

父さん、正直のところ私は、この中支の地で何ヶ月かの間に、父さんだの母さんだのに身近に、あの子供の自分のように愚痴をこぼし、訴えたいような事がいくらもありました。それは意地悪な友達が家に帰って両親に告口するような子供らしさではありましたけれど……いろんな事を聞いて戴きたくて、淋しくて一人で夜、表に出て黙って星空を眺めた事がいく度もありました。

私の住める所はやはり懐かしくて、優しくて魂の穏やかな世界なのだと僻《ひが》み根性を起したりもしました。ですがこんな悪い夢も今度の初陣で吹き払われる事と私は信じております。それよりも何よりも、兵隊はどんな苦しみにも堪えながら、というよりも苦しみをものともしないで戦うかという事をもう知り尽くしましたし、私もたいていの困苦には絶対に負けないと張り切るのです。父さん、卑怯な真似は絶対に致しません。命のあるだけは進みます。先達って送って戴いたお守りは、命を惜しむためにあるのではなくて、かえって弱い兵隊をも勇敢にするものだと思うのです。父さんだの、母さんだのの、深い御心がこのお守りの中に籠っていると考えれば考えるほど、しっかりしなければならないと思うのです。

父さん母さんの御恩に対しまして、私は何も申し上げられません。父さんが裸一貫でつくり上げられた家は、私にとってはただ一つの懐かしい思い出になるのです。ほんとにあんな調和に充ちた世界はないと思われるほど、父さんは美しく御自分の家をつくられました。それは美しい、父さんの残された芸術品です。私たち子供たちはその中で暖かく育まれました。不自由もなく、いつも夕餉には温かい煙がたちこめていました。私がここに来ていつも偲び、いつも噛みしめていたのは、父さんの作られた芸術品だけだったのです。私はあの美しい調和を見せて戴いたというだけで生きがいを感じるのです。父さん、長い御恩だったと思います。深い御心でございました。今はただこの戦いに精一杯働く私の事を考えて御安心下さい。では出掛けます。秋風がそよいで、鉄道の土堤下のクリークの水がゆらぎます。……書き出せば限りないほど懐かしい昔を思います。ではともかく今日は失礼します。いつも父さんにお話し申し上げている私のことをお考えください……」(13)。

次に紹介する鈴木実は、昭和二〇年八月六日、広島の原子爆弾に被爆、八月二五日大野陸軍病院にて死亡した。陸軍少尉である。当時二〇歳であった。

「遺言状

父母上様、親不孝者ノ自分デシタガドウカ御許シ下サイ。コレカラ自分ハ親ニ孝養ヲ尽クソウト思ッテイマシタガ遂ニ斃レマシタ。自分ハ学生時代カラ色々父母上様ニ御心配ヲカケマシテコレカラ孝行スル時代ニ入ラントスル時斃レルノガ残念デス。姉上様ヤ妹タチハオ嫁入リモ思イ止リ国民学校児童ノ教育ニ当リ傍ラ良ク父母上様ノ手伝イヲシテ下サイマシタ。自分ハ何トモ御礼ノ申シヨウモアリマセン。父母上様ハ晨《あした》ニ月ヲ仰ギタベニ星ヲ戴キコツコツト御働キニナッテ自分ヲ大学ヘマデ進マセ下サレ、本当ニ父母上様ニ御苦労バカリカケテ何ノ御恩返シモ出来ズニ死ンデ往ク自分ハ残念デ御詫ビノ申シヨウガアリマセン。シカシ父母上様、自分ノ身ハ死シテモ魂ハ必ズ仏前ニテ父母上様ヤ姉上様妹タチヲ常ニ見護ッテイマス。魂トナッテ父母上様ニ孝養ヲ尽シタイト思ッテイマス。ドウカ父母上様、姉上様、妹タチヨ泣カナイデ下サイ。魂トナッテ常ニ皆ト一緒ニ働キ皆ト一緒ニ食事ヲシ皆ト共ニ笑イ皆ト悲シミヲ共ニシマス。コレカラ秋ニ入リ百虫ノ声ヲ聞クニツケ、冬トモナリテ落葉ノ淋シイ林ヲ見ルニツケテモ決シテ泣カナイデクダサイ。ソシテイカナル事態ニ遭遇スルモ身体ニ充分注意シテ断乎トシテ事ニ当リイツマデモイツマデモ達者デオ暮シ下サイ。父母上様、去ル六日の原子爆弾ハ非常ニ威力アルモノデシタ。自分ハソノタメニ顔面、背中、左腕ヲ火傷シマシタ。シカシ軍医殿ヲ始メ看護婦サン、友人タチノ心ヨリナル手厚イ看護ノ中ニ最期ヲ遂ゲル自分ハコノ上モナイ幸福デアリマス。

昭和二〇年八月二五日二一時

父母上様」(14)

戦地から土佐への手紙

もちろん、もっと多くの兵士は、一級庶民の農家や商家から出征していた。その若者たちは、最前線に出ていっそう苦労しながらも、そこからも元気のよい明るい手紙を送っていた。

中には、中国の前線から愛妻に対して「キスオオクリマス」と書いてきた軍事郵便もあったのである。高知県野市町（現香南市）出身の島内勝徑《しまのうちよしのり》（当時二四歳）は出征中一四〇通もの手紙を書いた兵士だが、妻、亀代《きよ》（同一九歳）へ出した手紙の末尾にこう記した。さすがに照れくさかったか、あるいは検閲の目をのがれるためか、この部分だけ筆記体のローマ字で書かれている。

「アツイ　アツイ　キス　オ　オクリ　キヨ　ヨ　コヨイノネムリモ　ヤスラカデアレ　キヨラカデアレ」

これは、昭和一四年一月という時点だったとしても、日本男子としてまことに珍しい妻に対する愛の告白である。勝徑はその二年前に見合い結婚したが、九カ月後に入営、出征した。二年後には無事復員したものの、一八年末に再召集、昭和二〇年六月、フィリピン・ルソン島で戦死した。享年三一歳、妻のほか子ども三人、父と母の家族がいた。

勝徑が一三年に出した手紙にはこうある。

「……又會《あ》う日は、亀代と語らう日はいつの事だろう。いやこんな事を思うのは止めよう。未練だ男らしくもないとひかえても、あの楽しかりし亀代と二人の生活がまざまざと思い出され瞼《まぶた》が熱くなってくる。亀代よ達者で待ってゐてくれ。必ず僕は歸《かえ》ってくる。……

向ふに着けば直ぐ手紙出すからね。

だが向ふから出す手紙は、いちいち点検されるだろう。亀代恋しさの、寂しい胸の内なんて書くことは出来ないだろう。亀代からの優しい手紙も、今迄のように直ぐ受取れない事があるかも知れない。どんな所に居ても、亀代からの優しい便りさへあれば、どれだけ慰められるか、元氣付けられるか知れないだろう。

やさしい亀代、もう十時になる。もう休むからね。

ではやさしい亀代、くれぐれも身体を大切にして、亀代一人の身体ではなく、僕のものだと言う事を忘れないようにね。……」

大半が熱いラブレターのような一四〇通の手紙は、大切に妻が保管し、平成一六年に八五歳で亡くなる時娘に渡された。その妻・亀代も、戦後次のような短歌を歌っている。

真夜にふと　軍靴ひびかう錯覚に　窓を開ければ風の冷たき
待ち待ちし　夫の現し身むなしくて　白木の箱の軽きを抱きぬ
夫の文　戦火のがれて届きしを　そっとしまいて四十年過ぐ⑮

この手紙の発見がきっかけとなって、高知県出征者の軍事郵便をまとめる作業が高知ミモザの会によって始められ、平成二一年『戦地から土佐への手紙』としてまとめられた。同書には一一〇人からの手紙一七七通が収録されていて、いずれも胸を打つものだが、子に対する気持ちのあらわれとして、子どもあての全文カタカナの文を一つだけ紹介しておこう。

高知県須崎町（現須崎市）出身の竹下牛松、昭和一八年一月ニューギニア・ギルワにて戦死、三八歳、妻と子が四人いた。

「長女・和子への手紙――昭和一七年十月一二日　坂出市ウツボヤ旅館より――

カズチャン　コノアイダハ　メンカイアリガトウ。オトーチャンハ　ゲンキデ　イツテキマス。カヘルトキハ　メヅラシイ　オミアゲヤ　オモシロイ　オハナシヲ　タクサンモッテ　カヘリマスカラ　ドウカ　ヂョウブナ　カシコイ　オヤノ　イフコトヲスナオニ　ヨクキクヨイ　コドモニナッテキナサイ。

一　ゴハンモオカズモタクサンタベナサイ

二　ヨクヒニアタリウンドウシナサイ

三　ヒトリデアソバズ　イモトヤオトトヲ　アソバシテヤリナサイ

四　ヨクオツカイモシテ　オカーチャンノテツダイヲシナサイ

五　キマッタジカンニ　ベンキョーシナサイ

六　マイアサカナラズ　カミサマヲオガミナサイ

七　ナイタリ　オコッタリスルノハ　一バンイケマセン　タビタビ　テガミアゲマスカラ
ナンベンモ　ナンベンモ　ヨミナサイ。　ソレデハ　マタツギニ　ゴキゲンヨー。

オトーチャン」

なお、その長女広松和子は、この書物の作成にあたって次の文を寄せている。

「父の五十回忌に母は、『戦争で逝ったお父さん』という手書きの文集を作り、子や孫たちにくれました。母は新婚の頃より戦地からのものまで、五〇余通の手紙を書き写してくれていまして、生身の日常の父に触れたような感激を覚えさせてくれ、眩しいくらい仲睦まじい夫婦愛、どこまでも優しく行きとどいた配慮をする父を知りました。……

私宛の便りは後に母より書留で送られてきて、『子どもの頃あなたに見せたらあまり泣いたので、今後絶対に見せられん。精神的負担になってはと思って預かっていました』と心情が添えられていました。出国を目前にした父の肉筆は私の胸にその息遣いが聞こえてくるようで、これは遺書だと思っています」[16]。

軍事郵便は、軍事機密の保持や士気の保持もあって政策的に検閲されて言辞が押さえられているが、素直な短い言葉の中にも高い精神性が宿されている。日本男性が持つ妻・子・親に対する「家族愛」

が一番発揮された表現ではなかったろうか。

5　小泉信三の一家

戦死した息子を偲んで、もっとも長く丁重な手記を綴った人に慶應義塾大学塾長をつとめた小泉信三がいる。この記録は戦時中の家族愛の代表ともいえるほど立派なものであろうと思われる。

父から息子へ

信三は息子信吉が昭和一七年一〇月に南太平洋で戦死した報が一二月四日に届いた直後の翌春から一年以上かけて「彼れに対する私の小さな贈り物」として手記をまとめ、私家版として三〇〇部だけ印刷したが、それを公刊することは戦後になっても頑として認めなかった。しかしその没後、遺族の許可をえて文藝春秋社から公刊され、現在は文春文庫の一冊として読むことができる。

この文庫の中ほどに、太平洋戦争開戦直後の一二月二三日に軍艦「那智」に乗船することが決定した信吉に対し父から与えた手紙が載っている。

「君の出征に臨んで言って置く。吾々両親は、完全に君に満足し、君をわが子とすることを何よりの誇りとしている。僕は若し生れ替って妻を択《えら》べといわれたら、幾度でも君のお母様を択ぶ。同様に、若しもわが子を択ぶということが出来るものなら、吾々二人は必ず君を択ぶ。人の子として両親にこう言わせるより以上の孝行はない。君はなお父母に孝養を尽くしたいと思っているかもしれないが、吾々夫婦は、今日までの二十四年の間に、凡そ人の親として享《う》け得る限りの幸福は既に享けた。親に対し、妹に対し、なお仕残したことがあると思ってはならぬ。今日特にこのことを君に言って置く。

今、国の存亡を賭して戦う日は来た。君が子供の時からあこがれた帝国海軍の軍人としてこの戦争に参加するのは満足であろう。二十四年という年月は長くはないが、君の今日までの生活は、如何なる人にも恥しくない、悔ゆるところなき立派な生活である。お母様のこと、加代、妙のことは必ず僕が引き受けた。

お祖父様の孫らしく、又吾々夫婦の息子らしく、戦うことを期待する。

父より

信吉君」(17)

この当時小泉家の家族は、戦死した信吉からみると、祖母、父、母、本人、妹二人の六人暮らしだったのである。

息子からのたより

信吉の方からは、戦死までの一〇カ月たらずの間に、数通のハガキを含めて三四通にも上った。筆まめで、艦上生活のさまざまな部面に面白味とおかし味を見出すものが多かった。最後の書面はこうである。

「……十月ともなれば南洋にも秋が来るような気がします。日射しがどうも秋の感じなのです。秋の感じを助けるのは秋刀魚《さんま》ですが、これがまた二、三日前内地から届きました。南国で食う秋刀魚、旨いと思いました。

烹炊所で秋刀魚を焼く香りが匂って居たその日の食事前は、烹炊所を覗いている兵隊が随分居ました。兵隊どころか、良い年をした特務士官も烹炊所を覗いて居ましたよ。

では今日はこれで失礼します。祖母上様に手紙を出す暇無し。次の機会に譲ります。よろしくと小生が申した旨御伝え下さい。

英夫さんにも四日ばかり前には出したが、今日は一寸時間がありません。よろしく御伝え下さい。皆さん、御身くれぐれも御自愛下さい。

昭和十七年十月十五日

信吉

父上様

母上様
加代様
妙子様[18]」

家族のつながり

そして父信三の手記は、最後にまことに印象深い次の言葉で結ばれている。

「親の身として思えば、信吉の二十五年の一生は、やはり生きた甲斐のある一生であった。信吉の父母同胞を父母同胞とし、その他凡ての境遇を境遇とし、そうしてその命数は二十五年に限られたものとして、信吉に、今一度この一生をくり返すことを願うかと問うたなら、彼れは然りと答えるであろう。父母たる我々も同様である。親としてわが子の長寿を祈らぬ者はない。しかし、吾々両人は、二十五年の間に人の親としての幸福は享けたと謂い得る。信吉の容貌、信吉の性質、すべての彼れの長所短所はそのままとして、そうして二十五までしか生きないものとして、さてこの人間を汝は再び子として持つを願うかと問われたら、吾々夫婦は言下に願うと答えるであろう[19]」。

この強い、夫婦と親子の間に結ばれた充実感・満足感はまことに見事なもので、日本人として達成した家族愛の一つの極致とも言える。

これは、どうして築かれたのだろうか。

父親信三は、慶應義塾大学卒業後、五年間の欧州留学から帰国して母校の教授につき、その暮れにとみ子と結婚して、翌々年生まれたのが第一子としての信吉である。信吉も同じ慶應義塾大学を出て三菱銀行に就職したが、その四カ月後には子どもの時から憧れていた海軍経理学校へ入って主計中尉となり、実戦に臨むことになったのである。

小泉の家庭は、決して贅沢ではないが十分な豊かさの中で父の識見と母の慈愛を受けて育った。とくに父信三は、日本男性としてはまことに珍しいほど、妻をユーモアをこめて称える人だった。長女（信吉のすぐ下の妹）の秋山加代は、両親のことをこう語っている。

「子供たちの前で、いつも妻を讃め称えた。夫婦で結婚式とか宴会から帰ってくると、『今日のおっかちゃんの素敵だったこと！　着物がまた好いんだ、小腰をかがめて挨拶する形の好いこと！』などと云う。『いやぁねえ。嘘よ。お父さま大袈裟！』毎度のことなのに、母は少女のように反応して嫌がる。……母のそういう初々しいところが、父にとっては、からかうのに都合よいらしく、父は、そのゲームを一生止めなかった。……

兄の出征のとき渡した手紙に、『幾度生れ代わっても幾度でも君のお母さまを択《えら》ぶ』と書き与えた父であった。これは本当に父の偽りない気持ちだったと思う。私から見ても、『母ほど妻として、父にふさわしい人はないだろう』と思う」[20]。

家族員が相互に相手を尊敬し、十分な信頼を保ち続ける人生であったことが、先の文章を生んだものといえるであろう。

注

(1) 金子光晴『詩人』昭和五〇年、旺文社、一七三頁。
(2) 川島武宜、前掲書、一五頁。
(3) 大熊信行「戦時下の結婚道徳」『婦人公論』昭和一七年三月号。
(4) 樺俊雄「愛情の倫理」『婦人公論』昭和一七年七月号。
(5) 吉村冬彦「千人針」『セルパン』昭和七年九月号。
(6) 獅子文六「国民服史」『改造』昭和二一年三月号。
(7) 沼畑金四郎「代用品の取扱い方」『婦人朝日』昭和一七年七月号。
(8) 壺井栄「野菜行列の弁」『改造』昭和一六年一〇月号。
(9) 高田保「鰻どんの『どん』――代用食物語」『文藝春秋』昭和一五年九月号。
(10) 相馬愛蔵『記録現代史・日本の百年』八巻のパンフレット、昭和三五年、筑摩書房。
(11) 中野好夫「国民道徳について」『日本評論』昭和一九年二月号。
(12) 大阪・桃代「私の隣組八軒」『婦人之友』昭和一六年一一月号。
(13) 目黒晃「父への手紙」『新版きけわだつみのこえ』平成七年、岩波文庫、三九－四二頁。
(14) 鈴木実「遺言状」『新版きけわだつみのこえ』前掲書、四三〇－四三一頁。

(15) 島内勝徑「必ず僕は帰ってくる」高知ミモザの会『戦地から土佐への手紙』平成二一年、同会、三〇－三四頁。
(16) 竹下牛松「ゴハンモ　オカズモ　タクサン　タベナサイ」高知ミモザの会、前掲書、四－五頁。
(17) 小泉信三『海軍主計大尉小泉信吉』昭和五〇年、文藝春秋社、六七－六八頁。
(18) 小泉信三、前掲書、九四頁。
(19) 小泉信三、前掲書、二五八－二五九頁。
(20) 秋山加代「小泉信三と妻富子」『文藝春秋　四月臨時増刊号』平成一四年、一二六－一二七頁。

第六章　家族のトラブル

1　心中と自殺の増加

この章は第Ⅱ部のまん中においたが、軍人遺家族をめぐる紛争を除けば、実は家族のトラブルは時代に関係なくいつも起こる出来事で、とりわけ戦争の有無とは関係ない。昭和前期に発生したものではあるが、長い時間的背景をもつものなので、時代区分とはあまり関係ないものとしてお読みいただきたい。

天国に結ぶ恋

昭和七年五月七日、神奈川県大磯町の駅裏八郎山雑木林中に、枕を並べた男女の死体が発見された。慶應義塾大学の制服・制帽をつけていた男は、同大学の理財科三年の調所五郎（二四歳）と金紗の合せを着た女性は静岡県駿東郡の農家の三女湯山八重子（二二歳）と判明した。二人は東京白金の三光キリスト教会の日曜礼拝に出席するうち知り合って恋仲となり、男の両親は黙認したが、女の両親は賛同せず別の縁談を勧め始めたので、二人は昇汞水《しょうこうすい》（殺菌消毒薬）を飲んで心中に走った。

この事件は、遺体を町役場が近くの寺の無縁塚に並べて仮埋葬に付して身許照介中に、女の死体が盗み出されて砂浜に裸体で捨てられるという猟奇事件が重なり、しかも美人の女性が床しくも処女のままであることも判明して、にわかに評判を呼んだ。新聞は五回も載せ続けた。東京日々新聞がつけた「天国に結ぶ恋」という見出しの文句は、わずか一カ月の後に松竹の手で映画にまでなった(1)。その主題歌「二人の恋は清かった。神様だけがご存知よ、死んで楽しい、天国で、あなたの妻になりますね」は愛唱された。それまで名も知れなかったこの山（事件記者が地名をとって八郎山を勝手に阪田山と名を変えた）は自殺の名所になって、その後も三〇組近い心中が起こったという。

学者と女給の恋

昭和三年三月、（旧制）東京高等学校理学科教授北川三郎（三〇歳）と小林米子（二一歳）。三郎はH・G・ウエルズの『世界文化史大系』の翻訳者として知られる秀才の動物学者だったが、米子は六本木の食堂女給だったので、三郎の一家では全員が結婚に反対していた。二人は富士山麓青木ヶ原の樹海の中で心中をとげるべくカルモチン（睡眠薬の一種）を飲んだ。女はそれで死んだが、男は死にきれず、山中をかなりさまよった末、凍死したのち発見された(2)。

しかし、純情な感じがする心中はこの二つのケースくらいなもので、あとは奔放な男女の自由恋愛事件が紙面に相次いだ。

以上のほかに、第一章一節に記した東郷青児と盈子の関係や中村進治郎と高輪芳子の二人も、いずれも心中をはかった事件であった。

このように有名人の心中事件は、昭和ひとけた時代のマスコミを大きく彩ったが、それはほとんど男女の情死にからむものばかりだった。心中には、親子の心中も多かったであろうが、無名の貧しい家族の行動はほとんど取り上げられていない。

無理心中で犠牲になる子ども

自殺は本来個人一人の行動のはずだが、日本には、二人もしくは三人以上が同時に自殺する例（重複自殺）が少なくない。一九二七年から四三年にわたるフランス・セーヌ県の資料では、全自殺に対する重複自殺の割合は四・二％であったが、日本の一九五六年の統計では六・一％もあって存在比がフランスより五割も多い。

戦前には、内容について分析した統計資料がないので、昭和三一（一九五六）年分についての警察庁編『犯罪統計書』の資料から類推することにしたい。

昭和三一（一九五六）年には一二五三件の重複自殺があったが、その中の四〇〇件は家族心中で、八五三件の他人心中（うち男女の情死が七九三件）よりも少ない。だがその四〇〇件のうちの六三％にあたる二六四件は無理心中であることが問題である。家族心中総数の中で合意があるものは四割もない。多くの場合、親が自由意志のない乳幼児を道づれにしているので、親は自殺とともに子を殺害しているわけである(3)。たとえば同年の一月二八日には、三三歳の母親が九歳、七歳、五歳の三児を道づれにし、二月二一日の母子飛び込み心中では、二二歳の母親が二歳と生後六カ月の二児を道づれにしている。

個人の自殺

日本でいくら心中が多いといっても、自殺の九割以上を占めるのは、やはり個人による単独自殺で、自殺の多少はこれで決められる。

明治三二（一八九九）年からとり始めた日本の自殺統計は、死亡数（五九三二＝一八九九年）は自殺率（一三・七＝九九年、人口一〇万人当たりの自殺件数の比）とともに、年々増加を続けていたが（図6－1、図6－2）、大正一〇年以降しばらくは一万一〇〇〇人台、率は二〇前後に落ち着いていた。ところが昭和五年ごろから一万四〇〇〇人を超え、率も二一〜二二台を前後するようになってきた。

とくに昭和五年から、四〇代後半から五〇代・六〇代の男性自殺率が急増して一〇年まで戦前最高を記録したことは世界恐慌の到来と合致しており、最近（平成一〇年以降）の自殺率急上昇の現象とも大変よく似ている。

国際的にみても日本の自殺率は高い方で、発表されている二一カ国の中で、昭和一二年頃まではオーストリア、ドイツ、スイスの三カ国に次いで四番目の高率国であったが、昭和一三年以降は急速

図 6－1　昭和前期の自殺率（総数）の推移

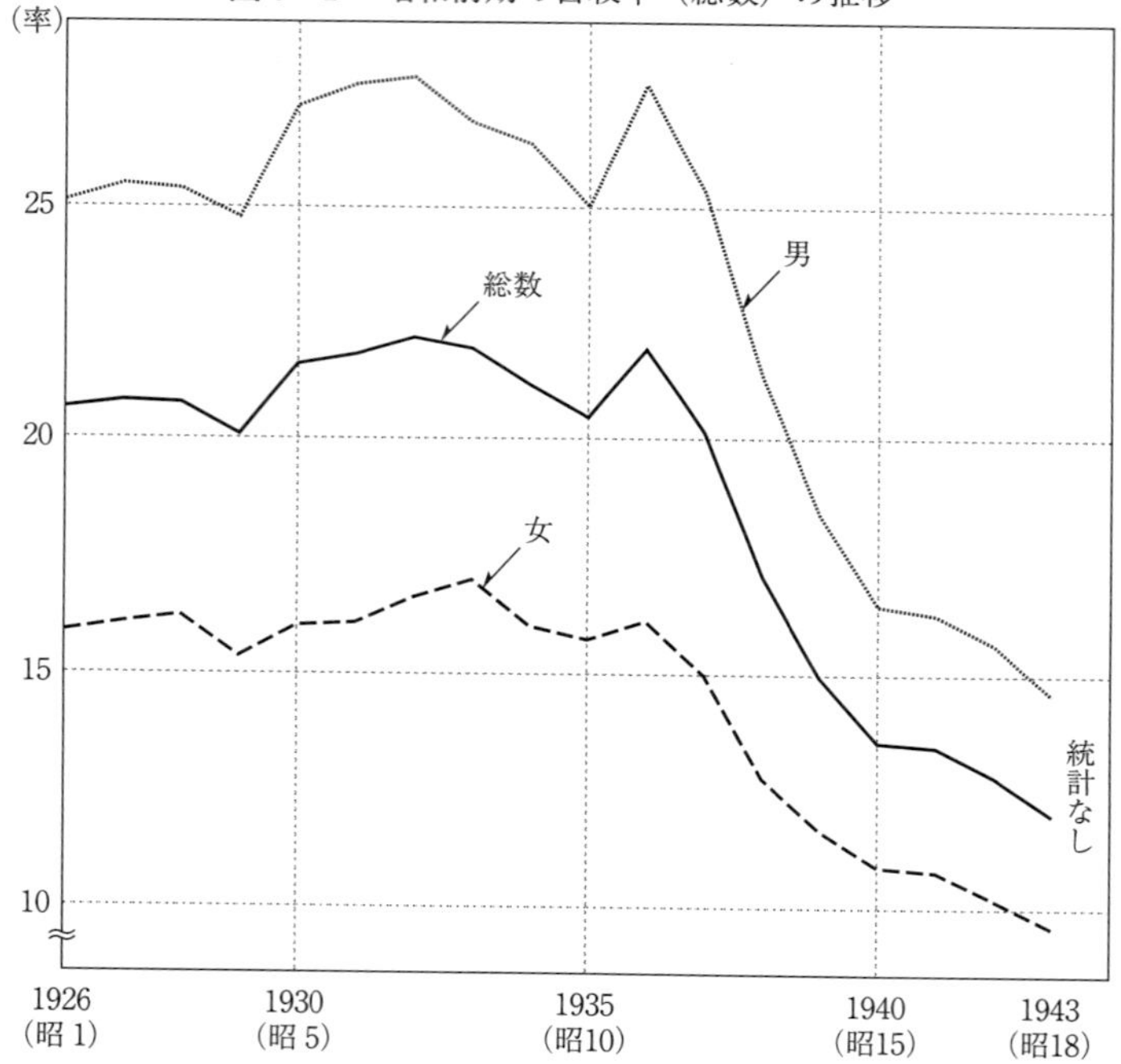

注：自殺率は人口10万人あたり。
出所：厚生省統計情報部編『自殺死亡統計』22頁より作成。

図６－２　昭和前期の自殺者数の性別年齢別の推移

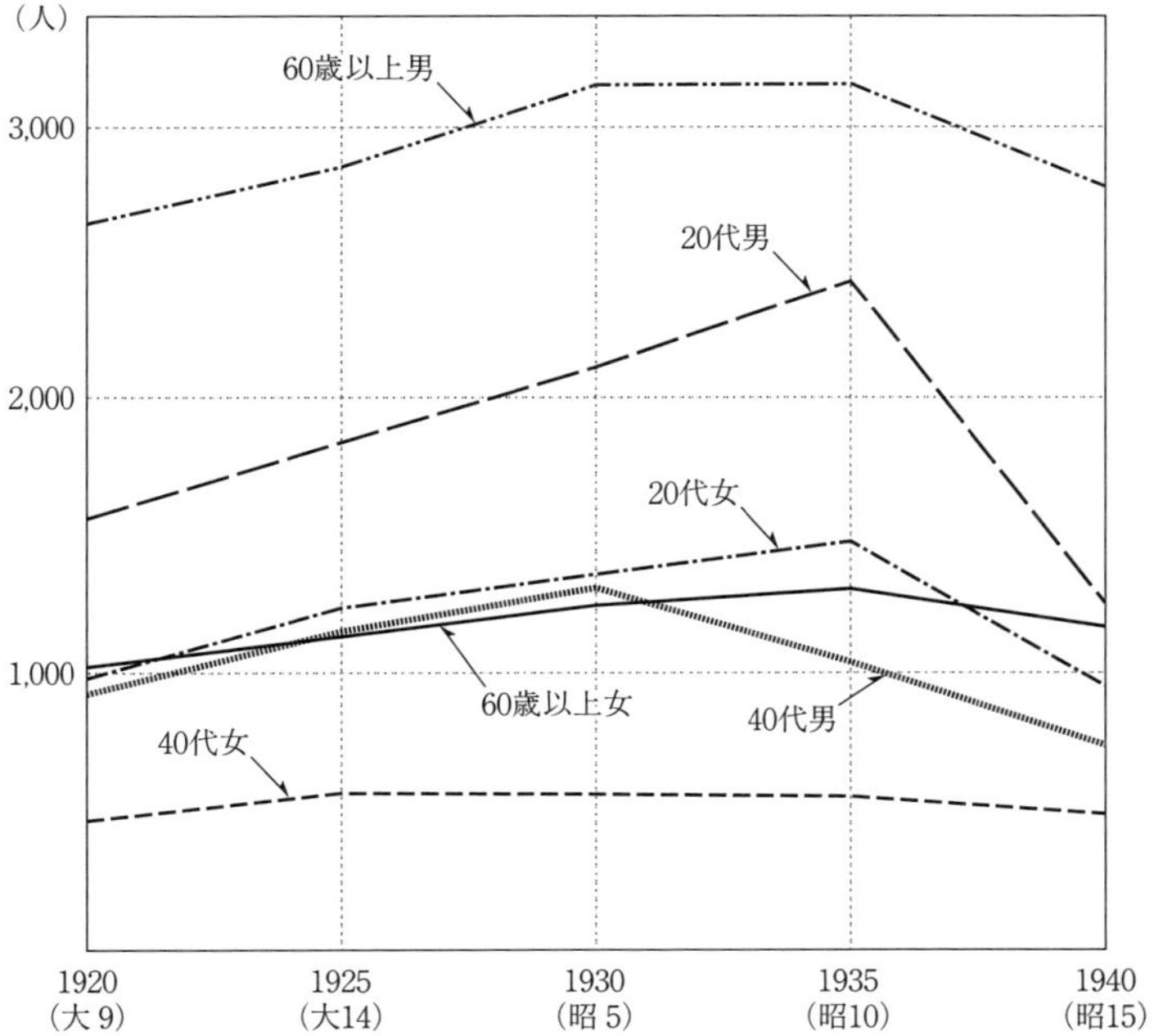

出所：厚生省統計情報部編『自殺死亡統計』20頁より作成。

表6－1　自殺率（総数）の国際比較　（人口10万人あたり）

	1925 大正14	1930 昭5	1935 昭10	1940 昭15	1943 昭18
オーストリア	32.3	38.3	37.1	35.7※	?
ドイツ	24.5	27.8	27.6	28.3※	?
スイス	21.9	26.1	26.4	23.6	23.8
日　本	20.5	21.6	20.5	13.7	12.1
フランス	19.3	19.0	20.1	18.7	11.8
フィンランド	16.1	23.1	17.2	20.9	17.8
ベルギー	13.8	16.8	16.8	18.1	10.3
アメリカ	12.0	15.6	14.3	14.4	10.2
オーストラリア	11.8	14.6	11.8	10.6	?
イギリス	10.5	12.7	12.9	11.3	9.3
イタリア	9.4	9.6	9.6	5.9	5.0
カナダ	8.7	9.9	8.4	8.3	6.4

注：※は1939年のもの。
出所：厚生省統計情報部編『自殺死亡統計』78〜81頁。

に低下して中程度になった（表6－1参照）。戦時にはどこの国でも低下するが、日本ではこれに軍事的な愛国政策が加わったためであろう。

高齢者と青少年の自殺率

もともと昭和ひとけた時代は、日本の自殺の主役が高齢者（六〇歳以上）で、中年者や青少年は相対的に低いものだった。したがって戦前は、都市部よりも農漁村のほうが自殺率がずっと高いという外国にない特色をもっていた。警視庁の調査によれば、その理由の大部分は、いつまでも治らない病気を歎く「病苦」で「これ以上若い者に迷惑をかけたくない」という気持ちもからんでいた。そのためか、戦後一九六〇年以降、国民健康保険制度ができ年金などの社会保障が整ってくると、高齢者の自殺率はぐんぐん低下して、昭和六〇（一九八五）年には戦前の半分にまで低下してしまっている。

代わって、大正末期から昭和一〇年頃には二〇代・三〇代の青年層の自殺率が高まってきた。理由がはっきりしたものは、（主に結核による）病苦、厭世、失恋などで自らの命を絶つものだったが、それは流行のように広まった。関東では、日光の華厳の滝や、伊豆大島の三原山火口など、自殺の名所と呼ばれるところまで出現した。昭和八年七月二日には、日蓮宗殉教衆青年党「死のう団」が二八名を集めていたが、神奈川県逗子の山中で検挙されている。

自殺の名所の三原山

三原山の自殺ブームの発端になったのは、昭和八年はじめのことである。一月九日に東京・実践女学校専門部三年生の女生徒が投身自殺すると、二月一二日にも再び同校二年生生徒が自殺した。しかも、二つの事件とも同校生徒の富田昌子がそばで見守っていることが分かってセンセーションを巻き起こした。死んだ二人は、経済的には不自由はなく、単なる文学少女の厭世自殺だった。

しかしこれが引き金となって、三原山火口では、この年だけで一〇〇人近くが投身自殺し、未遂はその何倍にも上った。

八月には一五歳の少年が、父親に殴られて家出し、船の中で知り合った二五歳の男と気が合い、一緒に投身しようとして少年だけは助かった。同年一二月九日には、東京市が「心中防止相談所」を開設して自殺防止をよびかけたが、ほとんど効果はなかった。

たとえば三原山だけでも一〇年七月三日には、伊豆大島行の船の中で知り合っただけの四人の若者が次々と投身自殺した。一〇年八月二〇日には、広島市の一八歳の簿記学校中退少年が失恋し、相手の家の後妻と二女、それに一緒に死にたいという一八歳の女店員と四人で家を出て、三原山で身を投げた[4]。

このように、見知らぬ者同士が三人、四人と組む例も少なくなく、しかも追いつめられた特別な理由も持たない場合も多かった。そもそも、生命の重みなどについての考えがほとんどなく、「楽しく天国へ行きます」という遺書が見られたように、ロマンチックな楽しい行動ととられていたようである。自殺についての軽やかなムードを伝えるものとして、井上友一郎の「三原火口の悲劇」を紹介しておこう。

「……その青年の佇《たたず》む場所から五、六間ばかり下に、黒いマント様のものを羽織った人影が見えるのだ。誰言うとなく、火口茶屋にむらがっている人々の間から、それが火口監視人だと言う囁きが伝わり出した。……

『どうして監視人が助けないのです？　あんな処で、ぼんやり眺めている暇に、一散に抱え出してくればいいものを……』

けれども、馬子や写真屋の話によると、これまでの経験で、誰かが傍らへ駆け寄ろうとしようものなら、間髪を容れず、その刹那に男は一散に火口の底へ身を躍らせてしまうそうだ。十人が十人までそうだった、と言うことである。――それなら所詮助からぬ命だろうかと、私は重苦しい気持に打たれて、まもなく、数丁もの溶岩の間を踏んで、その青年のすぐ下の鉄条網の手前まで歩み寄った。……

『……やッた！』

と、一言叫んで、心持ち青ざめながら、監視人があたふたと逃げるように私たちのほうへ引返して来た。この刹那なのだ。――もんどり打って、溶岩の燃えさかる何千尺の火口底へまっしぐらに落ちてゆく一つの生命を、私が文字通りまざまざと眼の前に描いたのは！　気が付くと、ばたばたと傾斜のあちこちを人々が喚きながら走っているのだ。……

現在までの自殺者は推定約二千人にのぼること。原因は大別して、約半数が健康問題、それに続いて多いのが恋愛問題、家庭のいざこざその他とのこと、等々」(5)。

親子心中の原因

他の諸外国ではほとんど見ることができないといわれる「親子心中」は、とくに昭和に入って多くなったようである。

中央社会事業協会と全日本方面委員連盟が共同して調査し、東京朝日新聞、東京日日新聞、大阪朝日新聞、大阪毎日新聞にのった昭和二年二月から一〇年六月までの記事についての統計を集計して、その結果を昭和九年に発表したものがある(6)。

表６－２　親子心中事件の年度別推移

昭和	総件数	親の数			子の数
		男	女	計	
２年７月～５年６月	389	145	325	470	569
５年７月～５年12月	117	42	95	144	201
６年	259	108	192	305	414
７年	252	97	181	283	393
８年	270	81	215	299	434
９年１月～９年６月	140	38	118	164	219
９年７月～10年６月	308	101	242	343	470
計	1,785	612	1,368	2,008	2,700

注：中央社会事業協会等「新聞に現れた親子心中に関する調査」による。
出所：一番ケ瀬康子編『日本婦人問題資料集成６巻』保健福祉，昭和53年，ドメス出版，270頁。

それによると、昭和二～四年は年平均一三〇件であったが、昭和五年には後半だけで一一七件と倍増し、六～八年には年平均二六〇件とさらに増えている。やはり不況の連続や労働争議の激発に関連しているようだ。

家族員の組合せとしては、母子心中七〇％、父子心中一七％、父母子心中一三％である。一件につき、平均一・四人の子が道連れにされている（表６－２）。

母親の年齢は二〇代が五一％、三〇代が三五％と若い女性が大半を占める。父親の方は三〇代が四四％、二〇代が二一％と、母子に比べればやや年長だが、それでも若い親が中心である。

自殺の方法としては、親の方は、投身＝三四％、首つり＝一五％、轢死＝一三％、刃物＝一二％、薬物＝一一％が多く、子の殺害手段としては溺死＝三四％が三分の一近くを占め、絞殺＝一九％、刃物＝一二％、轢殺＝一〇％、ガス＝一〇％、薬物＝八％がそれに次いでいる。

心中の原因としては、新聞記事（おそらくは警察官の判断）による限り、①生活困難＝二七％、②家庭不和＝一九％、③精神異常＝一七％、④自己または配偶者の病弱＝一一％が大きく、ほかに不明＝一二％があげられている。

これとは別に、精神科医の立場から「昭和年間に於る親子心中の医学的観察」（昭和九年）を発表した小峰茂之は、次のように言う。

「普通自殺者の原因的関係を見ますと、病苦、厭世、家庭的、経済的、失恋、精神的打撃等の順序でありまして、普通情死者の原因的関係を見ますれば、失恋、痴情、経済的、家庭的等の順序でありますのに、親子心中は経済的、家庭的、病苦、厭世等の順序なるのを見ますと、如何に親子心中なるものが生活苦と経済的困苦とに多いかは知る事が出来ます。此事実は社会問題として研究する余地が充分にあると思ひます(7)」。

結局、親子心中は貧困問題に帰するといっているのである。

2　離婚の減少理由と増える夫婦紛争

減少する離婚

昭和前期は、日本の全国的離婚統計がとられ始めた明治一五年から平成二〇年までの一二六年間を通じて、一番離婚が少ない時代であった。

普通、離婚の起こり方を示す尺度となる「離婚率」（その年の人口千人当たりの離婚届け出件数の比）も、昭和二年の〇・八二を最高として以降ほとんど低下の一途をたどって昭和一七年には〇・六四（戦前戦後を通しての最低値）を記録した。しかし離婚率は青少年人口が増加すると相対的に低下するので、「離婚件数」そのものをみると、最高でも五万一四三七件（昭和七年）、最低四万四六五六件（昭和一三年）の間にあって横ばいしており、これも一二六年間中最も低いレベルにある。(8)

もっともこの傾向は、昭和に入って急に起こった現象ではなく、明治三一（一八九八）年の明治民法施行に始まった離婚数および離婚率低下の傾向がそのまま引き継がれたもので、全体としては四五年間も続いた現象の一部である。

この間、届け出を出した法的な結婚すなわち「婚姻」の方は人口増に比例して増加し、人口千人当たりの「婚姻率」もほぼ八・〇前後の横ばいを続けていたから、離婚は確実に減少を続けたといえる（表6－3）。

表6－3　昭和前期の離婚数と離婚率

		人口（万）	実　数			離婚率	協議離婚の割合
			総　数	協議離婚	裁判離婚		
1927	昭和2	6,166	50,626	50,249	377	0.82	99.3
28	3	6,260	49,119	48,746	373	0.78	99.2
29	4	6,346	51,222	50,783	439	0.81	99.1
1930	5	6,445	51,259	50,881	378	0.80	99.3
31	6	6,546	50,609	50,280	329	0.77	99.3
32	7	6,643	51,437	51,096	341	0.77	99.3
33	8	6,743	49,282	48,909	373	0.73	99.2
34	9	6,831	48,610	48,191	419	0.71	99.1
35	10	6,925	48,528	48,135	393	0.70	99.2
36	11	7,011	46,167	45,794	373	0.66	99.2
37	12	7,063	46,500	46,117	383	0.66	99.2
38	13	7,101	44,656	44,312	344	0.63	99.2
39	14	7,138	48,556	48,231	325	0.64	99.3
1940	15	7,193	48,187	47,818	369	0.68	99.2
41	16	7,168	49,424			0.69	
42	17	7,238	46,268			0.64	
43	18	7,288	49,705			0.68	

注：昭和元年は7日間しかなかったので除外した。昭和16～18年の一部は統計がない。
出所：厚生省『人口動態統計』各年次版による。

減少一途の理由

その理由については、簡単に片づけられそうにみえて実はそうではない。明治民法の施行によって、女性は夫婦の不平等や家族制度的規定をかなり含みながらも、一応は個人主義的な近代法の保護を受けられるようになり、また女子教育や近代思想の普及および各種部門での女子労働者の輩出によって、ある程度社会的な評価が高まり、そのために夫婦の立場が近くなって離婚を減少させたという見方もありうるだろう。

しかしこれらの諸条件は、もっと明確に充実したほかの先進諸国にあっては、離婚率の上昇をもたらしたものである（アメリカを筆頭にオーストラリア、ニュージーランド、デンマーク、スウェーデン、カナダなどにその例がみられる、図6－3）。

それにもかかわらずわが国では離婚率が下がったのはなぜか。徐々に進んだ社会の近代化と個人主義思想の浸透はあったとはいえ、昭和に入ってからの激しい政治や教育の反動などがあったほかに、なんといっても農村が不作不況の連続で、離婚どころではない生活環境、たとえ離婚できたとしても女性が自立して食べていけない労働事情、子を手放さねばならぬ民法の規定（親権者は父親のみ）などが、離婚を断念させていた最大の理由となっていたのであろう。

細かい事情については、おいおい紹介することとして、まず全体像を押さえておこう。

大きな問題の一つは、毎年五〇万件から七〇万件もあった婚姻に対し、毎年ほぼ五万件前後の離婚があったことで、当時は結婚後二年未満の早期離婚が過半を占めていたから、約一〇組に一組の夫婦

図6－3　離婚率推移の国際比較

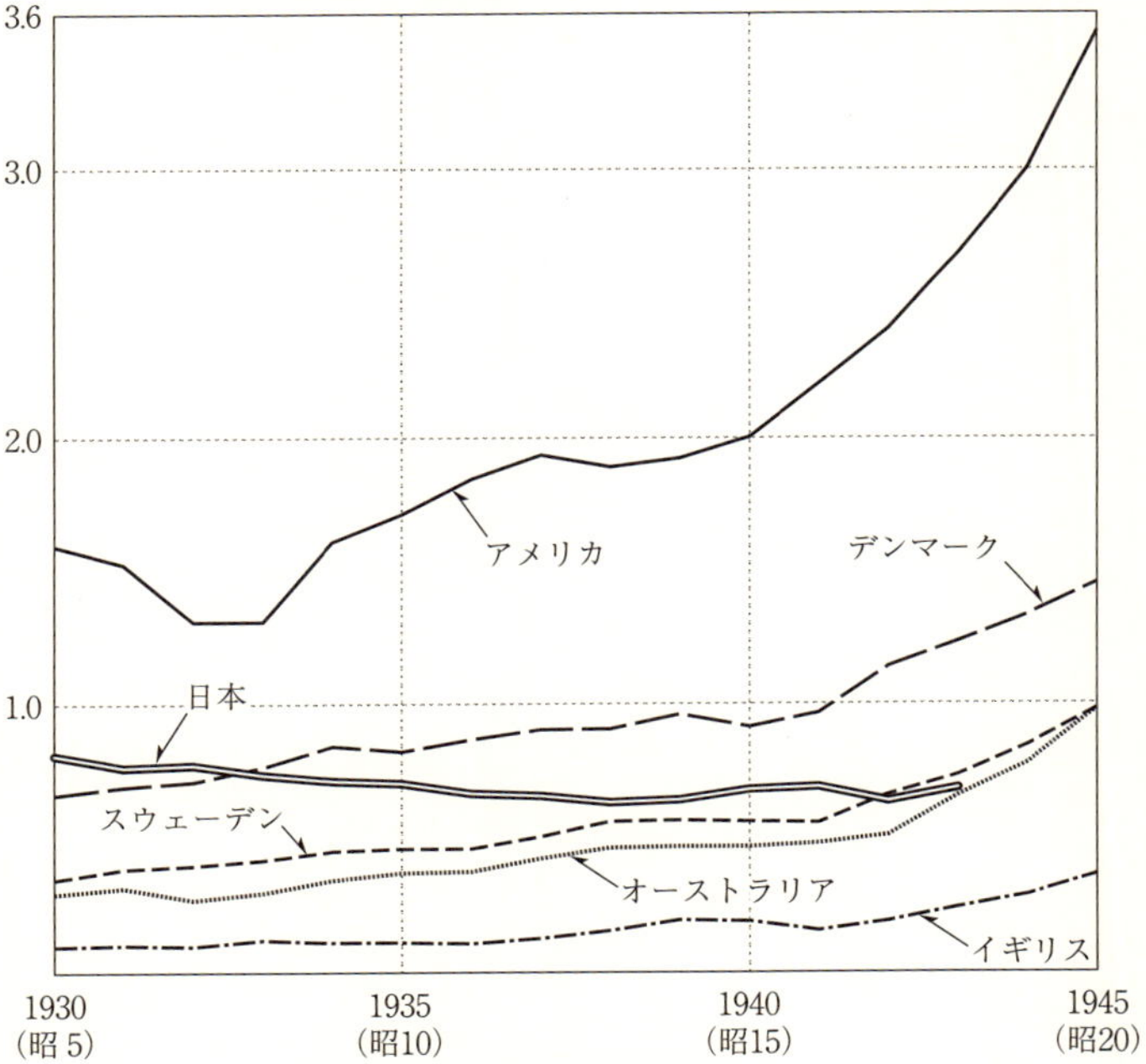

注：日本の1944，45年は戦争のため統計がとられていない。
出所：厚生省統計情報部編『離婚統計』昭和42年，109～110頁より作成。

が別れていたことになる。恋愛によらない結婚が八割以上を占め、相手をほとんど知らずに結婚したためとはいえ、これは決して小さな数値ではない。昭和五（一九三〇）年時点で、日本（〇・八〇）より離婚率が高かった国はアメリカしかない。国内だけを見れば低下したといっても、国際的にみればなお屈指の高率離婚国であった。昭和一〇年になって、やっと日本以上の高率国がアメリカ・デンマーク・スイスとなるのである。

協議離婚は追い出し離婚

問題の第二は、明治三一年の民法によって裁判（判決）離婚の制度を設けながら、圧倒的大部分の夫婦は協議離婚の道をとってきたことである。協議離婚が明治時代ずっと九九％以上であった大勢は、大正・昭和に入っても変わることなく、昭和一五年でも協議離婚が九九・二％を占めている。

本来、協議離婚とは当事者夫婦が対等な立場で話し合ってつけた合意に基づいての離婚を指すが、戦前の日本では、妻は法的には力をもたない無能力者とされた上に、社会的にも自活するに足る収入の道を閉ざされており、救済する社会保障もなかったから、夫が圧倒的に優位にあり、対等な話し合いなどは成り立たなかった。

そのため、夫の支配に従えない妻は、ほとんど一方的に追い出されるか、我慢に我慢を重ねるか、または家を飛び出して別の道を求めるかしかなかった。協議離婚の大部分は、事実上「追い出し離婚」にほかならないのであった。

妻の心情

離婚の際の心情やいきさつを綴った昭和時代前期での記録は、大正期以前に比べて少ないが、いくつかのケースは拾うことができる。

たとえば、昭和一〇年一月の東京朝日新聞「女性相談」欄には次の投書がある。

「夫は五十五歳で会社員、私は四十八歳でございます。子供は五人で、長男は某大學に行つて居り、次男は中學四年でございます。夫は四、五年前より芸者を妾にして、その母親弟妹を堂々たる家に住ませ、私達よりもずっとずっと贅澤な暮しをさせて置きます。

そして、年々私達には冷淡になり、てんで相手にして呉れませんでしたが、この頃になつては『子供達は皆學校を止めさせ皆引き連れて実家へ帰れ』といつてきゝませんので、私は毎日生きた心地もなく、全く途方に暮れて居ります。私はどうしたらよろしいでせう?」。（途方に暮るゝ妻）[9]

これに対して、担当者の山田わかは、「生涯を共にして来て、いよいよ老境に入らうとする時に『実家へ戻れ』などいつても『実家はもう自分の家ではない。自分の家はこゝだ、こゝが自分の死場所だ、戻る家は無い』と頑張つて一歩も譲らないことになさい」と夫の離婚請求を拒否するようはっきり答えている。

また、同年一月の同欄には、このような投書が見られた。

「……昭和六年の春でしたが、近所の農家の二男（只今二七歳）を知人の世話で迎へ入れました。すると、子供の面倒は見てくれるし母にも私にも親切であるし、約一カ年ばかりは生れ變つたやうに安心しました。處《ところ》が、彼は私等の病氣のうち自分で役場へ行つて誰にも相談なく入籍を濟ませ、前とは打つて變つて何もかも戸主權を主張するやうになり、子供をいぢめ、母にも叱言をいひ、遂には私にまであらぬ難題をいひかけて『今日は若い男が灸をすゑに来たがあんなものは斷つてしまえ』とか、夜一寸用達しに行つて来ると、足跡が變な方面から通じてゐるとか疑ひ出し、それが日増しに烈しくなりました。

子供を泣かせるよりか一層別れようと思ひ、母にひどく説諭して貰ひました所、それをキツカケに何處ともなく遊び歩いて都合のよい時だけ歸宅し、私をなぐつたり子供をいぢめたりするので、警察へ説諭願ひを再三しました程です。裁判上の離婚といふのはどうすればよろしいのでせうか？彼の亂暴が恐しいので、私はいま二人の子供を抱へて逃げかくれてゐるのです」。（悩む女）

これについて回答者は、慎重に答えている。

▽「籍が入つてゐないうちはおとなしくて、入籍をすませるや否や態度が變つたに就いては、そこに彼の非常な横着さが現れてゐますが……。最初のやうに親切な人に立ち歸つて呉れるならよし、それが出来ないなら刑事上の罪人とするがよいかという風に、厳談してごらんになるがよいと思ひます」。(10)

夫婦の裁判事件

一方、夫が怠慢で夫としての役割を果たさず、虐待や侮辱などの暴力を加えたり、ほかに異性を作って精神的にも苦しめられたりした妻は、妻の方から離婚を求めた。そして夫が話し合いに応じない場合には訴訟に出す道が一応は開かれていた。家庭裁判所はまだなく、当時の訴訟は、弁護士を依頼するためにかなりの費用を要し、手間暇も多くかかったので実際に起こす人はきわめて少なかった。それでも全国で年間七〇〇～八〇〇件の離婚請求事件が裁判所にかけられている。

もっとも昭和一四年からはもっと簡単な「人事調停制度」が新設され、二二年度まで利用された。年間全国で三〇〇〇～六〇〇〇件程度でその多くは離婚事件であった。調停はその性質上記録を残すことができないが、調停委員の一人であった小林俊三（のちの東京高裁長官）が、その雰囲気を昭和二六年になって次のように伝えている。

「人事調停法ができた頃、私も委員に選任されて、戦争の中頃まで、何度となく事件に関係した。その頃は、古い親族法相続法の時代であるから、夫婦間のもつれも、相続に関する争も、今日とは全く様相を異にしていたことはもちろんである。

夫婦または男女間の争は、当時の状勢から、男の方に原因の多くがあったことは、当然であって、いく度か悲痛な女の立場を見聞した。……

ある若い夫婦の離婚沙汰で、若い妻君ができるなら元通りになりたいとの念願切なものがあるのに、一見真面目そうな青年会社員が、思いつめた顔で、どうしても承知しないので困り果てたことがある。原因を種々探った末、結局二人の生活方法が一致しないということが判つた。夫のいうのに、妻は特に悪い女ではない。しかし自分は万事きちんとする性質である。机の上の硯箱や、インキつぼ、ペン鉛筆の在り場所などは、自分が置いた一定の所を変えられることは堪え難い苦痛である。しかるに妻は、自分が出勤した後、机の上を片ずけて、この位置を全く乱してしまう。これをいく度注意しても改めない。すでに一年以上も共に生活しているのに、この状態では、とても将来の望をもつことはできないと決心したのである。大体こういう趣旨であつた。このような事実が、二世の約束を破る原因となるのかと、私と組んだもう一人の調停委員である老婦人と相顧みて、ぶ然としたことを憶えている。この夫人調停委員は、相当老年の方であつたが、この調停の途中、若夫婦に対し、夫婦の道を一心同体の原則から説き起こし、最後には妻に向つて、夫に従う日本の婦道を繰り返しさとした。その婦道観は当時でも、どうかと思わせたが、しかしその説話は、浄瑠璃の世話物を聞いているようであった。

相続が家督相続人に集中したため、その人が至らぬ人間であると、兄弟にいかなる不幸な人が居ても、つまらぬ感情から、びた一文も出さないという事例に何度か遇つて、今日の相続制度（注・均分相続）を強く待望したのは、夢のような気持である。むかし有名であつた学者の死後にこのような問題が起り、その相続人は姉にも弟妹にも頑として少しも分けようといわず、遂にさじを投げたこと、また都下の豪農の相続人が、これまた何としても弟妹に分けることを承知せず、特に弟が学問をしたいから神田の夜学校へやつてくれということにも、終りまで耳をかさず、とうとう調停委員も万策つきて不調にしたこと、などは汗顔の至りで後味の悪い記憶である。もちろんこういうのは特殊の場合であるから、一般の例とはしがたいが、古い相続制度のきわめて悪い点をまざまざと見せられたのは、委員としても一種の災難によつて得た体験と認識であつた」[11]。

さて訴訟事件の方では、その中の半数近くが離婚の判決を得ているが、その判決に適用した明治民法八一三条の「法定離婚原因」別の統計を表6－4でみることができる。これによると、相手の「生死不明三年以上」（これは裁判でしか離婚が認められない）が四分の一近く占めて意外に多いが、これは紛争とはいえないので除くと、残りの半分は「悪意の遺棄」が占め、さらに「配偶者よりの虐待または侮辱」が続き、この三者で大半を占めていることがわかる。

その具体的な姿を、裁判例から拾ってみよう。

⑴虐待と侮辱の例

「夫は甚しく遊惰放蕩にして、遊里、料亭、酒場等に出入すること多く、夜半遅く迄遊び朝も亦遅く迄眠る等、家業に精励せず、」そのため夫婦仲がよくなかった。また、産じょくにあって起居不自由な妻に実家から金を借りてくるよう強要し、まだ歩けないからとこれをこばんだ妻を殴りつけた。また「夫は某月一〇日大阪市飛田遊郭に遊び、其の際淋毒に感染したるが、かれは之を同月一七、八

表6－4　昭和前期の離婚原因別裁判離婚件数

（夫からの提起）

	旧813条 総数	Ⅰ 重婚	Ⅱ 妻の姦通	Ⅲ 夫が姦淫罪	Ⅳ 処刑	Ⅴ 配偶者より虐待又は侮辱	Ⅵ 悪意の遺棄	Ⅶ 配偶者の尊属虐待又は侮辱	Ⅷ 配偶者が自己の尊族に虐待又は侮辱	Ⅸ 生死不明三年以上	Ⅹ 婿養子の場合の離縁
昭和2年	72	－	20	－	2	6	30	1	－	13	－
3	59	1	20	－	2	7	22	－	－	7	－
4	81	2	27	－	3	7	29	3	2	8	－
5	81	3	32	－	－	7	29	－	2	8	－
6	69	1	24	－	2	7	24	－	1	8	2
7	69	－	29	－	1	7	22	－	1	9	－
8	78	1	37	－	1	8	24	－	2	5	－
9	79	1	29	－	1	6	29	1	3	8	1
10	89	－	38	－	3	4	33	－	－	11	－
11	77	1	35	－	1	8	18	－	－	14	－
12	86	1	26	－	3	11	27	1	－	16	1
13	81	3	19	－	2	10	35	－	2	10	－
14	85	1	28	－	3	9	28	2	－	13	1
15	122	2	36	－	2	11	44	1	2	23	1
計	1,128	17	400	－	26	108	394	9	15	153	6
（%）	(100.0)	(1.5)	(35.5)	－	(2.3)	(9.6)	(34.9)	(0.8)	(1.3)	(13.6)	(0.5)

（妻からの提起）

	旧813条 総数	Ⅰ 重婚	Ⅱ 妻の姦通	Ⅲ 夫が姦淫罪	Ⅳ 処刑	Ⅴ 配偶者より虐待又は侮辱	Ⅵ 悪意の遺棄	Ⅶ 配偶者の尊属虐待又は侮辱	Ⅷ 配偶者が自己の尊族に虐待又は侮辱	Ⅸ 生死不明三年以上	Ⅹ 婿養子の場合の離縁
昭和2年	305	4	－	3	45	41	132	1	5	70	4
3	314	－	－	4	39	53	131	2	4	76	5
4	358	1	－	3	19	66	171	2	9	79	8
5	297	－	－	2	26	59	127	2	7	72	2
6	260	1	－	2	25	55	102	3	3	65	4
7	272	5	－	2	19	50	117	4	2	69	4
8	295	2	－	5	24	52	127	6	6	70	3
9	340	3	－	3	44	62	153	2	5	61	7
10	305	－	－	－	41	66	123	5	4	58	8
11	296	2	－	－	34	70	131	2	2	53	2
12	297	2	－	2	36	61	127	2	4	61	2
13	263	－	－	1	36	46	126	1	5	46	2
14	240	4	－	1	22	33	113	1	3	58	5
15	247	－	－	1	27	33	101	1	5	76	3
計	4,089	24	－	29	437	747	1,781	34	64	914	59
（%）	(100.0)	(0.6)	－	(0.7)	(10.7)	(18.3)	(43.5)	(0.8)	(1.6)	(22.4)	(1.4)

注：昭和16～21年は戦時中のため統計がない。昭和元年は7日間しかなかったので，大正15年に含めた。

出所：太田武男『離婚原因の研究』統計資料その2より算出。

日頃既に自覚し乍ら、同月二〇日之を告げずして妻と性交を遂げ、更に同二二日かれは再び妻に対し情交を迫りたるも、此の時既に夫の罹病を覚知し之を拒絶したるに、かれは妻に対し『お前は水くさい奴だ、もう帰れ、離縁する』旨を述べた」。妻はたまりかねて実家に帰り、離婚訴訟を起こした。

大阪地方裁判所は、「虐待」と「侮辱」を原因として妻の離婚請求を認めている（昭和三年七月二七日[12]）。

⑵生活破綻を重視した判決

妻は某男性とねんごろになり夫と子をおき去りにして彼と同棲をはじめ数年たった。他方夫も、大正一四年某女性と結婚式をあげて同棲し、翌年には一女が生まれている。

事ここにいたって妻は正式の離婚を欲したが、夫が協議離婚を承知しないので、妻は「重大なる侮辱」を受けた、ということを理由に離婚訴訟を起こした。夫は「婦たるミヨに於て自ら夫婦誠実の義務に背き、貞操義務を遵守せず、縦《ほしいまま》に其の情夫と共に出奔し、所生の子女は悉く夫に養育を一任し、家を外にすること数年の久しきに亘りながら、偶々夫に右の如き不謹慎の行為あればとて、……婦たるミヨより夫に対し自ら進んで離婚の請求を為し得べきにあらす。之、社会の通念に照し吾人の倫常に訴うるも当然のことなり。故に本訴請求は極めて失当にして、棄却さるべきものなり」と反論した。

しかし一審、二審とも妻の請求が認容された。そこで夫は大審院へ上告する。上告理由は、「婦たるものが、自ら姦通しながら夫に対して裁判上の離婚を求むるが如き、縦令《たとえ》夫に民法所定の離婚原因ありとするも許すべからざるものなりと信ず」。「原判決が思いを茲に到さず、輙《たやす》く之を容認し、夫に敗訴を言渡したるは不法なりと言わざるべからず」。しかし大審院は、「原審が、叙上の如き夫の行為は、妻に採りては民法八一三条五号に所謂配偶者より重大なる侮辱を受けたるときに該当し、妻に於て之を原因として夫に対し離婚を請求し得べきものと為したるは洵《まこと》に正当にして、縦令《たとえ》所論夫の抗弁の如き事実あるも、妻の本訴請求を阻止するに足らざるが故に、所論は凡て其の理由なし」と判決して、妻の請求を認めた（昭和四年三月一日）[13]。

これは昭和四年のことだったが、この時点でも裁判所は責任の所在をただす「有責主義」の考えよりも、生活が破綻している夫婦のトラブルを早く解決する「破綻主義」の考えをとっていたことは注目される。形の上では有責主義に立っていたと見える当時の民法の離婚規定も、裁判所の実務では破綻主義を認める方向に進んでいたことを表している。

内縁夫婦の問題

昭和前期の夫婦紛争では、実は離婚問題よりも内縁夫婦の問題の方が注目すべき判例が多い。その原因の一つは、内縁夫婦の存在自体がきわめて大きかったことであり、二つは、内縁や婚約について民法の上に何らの規定もなく、紛争になっても解決基準がなかったことである。日本の民法は、婚姻の届出を以て法的な夫婦と認める「届出婚主義」をとっているため、社会的には夫婦と認められる生活をしながらも、法的には夫婦とならない内縁の夫婦が常に存在する。

(1)内縁の原因

大正一四（一九二五）年の国勢調査では、「未届の配偶者」という欄があり、これにありとした男一七・二％、女一六・五％がいた。ほぼ六組に一組が内縁の夫婦だったことになる。昭和一五（一九四〇）年の国勢調査ではかなり減っているが、それでも男七・〇％、女七・四％と答え、一四組に一組程度の内縁夫婦がいたことを示している。(14)

山陰地方について、昭和戦前期に内縁であった夫婦を調査した武井正臣によれば、その原因は次の三つに大別され、その割合は、

法的制約（後継ぎ予定の長男と長女の結婚など）……　五・四％
家的制約（親の反対、妊娠出産待ちなど）……………五五・六％
届け出意識の低さ（面倒、戸籍が前婚のままなど）…三九・〇％

であったという。(15)

第二の原因はもっと厄介である。わが国は明治民法以来法律婚主義（届出婚主義）をとってきたので、ドイツ・スイスなどと異なり、婚約についての成文規定を何らおいていない。そこで、婚約およ

び内縁に対する法的保護は、まったく裁判所がどういう態度をとるかに委ねられてきたのだが、裁判所は、一方では根拠のおきどころに苦労しつつも、一方ではそれだけ自由に、婚約・内縁についての態度を法律構成の中に取り入れて判断を下してきた。明治時代の裁判例は、内縁関係に入っている男女についても、それは婚姻の予約をしているようなものだが、「将来婚姻ヲ為スベシトノ予約」は「法律ノ認許セサルトコロ」（明治三五年、大審院判決）であり、「婚姻ノ予約ハ当事者ヲ拘束スルノ効力ナク　之ヲ履行スルト否トハ全ク当事者ノ自由」（明治四四年、大審院判決）として当事者は相手に何ら法的責任を負わないことを明言していた。明治時代の裁判例が以上のようであったことは、一見進歩的な理論によっているように見えるが、実は、届出のないいかなる男女の結合をも保護しないことによって「武士的家族制を根幹とする家族関係の秩序の立て直し」をはかったものであり、「近代的な婚姻自由の原則を、男子のみに適用したところの、前近代的家族法制の側面であり、解除者たる男の専恣《せんし》を是認したにすぎぬ」と評されていた。

⑵誠心誠意判決

このような態度を破ったのが、「婚姻予約有効判決」とよばれる大正四年一月二六日の大審院判決だったが、さらに大審院は一六年後の昭和六年二月二〇日にこれを補強するような第二の大判決を下した。

情交関係はあったが、結納など何らの儀式もないので婚姻予約があったとする原審は無効であると上告した男に対して大審院は次の理由から棄却した。

「所謂婚姻ノ予約ナルモノハ結納ノ取交セ其ノ他慣習上ノ儀式ヲ挙ケ因テ以テ男女間ニ将来婚姻ヲ為サンコトヲ約シタル場合ニ限定セラルヘキモノニ非スシテ男女カ誠心誠意ヲ以テ将来ニ夫婦タルヘキ予期ノ下ニ此ノ契約ヲ為シ全然此ノ契約ナキ自由ナル男女ト一種ノ身分上ノ差異ヲ生スルニ至リ尚結婚ノ予約アリト為スニ妨ケナキモノトス原院カ本訴当事者間ニ婚姻ノ予約アリト認メタルハ畢竟《ひっきょう》叙上ノ趣旨ニ外ナラサルモノニ係リ原判文列記ノ各証拠ヲ綜合スレハ右事実認メ得ラレサルニ非サルヲ以テ原判決ハ毫モ所論ノ如キ不法アルモノニ非ス」

この判決は、文の中心点を取って「誠心誠意判決」と呼ばれるようになり、以後それを欠くという理由で婚約の成立を否認される事件が頻出した。

(3)確実性と公然性

さらに、婚約には「確実性」「公然性」が必要だとする判例が続いて、裁判所はそれを欠く婚約の成立を認めようとしなかった。昭和一二年のケースを引いてみよう。

A男、B女は、それぞれの親の承諾のもとに結婚を約束し、結婚式の時期も決まっていたが、婚資のことで話がもつれ、A男は他の女性と結婚してしまった。B女からA男に対して、婚約不履行による慰藉料一万円の請求が出された。

「婚姻の予約は此の婚姻を目的とする契約に外ならざるを以て、其の合意たるや互に真意を以て之を為し其の決意亦極めて慎重を期せざるべからざるものにして、換言すれば先ず合意の確実性を具有することを要するものと謂わざるべからず。……

今本件に付て是を観るに、……A男、B女の婚姻に付ては一応双方に婚姻の意思あることの表示ありたるも、之に引続き為されたる挙式、同棲、入籍等の重要事項の協定に付双方の意思に不一致あること曝露し、遂に其の縁談は不調に終りたるものにして、斯の如き情況にありてはA男、B女に…真に婚姻を為すべき意思の合致ありたりとは到底認定し難く、結局婚姻の予約確立するに至らざりしものと解せざるを得ず」[16]。（東京地裁判決昭和一二年五月二五日）

(4)内縁継続の長さ

また現実には、婚約し同居を始めても短期間で解消するケースもあり、こういうケースでは結納金の返還をめぐって争いが起こった。内縁が成立しているとすれば、結納金は返すに及ばない、これが多くの常識であり、昭和三年一一月四日の判決（内縁成立後は返還に及ばず）もそうであった。その後、判決間に多少の不統一はあるものの、継続三カ月くらいまでは短期解消（内縁不成立）とみて、五～六カ月以上となれば内縁成立と見るのが一般的な態度となっている。

それでは、内縁中一方配偶者が事故死した場合、他方は損害賠償請求権を持つことができるのだろうか。この好例が、昭和七年の大審院判決にみられた。

事件は大正一五年三月、夫Tが荷車をひいて阪神電鉄の踏切を渡るとき電車にはねられて二日後に死亡した。彼には一年前に結婚して妊娠九カ月の妻Sがいた。一月に生まれた子Hは非嫡出子として届けられたが、そのHとSは両名の名でSの請求額は計三〇〇〇円、Hの請求額は計五六三五円として電鉄に損害賠償請求を起こした。

これに対し会社側は「①SとHはなんらの親族関係に立つものではないから、扶養を受ける権利がない。②Tの死亡による慰謝料は所定の身分をもつ者だけが請求できるのに、SとH（認知を受けていない）はTの法律上の妻子に当たらない。③会社はすでに、Tの実父との間に示談が成立し一〇〇〇円を支払っている」として拒否した。一審・二審とも会社側が勝訴したが、二人は上告した。

大審院は慰謝料請求は認めなかったが、損害賠償請求については柔軟な姿勢をとって認めた。ただSについては和解があったので済んでおり、子のHについてだけ請求を容認した（原判決のこの部分を破棄して大阪控訴院に差戻し）。つまり、二人は法律上の妻子と同視すべき関係にあるもので、「Tの収入に依り生計を維持するを得べかりし……利益」があると言い、内縁の夫婦を法的夫婦に準ずるものとして救ったのである（昭和七年一〇月六日）[17]。

(5)気持ちが変わった婚約

支那事変・太平洋戦争が拡大し長期化すると、婚約したことに効力があるか否かの紛争が目立ってきた。裁判所の判決は戦後であるが発端は戦時中であるので、記録が残る一例を紹介しよう。

A男、B女は同じ町内に住み顔なじみだった。A男が昭和一六年に満州へ出征。B女からの慰問文に返信したことから頻繁な文通交換となり、相思相愛の仲から、A男は帰還後婚姻するから待っていてもらいたい、自分の父にすべて一任善処してもらう、などを書き送った。A男の父もB女方に赴き、B女の父にこの旨を伝えて賛同を得ていた。女は「以来自分は……身も心も妻になったつもりで農繁期におけるA家の農耕や家事の手伝いをし……A男の無事帰還を一日も早かれと念願していた」と述べた。

やがて終戦となり、A男はソ連抑留後、昭和二四年に無事復員してきたので、B女はA男に結婚を求めた。しかし彼は、気持ちが変わったとして応じようとしなかったので、B女は婚約不履行に基づく慰謝料請求事件を起こしたが、裁判所は認めなかった。二人の意思表示は、「公然性」がないから婚約成立とは認められない、という理由からである。判決はこう言う。

「B女の父とA男の父との間においても、A男の無事帰還を待って正式に媒酌人を立て結納を取り交わすべき旨の話し合いが行われていたに止まり、日時はもとより、帰還できるかどうかもわからぬままにそれ以上の見るべき話の進捗もなく、一時世評に上った程度に過ぎない事実を認めるに十分である。B女は以来身も心もA男の妻となったつもりで農繁期におけるA家の農耕や家事の手伝いをした旨主張し、B女がA男の出征不在中、しばしばA男方の農耕や家事の手伝いをしてことは証人某、某の各証言並びにB女本人訊問の結果に徴し認められるが、未だこれをもって婚約の予約があったことを一般人をして首肯させるに足る前示公然性の要件を具備したものと見ることはできず、なおB女は幾つかあった縁談も断り、たんす、鏡台、夜具、衣類その他の嫁入諸道具一式を調達してA男との婚姻の日を待望していた旨主張するけれども、これ亦必ずしも右……要件を具備したものとならないこと……明白というべきである[18]」。

（千葉地裁・佐倉支部判決　昭和二六年七月一三日）

しかしこの判決は、戦後であるにもかかわらず、立証がきわめて難しい公然性にこだわった形式的で冷たい判断と思われてならない。

3　親子の思想の違いと対立

娘の自立心

昭和に入っても、気が弱くて自らの運命に黙々と従うほかない中年女性の姿は、前の女性相談の章でもよくうかがうことができたが、その中でも未婚の二十歳前後の女性の一部は、迷いながら親や親族の反対を押し切っても自分の考えを遂げたいとの考えをもつようになってきた。そんないとこの気持ちに同情した女性の投稿が昭和六年に寄せられている。

(1)父の野心に反対したい

「私の従姉妹《いとこ》のS子（二二歳）は、三歳の時生みの母に生別し継母に育てられながらも、物質的には恵まれた生活を続けていましたが、一三歳の時父が事業に失敗して一人娘のS子を親類に預けてただ一人渡鮮してしまひました。S子は預けられた家であらゆる圧迫と酷使に虐げられながら、父の残した負債の償ひにもと思って忍べるだけ忍んでいました。所が昨年来S子の父は成長したS子を思ひだし、しきりに渡鮮を迫りますが、それはS子の身に金をかけて一まうけしたい不純な野心からのやうに思へて、S子は父の許に行くことを非常に恐れているのです。

一方S子は現在の圧迫の生活から逃れ、かつ又将来の経済的独立のために助産婦を志望し、上京して修業したい旨家人に意中を打ち開けた所、意外にも、『助産婦はつけたり（言い訳）で恋人のところへゆきたいのだらう』と聞くに堪へないまでに罵倒されて、あまりの無理解にくやしくて一夜を泣き明したS子でした。……父の許にも行けないS子、現在の無理解な家人達との生活も、もうこれ以上は忍べないといふS子。うまうま出京してたれにも居所を知らさないで修業してゐる間に、老いたる父が死亡でもしたらなど、思ひめぐらせば上京の決意もにぶつてまゐります。……この子の向上心を傷つけないで伸して行くにはどんな方法を講じたらよろしいでせうか」。

回答者の山田わかは、まず父の考えを確かめることが先決だが、どうしても父の考えが間違っているのが確かなら、「正々堂々と上京して……就業につくようになさいませ」と答えている。(19)

(2)非道な父

同じ「女性相談」の昭和九年一月二九日には、娘からの悲痛な投稿が載せられた。

「私の家は貧乏ですけれども、両親はなにも働かず私達子どもを当てに暮しています。父は五十歳です。私は三女で、一番上の姉は家出してしまい、次の姉は千住で娼妓をし、妹は奉公、私は今二十一歳ですが、九つの時から十三までおばの家で働き、十四のとき両親は、おばさんがもうお金を貸してくれないからといって、私をある家へ前借で年季奉公にやりました。でも、その奥様は大変よい方で、私は二十一歳まで働かせていただきましたが、今度、父は私に卑しい商売をせよと迫り、先日も、抱え主が私を見に来まして話がきまったようです。

私の姉様が娼妓に売られて行く時には、それはそれは殴られぬいて連れて行かれたのですが、私にその番が来ました。私は恐ろしさのあまり死のうとして家を出ましたが、はからずも、ただ今いるおうちの方にお逢いして、心ならずも今日になりました。一番上の姉様の家出も私と同じことだったのです。親類では、あきれて誰一人かまって下さいません。……

やっぱり私は親の言うとおり嫌な勤めをしなければなりませんでしょうか。それが子として親に対する道でしょうか」。

回答者は、「死んでもそんな女になりたくないとおっしゃる、本当にそれは立派な覚悟です。どうぞ、その心意気をどこまでも捨てないで下さい。あなたの場合は、親の言う通りにならないことが子として親に対する道なのです。親の言う通りになるのが、むしろ親不孝になります」と娘を激励し、娘を食い物にしようとする非道な親を非難する。(20)

これは疲弊した農村のことではない。昭和九年の都市部でも、まだこのような人身売買はあったのである。両親は病気でもないのに働かず、子を娼妓に売ることだけを考える。数年前の姉は泣く泣く親に従ったが、この妹は逃げ隠れしながら拒否して新聞に訴えている。真っ向に対立することはできないものの、逃げて反抗するだけ、少しだが時代は流れているのである。

親を訴える子ども

さらに、話し合いは不可能として、大正末から昭和ひとけた時代には、子が親を訴えたり、親が子を訴えたりする訴訟事件が珍しくなくなってきた。

(1)父を訴える息子

大正一四年末には、東京地方裁判所に息子から父親を相手に「離籍無効確認の訴え」が起こされている。息子の言い分はこうである。

父は大資産の質屋だが、きわめて頑固一点張りで他人とも交際せず、一人っ子の私が希望する高等教育も拒否した。以来、親が私を店の仕事にこき使い、月一五円の小遣いしか与えなかった。また、番頭の処置から仲違いし、私が音楽をやったのが悪いと殴りつけ、追い出されてしまった。私が結婚にあたって同意を求めると、印はつかないと言われたので、やむなく単独で婚姻届を出したら、父は直ちに私を離籍してしまった。[21]

明治民法では、男は三〇歳未満までは子の婚姻には父母と戸主の同意が必要と規定していたが、本件では三〇歳以上であったので、同意なしで婚姻できる。しかし、息子を廃嫡（推定相続人の家督相続権をなくすこと）したり、戸籍を分離したりする権限は戸主である父のみにあったので、父はそれを実行してしまったのである。だが息子は、親の一方的支配に泣き寝入りすることなく、敢然として訴えで立ち向かった。横暴な父親の権威は衰えてきたのである。

この廃嫡という手段は、跡取りが推定家督相続人である一人娘の場合には、その娘に対しても使われた。その実例が、昭和五年八月四日の大阪地裁判決に表れている。深刻な親子の対立をはっきり知ることができる事件なので、やや長くなるが、有地亨のまとめをそのままお借りしよう。

「この事件は、大阪の資産家戸主Aの娘で、推定家督相続人であったB女が親Aの決めた婿養子と大正十三年（一九二四年）四月十五日に結婚式を挙げることになっていたが、Bはその結婚を嫌って五日前の四月十日に家出し、松竹の若い劇作家の許に走って同棲してしまった。BはAないし親族の説得にも応じない。そこで、父親AがBに対し推定相続人廃除の訴えを起こし（た）。

父親Aは、娘Bに対しその不心得を諭し、帰宅を促すけれども、かえって、Bは侮蔑する態度に出る有様で、このようなBの行動は祖先に対して申し訳ないし、A家の将来を考えると寒心に堪えず、Bは自分の家督相続人としては不適当であるから、廃除したいという理由を挙げる。これに対し、Bは、結婚は人生の大事で慎重に考慮しなければならず、軽々しく父母親族の措置に盲従して、悔いを残すことをおそれ、自分の配偶者はみずから選定するのがよいと考え、亡き兄の友人で、劇作家Cと交際し、Aに結婚の許可を求めた。しかしながら、Bは、Aから「親不孝者淫奔娘」と罵倒され、監禁同様の処遇を受け、虐待を加えられ、父母の選定した婿養子なる人物と見合いさせられたが、その人物を信頼できないと悟り、結婚する意志がないにもかかわらず着々と結婚準備が進められるので、結婚を避けるために家出したというのである」。

裁判所は、途中で和解を勧めたが成立しなかったので、次のように判決して娘を排除したいという父の主張を認めた。

「一面においては、Bが自己の恋情に急にして父母を尊敬すること深からず、今日にいたる父母慈育の恩を思わず、父母の思想を尊重する念うとく、自己の考えをもって絶対正当と為したる浅慮に依るとともに、また一面においては、結婚に関する子女の思想昔日のごとくならざる今日において、父母の思想をもって子女の絶対服従を強要し、Bの心情に同情少なかりしAおよび妻の処置によるところなきか[22]」。

このケースは、どちらも相手の気持ちをまったく汲み取ろうとしない深刻な親子の対立であったが、裁判所の説示は、「新旧思想いずれにも正しい批判を下している」と高く評価されている。

⑵親、親たらずとも

昭和七年に判決されたケースは、もっと派手な直接的な親子喧嘩であった。しかも親子のどちらも法律の専門家だったので、細かくしつこい争いが展開された。

父親の後妻Yは夫からもらった自分名義の多額の株券を持っていた。あるとき父の留守中、息子のKが弁護士を連れて現れ、Yから株券と書き換えに必要な委任状と印鑑証明書を受け取った。翌日帰宅した父はYとともに、「銀行に対し、同銀行の株券をKが脅迫奪取した……と告げ……同日県警にKが株券を盗取したと届出で、又三日後Kの勤務先の理事に対し、KがYを脅迫の末株券を強奪し、父の印を盗捺したりと打電した」という。

このためKは、名誉をはなはだしく毀損されたとして二人（父とその後妻Y）を相手に「名誉回復請求の訴」を起こし、三新聞に謝罪広告を出せと要求した。

法廷でKは、困窮している実情を話したところ、継母から株券を持ち去れと言われたので好意を謝し、快く受け取ったのだ、二人の方こそ謝罪広告を出すべきである、と述べた。

これに対して父と継母は、徹夜で脅迫され、恐怖と悲哀とに疲労した結果、やむなく株券、委任状などを手渡したので奪取にほかならない、と反発した。

ちなみに、息子の方は弁護士をしながら、東京の二つの私立大学で法律学の講師をし、父の方も弁護士で、県会議長を二〇年務めてきたベテランの政治家である。しかしこの父は若い時から妻を四回も変え、妾の庶子として生まれたKは、長らく父に不信感を抱いてきた。父は土地・家屋は抵当に入れていながら株券は全部継母に与えていることがわかって、Kの恨みは爆発したのだった。

訴えを受けた東京地方裁判所は、「思索を重ね……熟慮を重ね」た末、「Kの本訴請求は道徳上首肯し難く、法律上も許容し難きもの」として請求を棄却した（昭和七年一一月二四日言渡し）。(23)

その判決理由は、次の二つである。

第一は、「社会的な名誉は各個人に帰属するよりも、むしろ親子又は家に帰属する」もので、結局「親子共通の名誉不名誉」になるから、謝罪広告は不適当だ。

第二に、子が親を訴えて謝罪広告を強制するようなことは、「親に孝たるべしとの我国法律精神に相反するもの」になるので、名誉回復の方法として不適当だ。

この判決は、のちに『法律新聞』三四九一号に特報されたが、その副題には「親親ならずとも、子子たらざる可からず」と書かれた。判決には、まさに半分は古い儒教ばりの判断が入っていたことを示している。

4　少年と親との殺傷事件

親子間の殺傷事件

現在では、昭和前期には、道徳教育の徹底と愛国心の昂揚から少年の犯罪はかなり少なかったものとふつうには認識されている。ところが実際には現在とあまり変わりない程度に少年を中心とした親子間の殺傷事件は発生していたのである。

明治三三（一九〇〇）年に「感化法」が生まれ、大正一一（一九二二）年には「（旧）少年法」が公布されていたが、昭和一〇年までは事件統計が公表されなかったので大勢がはっきりしない。ところが昭和一一（一九三六）年の少年刑法犯の統計が発表されてみると、親族事件が多いとみられる殺人は一五三件もあって、最近の平成一九（二〇〇七）年のそれ（七三件）よりも多い。少年人口一〇万人当たりの比でみても、やはり昭和一一年のほうがずっと多い（表6－5）。

その具体的な姿を検討した書物はほとんど残っていないが、新聞記事から少年犯罪の事例を収集して書物にまとめた管賀江留郎著『戦前の少年犯罪』(24)は具体的な状況を知る上でまことに貴重である。

その中から子どもによる親の殺害四件を選んで紹介してみよう。

表6－5　少年非行事件の人数と比率

		少年刑法犯人数				人口10万人当りの比率	
		1936（昭和11）	1940（昭和15）	1936～45の年平均	2005（平成17）	1940（昭和15）	2005（平成17）
凶悪犯	殺人	153	146	139	73	1.06	0.58
	強姦	197	230	246	153	1.67	1.22
	放火	266	263	235	245	1.91	1.95
	強盗	311	475	382	1,172	3.45	9.32
財産犯	窃盗	29,570	35,999	38,629	84,483	261.81	671.57
	詐欺	3,297	2,361	2,755	1,062	17.17	8.44
	横領	3,491	2,485	2,300	35,767	18.07	284.32
粗暴犯	傷害	2,555	2,901	2,390	6,902	21.10	54.86
	賭博	1,425	2,072	2,133	27	15.07	0.22
	猥せつ	76	188	222	472	1.37	3.75
その他		5,209	5,928	5,699	13,899	4.31	11.05
総数		46,550	53,048	55,370	144,255	385.80	1,146.70
10～19歳人口			1,375万		1,258万	1,375万	1,258万

注：戦前の旧少年法は18歳未満が対象だが，20歳未満のデータもある。現少年法は20歳未満なので，ここでは20歳未満の統計とする。比率は総務省統計局の年齢別人口により算出。
出所：警視庁『犯罪統計書』，2005年のみ法務省『犯罪白書』。

(1)親を殺した子どもたち

「昭和二（一九二七）年三月一五日、茨城県真壁郡の自宅で夜、長男（一九歳）が就寝中の元小学校校長の父親（六三歳）をマサカリで殴って殺害、逮捕された。父親は教師時代から金貸しで莫大な資産を築いていたがケチで、長男が昨年一〇月から結核になっても医者にも見せず、『この肺病野郎。金ばかり使いやがって直りはしない。早く死んでしまえ』と罵倒されたので復讐したもの。……無期が求刑されたが少年法によって、下妻裁判所は懲役五～一〇年の不定期刑判決を出した」[25]。

「昭和八（一九三三）年一月二二日

三重県宇治山田市の青物問屋宅で、次女（二〇歳）と次男（二三歳）が実の父親（五五歳）を毒殺、二月に母親の違う長男（二九歳）にも薬を飲ませて重体としたが未遂に終わり、六月一三日に逮捕された。

高等女学校を卒業している長女（原文ママ）が、中学を神経衰弱で中退してぶらぶらしている次男に家を継がせようと大阪で薬品を買って父に風邪薬として飲ませ、重体となった父に看病する親類の目を盗んでさらに何度も毒薬を口に無理やり入れたもの。それまでも薬品入りの酒を繰り返し飲ませており、昨年七月に次男が就寝中の父親の頭をカナズチで殴って重体としたが、医者が脳出血と誤診したので殺害してもわからないと考えていた(26)」。

「昭和八（一九三三）年九月二七日、埼玉県入間郡の農家で午前四時、長男（二〇歳）が母親（四八歳）の手首を鎌で切り落とし、家の外へ逃げるのを追っ掛けて胸を刺して殺害、留めようとした父親（五三歳）らにも鎌をふるって暴れ、駆けつけた警官隊と格闘のうえに逮捕された。高等小学校を出た後は農作業も手伝わずに遊んでいて、凶暴で親に対して殺してやると日ごろから云っており、昨日夜九時に母親とケンカして暴れたので隣家の親戚宅に避難したが跡を追ってきたので親戚がなだめているところだった。二人の妹がいる(27)」。

「昭和一三（一九三八）年七月一八日、東京市牛込区の自宅で、三男（二一歳）が父親（五九歳）の首をジャックナイフで二回刺して殺害、自首した。活字会社社長の父親が七年前に妾を家に置いて母親を虐待したため四年前に死亡したことを恨んでいた。叔父の木綿問屋で住み込み店員をしていたが、この日に父親と同居することになり、妾と別れるように迫ったが相手にされなかったもの。直前にナイフを買って、母親の墓に父親と妾の殺害を誓っていた。無期が求刑されたが、東京地裁は懲役一五年の判決(28)」。

以上は、息子や娘が父親、母親を殺害したものだったが、祖母や叔母、姪を惨殺したもの、父親が娘を殺害しようとしたものなど、さまざまな家族間殺傷事件が発生していた。

(2)父が娘を、孫が祖母一家を

「昭和一二（一九三七）年五月二日、東京市大森区の自宅で深夜二時、父親の工員（五二歳）が寝ている次女（一八歳）を薪割りで頭などを殴って三週間の傷害を負わせたが病院に運んで自首した。次女は小卒後に女工になったが長続きせずカフェーの女給になり、涙を流して注意した母親（五〇歳）の顔を殴ってケガを負わせるなど警察に相談しても暴れ続けるため両親は知人宅に避難していたが、父親は将来を悲観して家に戻って殺害しようとしたもの(29)」。

「昭和七（一九三二）年八月二五日、岡山県浅口郡で深夜二時、精米業者（満一八歳）が近所の祖

母の家に日本刀を持って押し入り、叔母（満二三歳）を一〇数回めった刺しにし、叔母の長女（生後三日）の首を左右に貫通、逃げる祖母（満五九歳）の胸を二回刺して三人を殺害、叔父（三〇歳）に三ヶ月の重傷を負わせて、自分の喉を突いて自決しようとしたが死にきれずに逃走、すぐに逮捕された。元は同居していたが、母と祖母や叔母との関係がうまくいかず二年前に家を建てて別居、父がこの年の一月に死亡して精米業者は九千坪の田畑と三万円の遺産を相続したが、叔母が二千坪の田畑と三千円の財産分与を要求してきて『子供のくせに引っ込んでおれ』と言われたことを怨んだもの。三人兄妹の長男で極めて無口な性格だった。

精神障害で、また幼女は殺すつもりはなかったと裁判で争ったが退けられ、大審院で尊属殺および殺人罪で無期懲役が確定した[30]」。

少年非行の現代との比較

(1)刑法犯犯罪事件

では、当時の少年たちは、社会秩序にどの程度従順に従っていたのだろうか。数字の上ではっきり捉えるためには、やはり少年非行の全体統計をおさえるのが一番よい。その対象には、交通違反・触法・虞犯《ぐはん》などの事件も含まれるが、ここでは普通、犯罪とみなされる刑法犯に該当する犯罪事件について検討してみよう。

大正一一年から昭和二三年末まで施行されていた旧少年法は、満一八歳未満者を対象としていたが、警察は少年犯罪統計として、昭和一一年以降は満二〇歳未満対象者の統計も発表していたので、昭和二四年から使われている現行少年法のデータと比較することができる。それを整理したものが前出の表6－5である。

昭和一五年をみても、昭和一〇年代の一〇年間を合計して平均した数字をみても、昭和二〇年までの総件数は平成一七（二〇〇五）年の三割もない。しかも、該当少年人口（一〇～一九歳）は昭和一五年の方が一割ほども多いのであるから、現在よりもずっと少年非行は少なかったような印象を与える。ところが罪名別の内容をみると、話は違ってくる。

(2)悪質な犯罪が多かった

戦後に、大幅に増加している主役は「窃盗」と「横領」の二つであることに注目したい。平成一七年についてみると、刑法犯中の窃盗が五八・六％、横領が二四・八％で合わせると八三％を占めている。窃盗の中味は万引き（とくに女子に多い）と自転車盗とオートバイ盗で七割以上を占める。また横領のほとんどは占有離脱物横領（大部分は放置自転車の乗り逃げ）で、警察ではこれらを「初発型非行」と呼んでいる。これらは、コンビニやスーパーの増加、および駅前のオートバイや自転車の放置台数の増加と対応している比較的軽度の犯罪で、昭和前期にはこれらの対象物がとても少なかったのである。

社会で一番の問題は凶悪な犯罪の多少である。「強盗」のみは三倍弱増えているが、「放火」はほとんど同じで、「殺人」「強姦」は現在の方が件数も人口あたりもともにかなり減少している。

これらのことからみると、増加した「強盗」や「その他」に含まれる事件の内容を検討する必要は大きいとしても、巨視的にみれば、昭和一〇年代の少年非行は現代よりも数量的には少なかったものの、殺人などの悪質な犯罪は多かったということになりはしないだろうか。

5　軍人遺族をめぐる紛争

家督と入籍の問題

男子が応召されて戦死すると種々の問題が起こるが、中でも賜金や扶助料が給付されるので、貧しい家族ではその取り合いをめぐって見苦しい紛争が起こることが少なくなかった。とくに農家では、これだけまとまった現金が一度に入る機会はめったになかったためでもある。

死亡賜金、金鵄勲章年金、遺族扶助料の受給順位は、原則として、①妻（内縁関係も含む）、②未成年の子、③父母、とされていたが、これは明治民法の扶養権利者の順位（①直系尊属（親や祖父母）、②直系卑属（子や孫）、③配偶者、④家（戸籍）を同じくする直系姻族（血族の婚姻によってつながる人々）、⑤兄弟姉妹、⑥その他の家族）とは異なっていたことからも紛争をよんだ。前者の賜金等の方は、現実に共に暮らしてきた家族員の困窮を救うというのが本来の趣旨であった。ところが、多くは父であるところの戸主がその特権を利用して居所指定権を濫用したり、戦死した子の後見人になって内縁の妻を放遂するなどの問題を起こしていたのである。

次のケースは、司法省（現法務省）が昭和一四年の『思想月報』[31]に公表したものの一部である。（原文は固い文語体であるので現代文に改めた）。

〔家督〕　ツヤ子の夫熊夫は一昨年八月応召し昨年五月戦死したが、一男一女の遺児がある。熊夫の父栄蔵は熊夫の妹フミに養子を迎えて家督を相続させ、妻ツヤ子を離縁しようとしたが紛争になった。町と方面委員が和解あっせんをしている。

〔入籍〕　武○は田中ツチヨ（一七歳）の婿養子として一昨年五月から同居していたが、昨年五月出征した。しかし入籍しないうちにツチヨは妊娠し、武○は出征後も現地より再三入籍を催促してきたので、ツチヨの養母は武○の実父に入籍するよう交渉した。しかし実父は武○戦死の際の賜金、扶助料などを考えてか入籍を実行しないので紛糾している。子どもが近々生まれそうなので、警察署は村当局と連絡しあっせんにつとめている。

戦死給付金の争奪

ここにあげた具体例は、支那事変開始後わずか三年目のもので、以後はさらに多く発生したものと思われる。しかしその後の公表例が見当たらないので、この報告書の事例を続けて紹介しておく。

〔賜金〕　田中ヒトヱの夫安一は、海軍航空兵曹として一昨年八月戦死したが、戸主安一の実兄数一とヒトヱとの間に特別賜金、扶助料をめぐって紛糾が起きた。警察は方面委員と協力し、賜金は折半し、扶助料はヒトヱが受領することで和解をつけた。

〔乳児〕　マサノの婚約者三沢福夫は昨年一月戦死したので、親戚のあっせんでマサノは福夫の実弟実夫と結婚し男児を分娩した。しかし実夫は無断家出をしてしまったので、賜金・扶助料等の受給でマサノと福夫の父の間で紛争が起こった。村当局は、マサノは離婚し、乳児はマサノが一年間養育の上三沢家に引渡すことの合意をえて円満解決させた。

〔老母〕　マチヨの夫三郎は昨年五月戦死したが、下賜金等を全部マチヨが受け取り実家に帰ってしまった。三郎の兄は賜金中若干の金を老母に渡すようマチヨに言ったがまとまらない。村の軍人援護会において調停したところ、マチヨは老母に賜金の三割を給付し、岡田家より離籍してもらうことの解決をみた。

〔債務〕　恒男出征中の事件である。その母が一〇年前に飲食店秦野より七〇円借金していた証書が発見されたので、秦野より催促を受けて紛争となった。警察が方面委員と協力して、その半額三五円を支払わせるが残額は免除するという解決をつけた。

夫不在中の妻の貞操問題

前出の報告書は、銃後の妻たる女性が不倫問題を起こす例も少なくないことにも触れている。その二例をあげれば次のようなもので、相手の男性は、住居侵入罪により懲役三カ月ないし一年を課されるのが普通のようである。

〔不貞〕　某女は炭鉱稼働者池田政行の内縁の妻であるのに、夫の出征一年後より夫の同僚である垣内友市と情交関係を結んでいたことが発覚した。垣内は区裁判所において住居侵入罪により懲役三カ月に処せられた。

〔交際〕　山口千枝子の内縁の夫敏夫は一昨年より出征中である。昨年一〇月千枝子が広島市に映画見物へ行き、その帰途不良少年に尾行され暴行されそうになった時、隅本某（二三歳）に救われて事なきをえた。その後その某と親しくなって密会を続けるうちに、敏夫の実父の知るところとなり、両名をさとして交際を断たしているうちに、両名は某旅館にいるところを挙動不審のため取り調べを受けた。敏夫の実父は千枝子の措置について考慮中である。

そのため司法省は、これらの風紀問題について次のような一般的注意を与えている。

「出征将兵の家族、殊に夫出征後の妻は出征軍人の家族として、又、妻として、最もその日常の起居動作を慎み、よく家政を整へ、子女の教育に心を用うべきに拘はらず、近時、銃後の弛緩とでもいふか、出征将兵の家族にして夫の友人や兄弟、同居人、雇人、或いは近隣の知人、勤先の年少者、甚しきは援護組合の役員等と不倫の行為を敢てし、中には転落したもの、或いは妊娠何カ月といふが如き忌はしく悲しむべき問題が漸時増加の傾向にある事は寒心に堪へないところである。斯の如きは国民等しく緊張し聖戦目的達成に努力すべきの秋洵《まこと》に許し難き行為であり、一般遺家族の体面を汚損すること甚しきのみならず、第一線将兵の士気に関するところ甚大なりといわねばならぬ」。

人事調停法の成立

これらのことが重なって、司法省は昭和一四（一九三九）年「人事調停法」を成立させている。これは、臨時法制審議会の家事審判所設置決議の一部具体化にほかならない。だが、民法の改正がうやむやのうちに放置されながら、なぜこの種の手続き法のみがつくられたのか。提案理由の中で塩野司法大臣は、「今日ノ非常時局ニ際会致シマシテ、家庭ニ関スル紛争ノ円満ナル解決ヲ、調停ノ方法ニ依ツテ解決スル途ヲ開キマスコトハ、正ニ焦眉ノ急務トナツテ参ツタノデアリマシテ……」と述べているが、焦眉の急務という裏には、〝銃後の備えを強化し、戦線の将兵に後顧の憂いなからしめる〟ことの必要が強調されたことが背景になっていたといわれている。

「道義ニ本ツキ温情ヲ以テ事件ヲ解決スルコトヲ以テ其ノ本旨トス」（第二条）という人事調停法は、制定当時かなりに歓迎されたといわれ、それまで裁判所に近づくことの少なかった家族紛争を、何倍も事件として引きつけるようになったことは確かだった。しかし、「中立カ淳風ニ副ハズ又ハ権利ノ濫用其ノ他不当ノ目的ニ出ヅルモノト認メルトキハ……却下スルコトヲ得」（第五条）とあるように、家族間の紛争を権利義務によってではなく、家族制度的淳風美俗で処理しようとするこの制度は、原理的にも逆行であり、法と道徳との関係もあいまいにするものにほかならなかったのである。

人事調停は、このように出征家族の紛争防止のために作られた制度だったが、実際にはふつうの離婚事件に使われることが多かった。その実情については第六章2節三〇一頁参照。

注

（1）「東京朝日新聞」昭和七年五月一〇日、一一日、一二日、一九日。
（2）「東京朝日新聞」昭和三年三月一八日、二九日。
（3）岡崎文規「家族心中と情死」『岡崎文規著作選集　第四巻』平成七年、クレス出版、一一七頁。
（4）管賀江留郎『戦前の少年犯罪』平成一九年、築地書館、二二二－二二四頁。
（5）井上友一郎「三原火口の悲劇を悼む」『セルパン』昭和一〇年八月号。
（6）中央社会事業協会・全日本方面委員連盟「新聞に現れた親子心中に関する調査」昭和九年。
（7）小峰茂之「昭和年間に於ける親子心中の医学的観察」『社会事業研究』二二巻七号、大阪社会事業連盟、昭和九年。
（8）厚生省統計情報部『人口動態統計一〇〇年の動向』平成一一年、厚生統計協会、二二一頁。
（9）「東京朝日新聞」「女性相談」昭和一〇年一月二一日。
（10）「東京朝日新聞」「女性相談」昭和一〇年一月七日。
（11）小林俊三「人事調停委員であった頃」『ケース研究』昭和二六年特集号、一一一－一一三頁。
（12）田村五郎『家庭の裁判――夫婦』昭和四〇年、日本評論社、九七頁。

(13) 田村五郎、前掲書、一五二－一五四頁。
(14) 総理府統計局「昭和一五年の国勢調査など結果報告摘要」昭和二四年。
(15) 武井正臣「山陰における内縁報告書」『法社会学』五号、昭和二九年。
(16) 田村五郎、前掲書、二一八－二一九頁。
(17) 田村五郎、前掲書、二九七－三〇三頁。
(18) 田村五郎、前掲書、二二〇－二二一頁。
(19) 東京朝日新聞編『女性相談』昭和七年、木村書房。
(20) 「東京朝日新聞」「女性相談」昭和九年一月二九日。
(21) 有地亨『日本の親子二百年』昭和六一年、新潮社、一一五－一一六頁。
(22) 有地亨、前掲書、一一六－一一八頁。
(23) 田村五郎『家庭の裁判――親子』昭和四五年、日本評論社、四－一一頁。
(24) 管賀江留郎、前掲書。
(25) 管賀江留郎、前掲書、四一頁。
(26) 管賀江留郎、前掲書、四四頁。
(27) 管賀江留郎、前掲書、四三頁。
(28) 管賀江留郎、前掲書、四八頁。
(29) 管賀江留郎、前掲書、五〇頁。
(30) 管賀江留郎、前掲書、六九頁。
(31) 司法省「遺家族を繞る紛争及風紀」『思想月報』五六号、昭和一四年。

第七章　戦争の悪化と家族の絆

1　戦時下の結婚と出生

家族の失意

昭和一二（一九三七）年に始まった支那（日華）事変は、当初のもくろみが外れて泥沼化し、さらに一六（一九四一）年から太平洋戦争にまで拡大されると、家族は、それまでのような平穏な生活を維持できなくなり、さまざまな打撃を受けて引き裂かれていった。国家が人間を総動員して全面的に戦おうとする限り、どの家族も逃げて避けることができない事態だったのである。

結局、家族をめぐるあらゆる側面が破綻させられたが、大きな側面に整理すると、次の分野が重要である。

Ａ　成年男子の徴兵

Ｂ　徴用動員、学徒動員、女子挺身隊

C　海外とくに満蒙開拓移民
D　留守家族援助（軍事援護）
E　遺家族（戦死者家族）援助
F　結婚・出産の奨励
G　生活物資の給付
H　学童疎開
I　戦争災害の救助、など

いずれも、中心者を失った家族は精神的打撃を受けるばかりでなく、経済的な力を減退させ、甚大な影響を蒙った。

たとえば、家計のこと一つとっても、働き手である夫が召集されると大違いになる。まだ支那事変が始まったばかりの昭和一二年当時でも、早くもこういう苦しさの訴えが『婦人之友』一二月号に寄せられている。

東京区部に暮らす夫婦と三歳の女の子一人の住み込み運転手一家で、妻が詳細な家計簿を残していた。それによると、召集前には八〇円以上の月収があって、平均月七一円九一銭の支出ができていたが、召集後の収入は軍事扶助金二〇円のみとなり、支出は月二一円五〇銭のみに減少してしまっている(1)。これでは、とうてい以前の生活を続けることができない。

内縁夫婦の駆け込み結婚

家族の動きを見る前提として、婚姻（届出された結婚）、離婚、出生の動きを表7－1から見ておく。全国的な大勢は、この数字を見る限り昭和一八年までは意外なほど動きが少ない（昭和一九～二〇年は戦災による役場の消失等の理由で統計がない）。しかし細かく見ると、次のような問題が指摘できる。

婚姻率については、昭和一二年に一割以上も急増し、また一五～一八年もかなり高い。一二年の増加は、人口問題研究所長岡崎文規の推測によれば、「現実は結婚数が増加したというよりも、日華事変の勃発とともに、内縁関係にあった応召兵員の婚姻届が殺到したため(2)」とみられる。

たしかに、昭和一一年の一一月秋には、結婚式と七五三が繁盛したとの次のような報道がある。派手やかに挙げられる結婚式と七五三行事は昭和前期最後の年であったようである。

「一〇月、一一月は嫁入り月だと言うのである。四日、一〇日、一五日、二一日、二七日は大安日で、大阪・京都の各神社の神前結婚受付簿には、多数の申し込みが押し寄せ、料理屋やホテルでは鯛や海老の仕入れに忙しい。新聞はこの日、百数十組の新家庭が出来ると言っている。又、結婚衣装がだんだん派手になるとも言い、東京の雅叙園などでは、一人前二五円位の料理を出す席はこの秋ザラだと言う」。

嫁入支度が派手になったばかりではないらしい。銀座のデパートの八階には「七五三の祝着売出

表7-1　昭和10年代の人口・婚姻・離婚・出生

年次		人口	婚姻		離婚		出生数	出生率
			件数	率	件数	率		
1935	昭和10	69,254,148	556,730	8.04	48,528	0.7	2,190,704	31.6
1936	11	70,113,600	549,116	7.83	46,167	0.66	2,101,969	30.0
1937	12	70,630,400	674,500	9.55	46,500	0.66	2,180,734	30.9
1938	13	71,012,600	538,831	7.59	44,656	0.63	1,928,321	27.2
1939	14	71,379,700	554,321	7.77	45,970	0.64	1,901,573	26.6
1940	15	71,933,000	666,575	9.27	48,556	0.68	2,115,867	29.4
1941	16	71,680,200	791,625	11.04	49,424	0.69	2,277,283	31.8
1942	17	72,384,500	679,044	9.38	46,268	0.64	2,233,660	30.9
1943	18	72.883,100	743,842	10.21	49,705	0.68	2,253,535	30.9
1944	19	73,664,300						
1945	20	71,998,100						24.2

出所：人口問題研究所『人口統計資料集』各年版より作成。

し」の文字のネオン・サインがかがやいているし、『大阪毎日』（一一月五日）には「七五三祝を新時代に活かす座談会」というものが開かれ、天満宮社掌、阿倍野神社禰宜《ねぎ》、住吉神社宮司などが、百貨店の人や鰹節屋の御主人と、この「美わしい行事」の復興をホクホクして喜んでいる。

「百貨店で聞くと、人絹などの発達のために以前とはずっと格安で、ずっと派手な、おどろく程美しい着物ができるようになって、肩から裾へかけて総模様の、花嫁として生涯に一度しか着られないような衣装を、どんどん作るようになったということだ。七五三の方も、陸海軍の将校の肩章から勲章まで、ほんものの通りのがついたカーキ服のものなど、だんだん立派なものができてきて、仲々大人顔負けというところがよくハケていくらしい。

非常時と言えば、各人は食うものも食わないようにして倹約をしたり、夜も日もなしに働いたりすることかと思うと、そうではなく（夜も日もなく働く人は別にあるのだが）こう言う、敬神の風俗や、冠婚葬祭については儀礼を厚くすることが、民族的意識の昂揚に役立つらしい。宮司や禰宜さんたちはそう言って大いに、ほくそ笑んでおられる。

ただ顔負けは、こういう崇厳敦厚なるべき場合の道具建が百貨店や料理店、ホテルの手を借りないとできないことで、彼らの手を借りれば、結局彼らの食いものになってしまうことである」(3)。

出生率は減退

また昭和一五年以降の婚姻率の高まりは、「人口増強の必要上、結婚奨励がなされるために、また既婚婦人は、勤労動員を免除されるために、戦時中にもかかわらず、結婚率は異常の大きさに達した」(4)と人口問題研究所長の岡崎文規は推定している。

しかし出生率は、昭和一三年・一四年に前年より約一割の低下を示した。これは、民法学者利谷信義によれば、「大量の軍事動員が有配偶男子を家族から引き出したため、出生力を低下させたから」である。そのため、「兵員を充実するという軍事上の目的のみから、無選択に召集すれば、出生率に及ぼす影響は恐ろしく大きいことに気付いたために、許すかぎりの範囲内において、兵員を有配偶者と未婚者とを代替させる措置をとった」(5)と言われる。

しかし昭和二〇年は、通年統計はないものの、昭和一九年一〇月～二〇年九月の特別統計によれば、戦況悪化と混乱により出生率は二四・二にまで低下したとのことである。戦争による混乱は、出生率を三割近くも低下させた。

しかしこのことがまた、終戦直後（昭和二二〜二四年）の爆発的ベビーブーム（二二年の出生率三四・三）を招くことにつながるのである。

2　結婚・再婚の奨励

結婚報国

戦争の進行とともに、国力とくに軍事力の充実が叫ばれるようになった。

挙国一致内閣と俗称された近衛文麿内閣は昭和一三年四月「国家総動員法」を施行して、国民は「国防目的達成のための人的資源」にほかならないと位置づけられた。この問題を直接担当する機関として同年一月設置されたのが「厚生省」である。それまで健康に関する行政は、内務省、商工省、文部省、逓信省などに分散していたが、軍部の強い要請のもとに一本化して実現した。その背景には、青少年における結核のまん延、近視や虫歯の増加、筋骨薄弱者の増加といった問題への対策もあったが、より直接の目的は「強力なる戦闘員を供給するため、生産力拡充に要する労働力を供給するため」（『週報』八三号）にあった。

さらに昭和一五年には「国民優生法」を制定、一六年には「人口政策確立要綱」を、閣議決定した。この頃はじめて行われた人口問題研究所の「出産力調査」によって、五児以上の出産を期待するには女子の結婚年齢の引き下げが必要であることが分り、一六年一〇月には「男子二五歳まで、女子二一歳までの結婚」を奨励する次官通牒が出された。「結婚することが何よりの御奉公になるのだ、という結婚報国の念に徹す」ることが大切だといわれた。また、昭和一五年には一〇人以上の子を育てた優良多子家庭の表彰も行われ、対象となった家庭は一万六二三家庭もあった。

そのため、各県各地に公立の「結婚相談所」か「公営媒介所」が開設された（東京市には昭和八年から既設されていたが、成立数が少ないので事業を縮小していた。それを一六年に復活して一〇カ所にまで拡大した）。元は聖書にあった言葉をもじって、「生めよ殖やせよ国のため」という垂れ幕が、たくさんの役所の外壁につるされた。

結婚十訓

厚生省予防局民族衛生研究会では具体的な結婚指導案の一つとして「結婚十訓」を立案発表したが、それをふまえて昭和一六年には東京帝国大学法学部教授の穂積重遠（民法学）が『結婚訓』という本まで書いた。いわば当時の結婚観の理想像ともいえるものなので、その題目を引いておく。

第一訓　一生の伴侶として信頼できる人を選べ
第二訓　心身ともに健康な人を選べ
第三訓　お互いに健康証明書を交換せよ

第四訓　悪い遺伝のない人を選べ
第五訓　近親結婚はなるべく避けよ
第六訓　成るべく早く結婚せよ
第七訓　迷信や因襲にとらわれるな
第八訓　父母長上の意見を尊重せよ
第九訓　式は簡素に届は当日
第十訓　生めよ育てよ国の為

周囲も本人も喜ぶ結婚を

たとえばこの第八訓について穂積は次のように解説している。

「『結婚する』のでせうか『結婚させる』のでせうか。我国では、古事記の時代乃至源氏物語の時代は知らず、武家時代以降になつては段々と、結婚は親たちがさせるものだ、といふ考えが固まって来たやうです。即ち双方の親が婿選み嫁選みをして取り結ぶのでありまして、所謂『親と親とのいひなづけ』であります。自分たちだけで言ひかわしたのは『親の許さぬ不義いたづら』としてつまはじきされます。即ち当人たちの結婚であるよりは、むしろ家の結婚であります。今でも其考は多分に残つてゐるのでありまして、殊に娘については著しいやうです。『やる』とか『かたづける』

とかいふ言葉にも、其意味がこもってゐます。考や言葉が残つてゐるだけでなく、実際多くの場合に親たちが主として活躍するのでありまして、息子や娘はまだ気がないのに、親の方がしきりにあせつて、あれのこれのと頼みまはつたり、聞き合わせたり、写真をとりやりしたりします（原文ママ）。おとなしい息子や娘は『おとう様おかあ様さへお宜しければ』とうなづきます。

しかし又他方には、結婚は自分たちの事だ、結婚させせられるのではなくて結婚するのだ、といふ考がだんだん強くなつてゐます。近頃の若い人たちは、結婚について相当の見識をもち、親たちの世話焼を有難迷惑がる気味があります。これはあながち西洋思想の影響だとばかりも言へないのでありまして、わが国でも大昔は却ってさうだつたらしく、婚姻としてはむしろ自然の事なのでありませう。

かやうにこの二つへの考へ方が現在我国では竝び行はれてゐるのでありまして、時には悲しむべき衝突もあります。この二つの考ははたして調和出来ないものでせうか、どう調和したらよいでせうか」。

昭和一六年に書かれたこの文章は、今読み直してみてもまことに穏当で適切なものだが、このあとに法律（明治民法）をやさしく解説して、法は妥協であり折衷であること、見合いや媒介結婚にも大いに改善の余地があることを説いて、最後は次のようにまとめている。

「これを要するに、恋愛結婚可なり、媒介結婚可なり、ただ前者は盲目的なるなかれ、後者は無理押附にあらざれ、いづれにせよ当人達が互に気に入り、親も喜び、戸主も満足し、親類もめでたがり、友人は快哉を叫ぶ、といふのが理想的な結婚であります。当人達の自覚と、父母長上の理解と、仲人の親切と、而して国家の施設指導によつて、どうかさういふ所へ持つて行きたいものであります(6)」。

結婚の休暇と結婚会館の繁盛

昭和一〇年代後半には、各種の新聞や『主婦之友』などの婦人雑誌も溢れるように結婚促進の記事を書き連ねていったが、適齢期の青年たちは、戦争にとられていなくなるばかりであった。だが、娘を持つ母親の心情としては「婚期をのがしたら救われない」という思いと、女子本人も「未婚のままでは暮らしていけない」という思いがあったし、男子の方も「とにかく結婚をすませて出征したい」という気持ちがあった。

厚生省優生結婚相談所長安井洋（医学博士）は、「いつ出征するかもしれないからと結婚をためらったり、また婚約のままで出征して帰還してから結婚しようと考えている人があったら、この際はっきり考えを改めていただきたい。……たとえ一日でもいいから結婚させることです」（『家の光』昭和一八年一〇月号）と説いている。そのため、独身兵士には結婚式だけの一時帰休が認められる例があった。

東京市では、結婚相談だけではなく昭和一八年三月からは挙式まで行えるよう「東京市結婚会館」

を開設した。予想以上の利用が殺到したが、開設後一年間の様子がこまかく記録されている。

「利用者には歸還勇士あり、產業戰士あり、學校の先生あり、官公吏あり、會社商店員ありで、社會の各層を網羅してゐる。殊に知識人の利用がぐんと增えたのが、最近めだって來たといふ。決戰調ともみられるのは白衣の歸還勇士、應召者、應徵戰士のあはただしい擧式で、出陣學徒の中にも、式だけ擧げて征かうといふのがあるといふ。つい先だつても二十歲のうら若い大學生の花婿と芳紀十七歲の女學校四年生の花嫁といふお雛樣のやうな可愛いい擧式があった。お仲人さんののどかな「高砂や」が終るとたちまち學友たちの『勝つて來るぞと勇しく』のアレグロとなり、華やかな華燭の式典化してたちまち出征歡送のうたげとなつた。宛ら太閤記十段目を地で行くその凛々しさ、け高さ、いぢらしさには、『思はず泣かされてしまひました』とは、結婚には充分目だこのできてゐる筈の係員の感想である。

中には海軍の軍人さんで、一日の休暇日を利用して會舘に馳せつけ、申込から擧式、披露までに、二、三時間の超スピードで濟まし歸艦の時間におくれじとあはただしく歸る人もあるといふ。正に決戰下らしい電擊結婚ともいふべきか。會舘ではかうした人たちのために特別のはからひで、五時のところを六時半ごろまで延ばして便宜をはかつてゐる。（中略）

先ず式服であるが、男は國民服女はもんぺ姿の決戰調や、背廣にふだん着といふ至つて簡素なのが多い。式服は男女共會舘に備付けて無料で貸してゐるが、これの利用者も相當多い。ともかく、自動車なり電車なりで手輕にやつて來て、女なら電髪の上に館のかつらをのつけて擧式といふあつさりした段取りで手間暇はかからない。女の人の洋式禮裝は『千百二十二組のうち、さあ一組もありましたかなあ』と係員が首をひねって考へ出す位である。

時節柄新婚旅行といふやうなことも稀で、結婚式がすめば、職場へ、増産へと、あくまできびしい嚴肅な次第書である。

引出ものの鰹節も、時節柄品拂底のせいもあろうが、專ら都電の回数券、彈丸切手、貯蓄債券と決戰色濃厚である。

一圓五十錢内外の赤飯付の決戰料理でおん芽出度く収まつて貰ひ度いものである。次にお酒は隣組配給で神前擧式用一合の配給があり、外に都長官からお祝いの意味でとくべつ一合差し上げる。不足とあれば結婚用一升の特別持ち込みの手もあるが、トラになるのが趣向でもあるまいから、これもおしきせの二合でまづまづおつもりとした方が芽出度い。

二十人ぐらゐのお客様で、擧式、披露、寫眞、気附（專屬の美容代）一切ひつくるめて七十五圓位で上がる」[7]。

傷痍軍人との結婚奨励

とりわけ、戦地で負傷して帰還した傷痍軍人の対策が重要であった。

傷痍の勇士に捧げる『をじさんありがとう』（土岐善磨作詩）という歌までできて歌われたが、実際に結婚相手を見つけることは容易なことではなかった。

結婚は軍人の介護のためにも結婚難解決のためにも有効な手段で「これから勇士の妻となってその杖となり柱となって一生を過ごすことは、日本婦人に課せられた最も尊い任務である」（『週報』二九二号）とされ、実例が起こると〈美談〉とまで言われた。たとえば、昭和一七年八月一五日には東京市四谷区の神社で義手と義足をつけた重い傷痍の二人と二人の女性（二六歳と二四歳）が結婚式をあげた。東京朝日新聞は「かういふ重い傷痍の勇士へ進んで嫁がうといふ娘のけなげさは、他の多くの未婚の白衣勇士らにも強い慰めと希望を与へることだろう」と写真入りで大きく報道している。

昭和一八年三月には軍事保護院推薦の『傷痍軍人結婚物語』(8)が刊行された。「日本の娘にのみ課せられた務め、軍国の娘に此の言葉を贈る」という海軍少将の長い言葉のあとに二〇近い結婚実話と、各府県に設けられた傷痍軍人結婚相談所の実情が伝えられている。実例によると「失明」「失脚」者の例が多いようだったが、数字としては（昭和一七年までに）東京府三三、愛知県一五、山口県一〇三、大分県三五組があげられているにすぎない。

このようにして婚姻（法的な結婚）は、激化した戦時中でも減少することはなく、前出の表7－1でも分かるように昭和一五年から一八年までは増加を続けたのである。

3　出征留守家族の悲哀

戦争未亡人が語る舅・姑との生活

「祝・出征」「祝・応召」ののぼりを先頭に大勢の知人に見送られて戦場へ向かった若者たちのかなりの者は、故郷の家に帰ってくることはなかった。その数は満洲事変以降終戦までに出征した者七二〇万人のうち戦死した者は二五〇万人以上といわれる。

それぞれの人には、親があり、兄弟姉妹があり、一部の人には妻や子があった。これら家族の人々が被った精神的・物質的な打撃の大きさは、はかりしれぬものがある。どういう方法をとったとしても語りきれるものではないが、もっとも悲痛と思われる岩手県横川目村（奥羽山系の山間集落）の未亡人の声を先に聞いてみよう。菊池敬一・大牟羅良編『あの人は帰ってこなかった』第一部冒頭の小原ミチの語りである。この素朴な語りの中には、共に働いたわずかな思い出、女手一つの重労働、義母の急死、義父の精神異常、決行できなかった家出、治療費のない苦しさ、戦没者給付の有難さなど、すべての思いがこめられている。長くなるが引用させていただきたい。

「あの人と一緒に暮したのは、たった五カ月だけだったモ。オレ、嫁に来たのは昭和一七年の春、一八になる時だったモ。そして秋の十月に召集来て征ったのだからナス。……たった五カ月一緒に暮らしたっきりだったんだが、それでもその時、運が良かったか、悪かったんだか、もう腹さ子供入って二カ月になっていたったモ。

召集のかかった日、ちょうど入山の炭窯の窯打ちの日でナッス。入山の沢まで歩いて二時間半もかかる処だから、朝暗いうちに家の人達みんなと出て行ってナス。ちょうどその日は山さ初雪降った日だったナス。じさま（爺様）とばさま（婆様）とあの人（夫）と四人で沢を登っていったの忘られないマス。四人してそろって稼いだの、あの日で終わりだったモ。……

それから年寄とオレみてエなワラシだか大人だかわからねェ者ばかり残って、まるっきり苦労したンス。炭焼きでばかり食っているのだから、ほかの仕事と違って、木を伐るったって、そいつを運ぶったって、山から炭を背負って下げるったって、まるで力仕事ばかりだからナス。

トミ（子どもの名）が育つ時、山でばかり一人して投げっぱなしで育てられたようなもんだンス。……

その人の話だと、（夫は）ニューギニヤのポトポトムとかいうところで、マラリアに罹って、穴の中で四日苦しんで死んだという話だったモ。

それから家の中はまるっきり変ってしまったったモ。

ばさまの病気はみるみる悪くなって間もなく死んでしまったったし、じさまはますます荒っぽくなってしまって、まるで人変わったようになったったモ。子供に二人も戦死されて家の中でたよりにならねェオレみたいな者と暮らさなければならねェということになれば、むずい（可哀想な）ところもあったたマス。……

なんべん家を出るべ、と思ったかわからねェナス。トミは今もいうナス。『かっちゃ（おかあさん）泣いて家出て行くのさ、オレも泣きながら暗いところ追っかけて走って行ったたっけナ』って。トミ抱いて外さ出て、家の中さ入りかねて、外さ立って一時間も二時間もすごしたり、あと、よその木小屋さ一晩寝て朝早く入って朝飯炊いたことも一度や二度でなかったたナス。

そのうちにじさま食道癌という病気になって弱ってしまってナス。今度はその医者代で苦労しなくてはならなくなってナス。丈夫な時は丈夫だで苦労し、弱れば今度は弱ったで別な苦労になってナス。今度は病人一人おいて逃げるわけにもいかないことだしナス。それからじさまを連れて、何年も、盛岡だ、花巻だ、北上だって病院回りはじまったノス。

人の苦労のうちで、貧乏の苦労というものはどれほど苦しいもんだかということ、その時、つくづくわかったナス。……

三年目、その三年目にちゃんと話通り国から金下りたったマス。本当に金くれて下さったたったモ。未亡人さ一万円、親さ五千円で、一万五千円下がったったモ。何が面白いって、あのくらい今までに面白いと思ったこと無かったンス。仏壇さ上げて拝んでス。拝みながら、『これ、誰からも借りた金でねェ。お前（夫）の働きで下がった金だっちゃ』って思ったとき、ただただ涙がこぼれたったナス。……

戦争未亡人というもの結局、子供の為に生きて、戦死した夫の名誉を守って生きて行けばいい、その外のことなんにもしねェ方がいいということだべナッス……(9)」。

長兄を失った家族の失意

「四人の兄弟を失って」を書いた山形市の五十嵐万佐子は、とくに長兄の戦死の公報が届いた日、家族の情景をこう記している。

「そしていちばん遅く戦地に駆けつけた長兄は、『弟たちは先に出ていながらまだろくな働きもしない。おれを見よ』とばかり華北の空に二五歳で散っていった。

○六月二七日午後三時、河北新報山形支局記者来社『周一、五月二五日戦死セリ』と告ぐ。

○六月二八日午前一〇時、大沼保吉市長来訪、戦死の公報を受く。

父の書き残した長兄の葬儀帳はここから始まっている。予期していた事とはいえこれは衝撃だった。ほかに男が四人もいるとはいってもやはり長男は頼りだった。父はさすがに何も言わなかったが、母は、『ばかだ、ばかだ。あれほど言ってやったのに、おれの言うことを聞かないから。何が名誉だ。何が国のためだ。育てたのはこのおれだ』

とぶつぶつぶやいては泣いていた。そして隊長から戦死した様子の報告が届き、死は確実なものとなった。夏の暑い日、兄は白木の箱に入って帰ってきた。征く時と同じく近所の人や各種団体の方々の出迎えを受けたが、ひっそりと静かなものだった。箱は重くて動かすと「カタカタ」と鈍い音がした。中には形のくずれた白い骨がぎっしりはいっていた。

『いい目も見ないでこんな姿になってしまって、苦労ばかりさせたなあ』

『貧乏ばかりさせたから、この家で苦労するより死んだほうがいいと死んだのか……』

と、人並みの暮らしをさせることができなかったふがいなさを嘆くのと、息子にすまないという複雑な気持ちが両親には入り乱れていた(10)」。

たとえ子どもがたくさんいても、イエの制度がやかましく言われていた当時では、長男が亡くなることは一番の打撃だった。とりわけ戦前の日本では、長男こそ、家長のあとをとり、家族員を支え、地域で意味ある位置を占める大事な人間だったからだ。

私（筆者）が昭和五〇年に三重県志摩半島の漁村を歩いていた時、干しコンブの大袋を背負った老女に出会った。暮らしのことに話が及ぶと、「海女《あま》ができるから並の暮らしは出来るがな」と言いつつも、「だがなあ、だがなあ」とくり返した末、

「ワシがおかみの役人ならば　アニキ兵隊とりゃあせん」

とのつぶやきを何度も語った。アニキとは土地の言葉で「長男」のことを指すのである。

4　学童疎開と親子の思い

学童疎開のはじまり

戦争の敗色が濃くなり、アメリカ軍はサイパン島や硫黄島を占領して、そこに航空基地を整備することに成功した。その結果、昭和一九（一九四四）年後半に入ると日本本土は空襲の危険が大きくなり、大都市・中都市での従来の生活は困難になってきた。

そのため、次代の国民となる児童の生命を守り、かつ一方では、戦力にならない子どもたちを安全な地方に疎開させせようという意図から、政府は一九年四月に何らかの縁故先への転出をすすめることを言い出し、六月三〇日「学童集団疎開要綱」を策定し、それに従って同年七月末から疎開が始められた。もっとも、できるだけ親の郷里などに頼れるものは個別に「縁故疎開」することが奨励された。しかし縁故に頼れるものは少なく、学校ごとの「集団疎開」に加わった方が多かったとみられる。文部省は当初、東京都二〇万、神奈川県四万、大阪府八万、兵庫県三万、福岡県一・五万、愛知県三・五万、計四〇万人と予想して予算を組んだが、はっきりとした全国の実勢記録はどこにも残されていない。五〇万人から八〇万人に近かったと推測されている。

縁故疎開は一、二名の子がそれぞれの親族か知人に引き取られたのでまずまずだったが、集団疎開のほうはさまざまな問題を引き起こし、「昭和の学童受難史」(11)ではなかったかという声すら生まれた。

ない。

これだけ膨大な数の子どもが、親から引き離されて「強制的な生活分離」になったことは前後に例が

イギリスの場合

もっとも類似した状態は、五年前のイギリス本国でも起っていた。第二次世界大戦でナチス・ドイツと敵対することになったイギリスは、一九三九（昭和一四）年九月三日の開戦と同時にロンドンはじめ南部の都市はドイツ空軍の爆撃にさらされた。そのため直前の同年九月一日から七二時間のうちに、八〇万人にのぼる学童が地方の個々の家庭へ送り出された。胸に大きな茶色の名札をつけ、ガスマスクを入れたダンボール箱をさげて五歳から一二歳までの子どもは列車かバスで遠くの地域まで運ばれた。行先は誰にも知らされなかった。

しかし受け入れ先の体制が日本とはっきり異なっていた。日本はあくまで学校を単位とする「集団移住型」であったが、イギリスでは到着先で登録家庭の親が気に入った子を選ぶ「里親委託型」であった。大人たちは、停留所に到着した子どもたちを取り囲み、指を指して子を選んだという。だから、かわいくって人好きのする女の子や農業の手伝いができそうな体格の良い男の子が真っ先に選ばれ、汚いかっこうをした子、不器量な子は取り残された。引き取り手がない子どもたちは、またバスに乗せられて隣の村へ連れていかれた。そして、面倒をみてくれる里親がどうしてもみつからない子は、教会などの施設に入れられた。その後ロンドンで話題にされたのは、里親に虐待された、放置された、

性的虐待を受けたという不快な話ばかりだったとされる。他方、日本の倍にあたる三年間も養育されたので、終戦後帰宅した実親との人間関係を回復できず、親しくなった里親の養子となった子どもも出た。(12)

日本で具体的に実施された都市は、東京、横浜、川崎、横須賀、大阪、神戸、尼ヶ崎、名古屋の本州八都市と、北九州の門司、小倉、戸畑、若松、八幡の五都市だった。親の負担は児童一人につき月一〇円で、残りは国庫が負担することに決められた。

昭和一九年八月の中下旬にかけて、集団疎開の子は校庭に集められて壮行式をあげ、見送りの親たちに手を振って駅へ向かった。初期の計画にはなかったが、沖縄県の学童も八月、本州宮崎県へ一〇〇〇名以上移ってきた。実はこの間の八月二二日、輸送船が魚雷攻撃を受けて沈没し、台風の荒波も重なって、児童八〇〇人弱と一般疎開者八〇〇人が死亡している。

対象となった子どもは、大都市の国民学校（昭和一六年から小学校はこう改称されていた）の三年生から六年生まで（のちに一年生も加わる）で、昭和七（一九三二）年四月生まれから昭和一一（一九三六）年三月生まれまでの児童がこれに該当した。

初期の学童疎開

なにぶん前例がないことであり、物資欠乏の戦時中のことであるので、さまざまな難しい問題が生じた。公立校の場合は、県や区が行先を探して斡旋したが、国立や私立の学校では、それぞれが求めなければならなかった。行先が決まっても、宿舎となる建物の実際の確保、地域社会への協力要請に始まって、生活の中心となる教育計画・社会訓練・食料の確保・病気への対応・親との交流など、教員の苦労は絶えることがなかった。

出発のときはまだ良かった。母親たちは不安が大きかったが、児童たちは仲間たちと見知らぬ土地への長期旅行ができると好奇心に溢れていた。東京朝日新聞は昭和一九年八月四日の様子を「疎開学童第一陣出発」として次のように報じている。

「この日、学童一七二名を送り出す（東京市）上板橋第三国民学校校庭で午前九時から進発式が行はれた。『さあ式を始めますから父母の方は生徒の列から離れて下さい』と先生が叫んでも、お母さん達はまだ愛児の靴の紐を結び直したり、スカートのしわをのばしたりしてなかなか離れようとはしなかった……四日午後四時四五分信越線松井田駅へ安着の帝都疎開児童の第一陣の顔が見られた」(13)。

彼らは、旗の波に囲まれ、婦人会の麦湯とジャガイモをたくさん用意されて、まるで帰還勇士を迎えるような駅前風景だった。ここから徒歩で一時間半歩いて、寺や温泉宿や蚕小屋などの宿舎に入った。最初は、新しい環境に好奇心を満たしている子どもたちも、時がたつにつれて規律ずくめの集団生活、質も量も悪化をたどる食物の支給、娯楽の少ない単調な生活、そして父母兄弟のいる家庭への郷愁などが重なって、学童の気持ちは暗いものに変わっていった。なかには、東北地方から東京までこ

表7－2　生活訓練日課表（月光原国民学校）

前5時30分	一斉起床，寝具整理，乾布摩擦，点呼，御挨拶，健康報告
6時10分	朝礼，宮城遙拝，皇大神宮遙拝，誓，訓話
6時40分	食事，作法，食器整理，後片付
7時20分	班別登校，学習，真剣ニ自ラマナビ，予習復習ヲスル
後5時00分	清掃
5時30分	夕食
7時頃	入浴，着物キチント，短カイ時間デキレイニ洗へ
7時30分	常会，今日ノ反省
8時00分	乾布摩擦，御挨拶後就寝

っそり帰った者まであったという。

山梨県甲府市郊外に疎開した東京市目黒区立月光原国民学校の生活訓練日課表には、表7－2のような事項が並んでいた。(14)

これからもわかるように、「戦意ヲ昂揚シ聖戦必勝ノ信念ヲ育成スルコト」「集団生活ニ於ケル躾訓練ヲ徹底セシムルコト」に重点をおいた『学童集団疎開ニ於ケル教育要綱』まで出されていたのである。万事が「小国民」と名付けられた児童を錬成するための軍国調であった。

空腹や郷愁と闘う子ども

東京女高師附属国民学校は、はじめ東京都北多摩郡久米川（現東村山市）にあった郊外園に疎開した。自然観察用の農園を付属施設として持っていたからである。そこは高田馬場駅から西武線で一時間少しという近さなので、毎月一回だけ家族が面会に来ることを認めていた。岩丸教諭の文章を見てみよう。

「月一回の日曜日に面会日というのがある。この日は、子どもたちは朝から浮き浮きして、疎開地の入り口を眺めている。朝家を出るのが何時、電車で何時間何分、駅から歩いてここまで何分と計算して、何時頃にはお父さんやお母さんが見える頃と、時計を見ている目はいじらしい程である。昼少々前の時刻に、雑木林の木の間隠れに人影が見えると、子どもは歓声を挙げて走り出し、父母に泣き付いて喜ぶ。昼食は、親が少ない物資を工面して手作りして持参した弁当を食べさせる。面会に来られなかった親の子は、誰かのグループに招んでもらって、喜びを分かち合うようにする」。

しかし、面会日の翌日は病人が多く出た。面会に来た家族が持参したものを食べすぎて、胃腸の具合を悪くすることが多いためである。

そこで、職員は次のような「面会人心得」を作って、門前の黒板にチョークで書いて掲示した。

面會人心得　（東京女高師附属国民学校）

一、面会時間ハ午前九時ヨリ四時半マデ
　　必ズ衛兵ノ手ヲヘテ面會ヲ申シ込ムコト
二、面會場所ハ園内ニ限ルモノトスル
三、辨當其ノ他食物ハ一切児童ニ與ヘザルコト
四、児童の洗濯物ヲ持ち歸ヘッテ次ノ面會ニ持参スルコト

五、小包ニテ物品ヲ送ラザルコト
六、一切封書（手紙）ヲ出サザルコト（葉書ハ可）
七、帰途小平町ニテ買出ヲセザルコト
以上

ところが、なんとか子どもに食べさせたいと考える親心から、結局は子に食物が渡り、その翌日には下痢患者が出た。

「阿部先生が『二の六来い』とおっしゃったのでスイジ場のうらへ行き、そこで今日面会人から食物をもらったことでさんざん叱られた。わかれてからも涙がとめどなく流れ、おうちの人の事などが思い出されいろいろな事もかんがえて涙にくれていた……夜ねてからも何となく家がこいしく悲しくてたまらなかった」（六年女子）。

そのため、次回一一月一二日は面会中止となってしまった。この問題はどこの疎開地でも起こっていた。親の子への愛は止めようがなかったのである。

再疎開

この学校の疎開地であった久米川は都心に近く、周辺への空襲が激しくなった昭和二〇年三月には危険になってきた。そこで再度の行先を検討したが方々で断られ、やっと主事（校長）の弟が校長をしている縁で、富山県西礪波郡福光町へ再疎開することに決った。福光国民学校へ通い、一〇の大きな家に分宿した。

福光は農村地帯の中にあったから食糧事情は改善されるとの期待もあったが、それはまったくの幻想にすぎなかった。この国民学校の八名の児童についての体重表が残されているが、昭和二〇年の四月から八月ないし九月にかけて、どの子も例外なく体重を一割以上減らしている(15)。

ずっとのち、感想文を求められた当時の六年生平田煕は、こういう事件を起した文章を寄せている。

「さびしさやわびしさもさることながら、何よりもひもじかった。〝最上級生〟ということもあって、絶えず下級生の模範足るべく、先生方の指導は厳しかった。でもナンダ!! 先生たちのごはんは、おれたちより、ずーっと多い!! 大きな弁当箱に山盛じゃないか!! ズルイゾーッ。……六年男子の作業のひとつに、倉庫からの荷物の運搬があった。その中には食料品も含まれていた。作業途中で失敬できる〝ヤクトク〟があるので、この作業には、皆、熱心だった。でも目だたない程度の〝ヤクトク〟はサソイ水でもあった。……Q君のリードで、ある夜、その倉庫の襲撃が計画された。フロシキとか袋を持っている者は皆持ちこまれ、コワゴワ僕も参加した。Q君の指揮さばきは見事だった。たいした苦労もなく、倉庫へ侵入できた。暗ヤミの、手探りの中で、まずは手当たり次第にムシャムシャ食べに食べた。確かな手ごたえの品々を、袋やフロシキにつめこんで寮へ逃げ返った。この「事件」は、もちろんすぐにバレた。鯨煎皮を一度に食べすぎて、腹痛を起す者、下痢でトイレから出られない者……。その後しばらく、三部六年のクラスは、他の学年、クラスから切り離されて授業をうけ、給食をするハメとなった(16)」。

「生徒は次第に体重が減り、頭髪が薄くなり、元気がなくなって、部屋では暴れることが少なくなっていった」と担任も書いている(17)。

子どもに食べ物は足らず空腹が続いていたのは明らかだったが、それを辛《つら》いとは言っても書いても小国民の恥だからいけないのだと普通の子はひたすらがまんしていた。四月三〇日の午後はがきを書く時間に限界がきた。「皆が示し合わせたように、『ご飯が少ない、身投げがしたい、つらい』と普段思っていたことを全部葉書に書いてしまったのです……夕食後、三部五年だけ残されて、みんなとてもしかられました」（五年男子）。

まだ久米川にいるとき、三年女子の一人が無断で脱出し帰宅するという事件もあった。現在は演劇記者になっているご本人が、四〇数年後に『自ら選んだドロップアウト』を書いている。

「……風邪をひいて別棟に何日か寝かされ、戻ってきたらなぜか級友にハジかれたのが動機ではなかったか……いくら親にいわれたとはいえ、よくおめおめ戻ったものだとあきれるが、子供心に前途に絶望していたのではなかったか……」。

こういう郷愁の念は、実はすべての学童の中にあった。空腹の思いとか自由さがないことの思いとはまた別で、骨肉のつながりに根ざす純粋な家族共生本能であろう。

疎開一週間目に、思った通りのことを綴れと教師が求めたとき、日頃成績優秀な男子六年生のひとりは、「私は一日一日が淋しくて、つまらなくて、帰りたくてしょうがない。こちらに来て、おやつはトウモロコシを二本食べただけである。あてが外れた。つまらない。まったくつまらない」(18)と書いている。

他の学校とも共通することだが、児童達の何よりの不満と心配は、まず食べ物の量が少ないこと、父母と連絡がとれないこと、仲間はずれにされることであった。

学校と父兄の争い

このような状況の中で、父兄の立場から、学校側と激しく争った珍しい記録があるので紹介しよう。東京都の画家であった塚原清一が、昭和四八年に「父のみた学童疎開」として書いたものである。

「一月に集団疎開させ、六月に勤め先の出張のついでに疎開先の福島県の旅館に赴いた。女教師は、一人だけ面会を許すわけにいかないと素気なかったが、生徒みんなの重さで障子が倒れこんできて、なんとか息子に会えることができた。

夕食後、子供とともに風呂場へ入って、服を脱がせてみて驚いた。シャツには、マスで計れそうな虱（しらみ）の卵。子供達の裸体は、腹部だけが異常にふくれ上がって細い手足をぴくぴくさせた蛙を思わせる不気味なものだった。十人もの先生は何をしている！　と、叫びたい言葉が胸までふくれ上がっても、口から出せないのは、人質同様に子供を取られている親の悲しさである。……やがて、子供が供されて、盛り切りの丼飯を子供と一緒に食べることになったが、他の子らの食事が気になって、そっとのぞいて見ると、見かけは同じ丼飯だが、米粒は上側の一粒並べで、その下はゆでた青菜だった。せめて芋とかいうのならともかく、青菜とは……。床の間には大きな南瓜が五、六十個も積み重ねてあるのに……。『あれは非常食糧です』と先生の返事はにべもない。……」

終戦を迎えた九月末に再び訪れると子ども達は歩行さえ難儀そうにみえるのに、教師たちは、東京が復興するまであと一年はここに居ると言って子の引取りを認めない。

「しかし私の決意は動かなかった。子供の口から、この前の私の土産のサクランボを他の子供二人と盗み出して（お前のお父さんが持って来たんだから、食べたっていいんだろうと、皆が言ったのだと言う)、食べた結果、早速下痢を起こして先生に盗みがばれ、罰として三人とも、三日間の絶食と減食をいい渡されたという話をきいたからである。この飢えきった子供達に絶食の罰とは、殴打されたと聞いたよりも私の血を煮えたたせた。

帰って早速父兄の一人に現地の事情を伝えると、たちまち血相が変わった。父兄会が開かれ、激昂した幾人かが学校へ押しかけて、教頭らをつるし上げるという事態になった。……一カ月後、急拠学童らを呼び戻すとともに、きれいに校長一派を学校から追い払ってしまった。疎開地の教師達は子供らの飯米をピンハネして、闇売りまでやっていたという事実も明るみに出たのだから、これもやむを得ぬなりゆきであったろう……」(19)。

学童疎開は、空襲という非常時の中で、飢えの苦しみが続いたときに、教師と生徒と親の人間性がむき出しになって争わなければならない苦しい大変な(多くの体験者にとっては、思い出すのも嫌なくらいの)ときだったのである。

5　軍事教練と学徒動員

軍事訓練のはじまり

私が一二歳で(旧制)東京府立第六中学校(現東京都立新宿高等学校)へ進学したのは昭和一八年四

月だったから、当然のように教練実施のただ中にあり非常に鍛えられた。その前年の国民学校までは教練に当たるものは何もなく、のんびり過ごしていたのだからこれは心身ともに激変だった。もっともこれは、何年生まれかにより、また地域によってかなり異なっていたようだから、全国体制の次に私自身の体験を記すことにする。

教練そのものは、大正一四（一九二五）年四月から全国の（旧制）中学校以上の男子校で実施されていた。大正一四年の「陸軍現役将校配属令」によって中学校以上の各学校に配属将校が一名以上置かれ、軍事教育が必須のものとなり時代とともに強化されていた。小銃をはじめとする兵器の操法、部隊訓練のほか、兵士のようなしつけや風紀指導も行い、時には軍隊の演習にも参加させた。その出来・不出来は成績表にも記載され、及落にも響いた。配属将校は少尉か中尉で、学校の中での予備兵訓練の意味も兼ねていた。

これは、世界の軍縮問題にも関係している。大正一一（一九二二）年のワシントン条約に従って、日本海軍は軍艦の建造を中止し、十隻以上の軍艦を廃棄した。陸軍も大正一二年に六万三〇〇〇人、一四年には四個師団を廃止、将兵三万七〇〇〇人と馬二万九〇〇〇頭を整理した。配属将校は、現役をクビになった尉官の失業救済策でもあった。しかし、配属将校は二割近くの減給となり、配属先の学校では教員会議にも加われず、うっ屈した性格になる人が多く、学生たちとはうまい関係が持てないのが普通だといわれた。

教練体験

さて、私の体験に触れると、中学に入学するとすぐにゲートルが配られた。ゲートルというのはカーキ色の布脚絆《きゃはん》のようなものだが、元来ズボンのスソがバラけないように脚に密着させるために巻きつけられるものだ。ところが、私は合格しても中学処定の制服を買うことができなかった。街中探しても、どんな長ズボンも売っている店はないのである。兄やイトコを先輩にもつものは、そのお古をもらって恰好をつけていたが、私のように長男で適当なイトコもいない者は小学校の半ズボン姿のままで登校するほかない。素足の上に巻いたゲートルは、どんなに上手にしてもたるんでずり落ちてきた。するとたちまち教官の怒声がとび、ふるえながら何度も巻直しをするのだった。

毎朝の朝礼で黙とうする際の姿勢も、毅然とした態度が要求された。少しでも動こうものならたちまち前へ呼び出され、理由が説明できない者には往復ビンタが飛んだ。

そのあとの情景については、一年先輩の作家・加賀乙彦が、『帰らざる夏』の中で、次のように描写している。

「中学校の隣が新宿御苑で朝礼の時に宮城遥拝に続いて御苑に最敬礼をする習わしであった。正面、国旗掲揚塔の隣に鐘楼があり、『興国の鐘』と称する鐘が吊ってあった。これは軍艦三笠の時鐘をもらい受けたので特別な時、紀元節とか天長節とかいう祝日に鳴らしたけれども、ふだんは『副鐘』という摸造の鐘を鳴らした。鐘の鳴っている間、全校生徒は手を前に組み足を開き瞑目して黙祷するのであった」[20]。

数カ月たってようやく学校から支給されたスフのよれよれの制服は、カーキ色で従来の紺サージの服よりはよほど見劣りがした。これは前からの伝統のようだったが、ズボンの横側にポケットの部分がなかった。寒い時でもポケットに手を入れさせないためで、しかも手袋の着用も禁じられていた。寒稽古と称して始業前の剣道に集まる時は、両手をこすりながら登校するほかなかった。

教練の時間には毎回、「ひとつ、軍人は忠節を尽くすを本分とすべし」というあの有名な軍人勅諭五箇条を奉唱してから始められた。

夜間の行軍も何回かあり、甲州街道をひたすら西へ歩き、一時間あまり行ったところで引返すのである。何しろ朝からの授業のあとなので、単純な歩行はしばしば眠気におそわれた。歩きながらいつのまにか眠ってしまうのだが、両脇の友や後ろの友に押されながら歩いている。人間は眠りながらでも歩けるものだ、と我ながら感心した。

その訓練の成果を試すつもりか、七月二二日からは那須高原で五日間に及ぶ本物の兵舎を使う廠《しょう》営《えい》が実施された。テントでの甘いキャンプなどではない。一二歳にして兵隊に近い訓練に連れ出されたのである。家族が何とか用意してくれた飯米を持ち、河原での飯盒《はんごう》炊さんまでは良かったが、行軍が大変だった。小さな肩に本物の重い小銃がくいこみ、雨中を何時間も行軍した苦しみは、今でも時々夢に見るくらいである。

おまけに、不潔な兵舎での食事は、コーリャンにモロコシの雑炊といったひどいもので、半分近い生徒が下痢を起こして倒れた。しかし、医者も救急車もなく、家からの迎えなど望めるものではなかったから、皆よろめくようにして自力で帰宅したのだった。(21)

その後は半月近くの夏休みが与えられたが、私はその貴重な休暇時間のほとんどを自宅で寝て過ごさねばならなかった。小学校では二日休んだだけの精勤賞であり、職場に出てからも病欠したことはほとんどない。こんなにも長く病床に伏したことは前にも後にもないという大病だった。三名の者は、はっきり赤痢と診断されて入院したが、私もそれに近かったと思われる。

学徒動員で工場へ

八月二〇日には早くも第二学期が始まり、再び猛烈な勉強（宿題を忘れると退学をほのめかされる）と教練の日々が再開されたが、この異常でストイックな中学生活は、その後一年三カ月しか続かなかった。

日本軍は昭和一八年後半から中部太平洋の諸島を次々にアメリカ軍に奪回され、昭和一九年後半には日本本土が空襲の危機にさらされるようになった。労働力の不足から、一九年以降中等学校以上の男女生徒を「学徒動員」として、軍需工場や土木事業へふり向けるようになったのだ。私の中学校でも、四年生は七月から、三年生は八月から動員先へ出て行ったが、私たち二年生も一一月一日から山手線五反田駅・大崎駅周辺の三工場へ動員され、以後敗戦まで学校へ戻ることはなかった（私の学年が動員された再下限の年齢だった）。

いったい一三歳の少年が工員として使い物になるのか。職種にもよるが、私の判断では、結構役立ったのではないかと思う。とにかく動員で勉強をしなくて済むようになった私たちは、内心ホクホクして、一人前の工員になった気持ちで工場の中で毎日を送るようになった。この体験は良かったか、辛かったか。むろん、工場の種類や職種によってさまざまであったろう。

私のクラスは本多電機五反田工場であった。大型のアルカリ蓄電池を作り、それを炭鉱で使う大型電池ボックスへ封入する工場である。いくつもの部所に分れたが、私は他の二名とともに製品検査室へ配属された。製品からサンプルを抜き出し、規定の濃度に適合しているかどうかを定量分析するのである。これは、材料の運搬や（こぼれた硫酸をあびて大火傷した生徒もいた）かくはんなどの作業に比べれば軽作業だがやや高級な仕事で、化学の知識を必要としていた。しかし化学のことは学校で学び始めたばかりで、分子表すらよく知らなかった。そこで工場技師のKさんやMさんは、化学のイロハからピペットの持ち方、精密天秤の計量法まで教えてくれた。まるで教室のようだと他部所の友達からはうらやましがられ、肉体の疲れは感じなかった。

昼休みには、碁や将棋を工員と争う友が少なからずいたが、ラジオから流れ出る「月月火水木金金」や「出てこいニミッツ・マッカーサー」といった軍歌まがいの歌を合唱する者はほとんどいなかった。わずかに「ラバウル小唄」や「同期の桜」を口ずさむ声は聞こえていたが。私たちは決して沈んでもいなかったし、暗くもなかった。しかし、状況の悪化から、私たちの意気込みはカラ元気のようになる感じを否めなかったのだ。泣くこともなかったが、本当に笑える日もなかったのである。

翌二〇年七月には、中島飛行機三鷹工場へ配置替えになり、そこで敗戦の日を迎えたのである。私にとっては、教練や動員の日々は、辛くて嫌な思い出が多いが、のちのクラス会などで話し合うと、面白くて良かった、珍しい体験ができて楽しかったと言う者も結構いるのである。私は何よりもチビで体力がなく、偏食家でもあったから、軍事的な動きにはついていけなかったから辛いのであり、そうでない者には面白い体験になったのであろう。

6 敗戦時の家族

統計の不在

本書は、昭和二〇年八月一五日までを終期として書き始めたのだから、昭和二〇年前後の家族問題を最終節として記述することが本来の責務であろう。しかし申し訳ないことだが、それを果たすことができない。

まず、家族把握の基礎となる出生・死亡・婚姻・離婚の四大事項についての全国統計が昭和一九〜二一の三カ年は存在しないので、全国の大勢がどう推移していたのかを知ることができない。市民は戦争の混乱で移動も激しく、届出どころではないという事情にあったし、市区町村役場の方も原簿の疎開や戦災消失などで、統計をとるどころではなかったのであろう。個々の家族はもっと大変だった。

非常時どころか、内地も空襲や砲撃を受けて本物の戦場と化していたから、逃げまどうのが精一杯だった。昭和一九年から二〇年にかけての米軍の本土空襲その他の戦災で八〇数万人の死傷者を出しているが、そのうちには二発の原子爆弾による被災者三〇数万人が含まれている。また沖縄戦では一般市民一五万人が犠牲となった。

ずっと後になって、戦争を総括した資料が発表されて分かったことだが、満洲事変から終戦までの出征兵士数は七二〇万人、戦死・戦病死者は二五〇万人、外地での行方不明者約六万三〇〇〇人、一般の国民も空襲・地上戦その他の戦災で約八〇万人の死傷者（死者約五〇万、負傷者約一〇二万という統計もある）を出した。これだけでも死者は三〇〇万人以上に達する。昭和二〇年の世帯数は（国勢調査がなかったので正確な数は不明だが）推計すると約一五〇〇万位あった。この世帯を仮に家族とみなすと、五家族に一家族以上が家族員を一人以上失ったことになる。それ以外に一三歳以上の青少年男女は勤労動員に出され、老人や幼児・児童は疎開させられていたから、全員が揃っている家族はほとんどなかった。これほど多くの家族がチリチリバラバラになった時代は前後にない。

家屋や物資の損失は多すぎてとても数え切れない。戦時中の生活の苦しみは、人間世界のものではなくなっていた。

これこそが大戦争の惨劇であり、家族問題にとっても最大の出来ごとでなくて何であろう。本当は、これをこそ細かく追及すべきであろうが、あまりにも数が多く、個々の事例もあまりに悲惨であるのでここでは取り上げきれない。

一五年戦争と家族との関係について個々の場面をとり上げている直接的な資料として、すぐれた文献が多数存在するので、これらをご覧いただきたい。(22)

家族こそ人間関係の礎

いずれにせよはっきりしてきたことは、この非常時においてこそ、人間にとって家族の存在がかけがえのない貴重な人間関係であることが再確認されたことであろう。

イタリアの庶民は、困ったことが起こると「家族が第一、教会第二、哀れな国家は三番目」という言葉をつぶやくという。日本でもこの時、お寺や神社は助けにならなかったし、国家はそれ以上に役に立たない存在でしかなかった。

家族は数人だけの小集団だが、夫婦・親子という情愛的で持続的な関係が長時間続くので、部分的にではなく、全人的に結びついている。生活条件の良し悪しに関係なく、他のメンバーに深い影響を持つ触れ合いを続ける。その上、著名な社会科学者マックス・ウェーバーの言葉を借りれば「扶養の共同性と消費の共産性」をもって生き続ける存在である。

健康保険や生活保護などの社会保障が事実上皆無に近かったこの時代に、人は家族の中で情緒的にもたれ合い、経済的に扶け合って生きるほか方法がない時代であった。

それは、明治民法が「家《いえ》の制度」を決めていたからではない。地域の「しきたり」が個人をしばっていたからでもない。大変な非常時がいわば本物の「家族の働き」を引き出して人間性を守ってきたのだと思いたい。そのような意味では、家族が家族としての本領を発揮できた、意味ある時代だったのでもある。

注

(1) S「出征家族の家計、運転手さんの留守宅」『婦人之友』昭和一二年一一月号。
(2) 岡崎文規「戦争と結婚率の変動」『結婚と人口』昭和一六年、千倉書房、五七頁。
(3) 執筆者不明「おめでた月の眺め」『土曜日』昭和一一年一一月二〇日。
(4) 岡崎文規、前掲書、五八－五九頁。
(5) 利谷信義「戦時体制と家族」『家族・政策と法六巻』昭和五九年、東京大学出版会、三四四頁。
(6) 穂積重遠『結婚訓』昭和一六年、中央公論社。
(7) 東京市結婚会館「結婚会館超繁盛記」『都政週報』昭和一九年三月一一日。
(8) 荻野憲祐編『傷痍軍人結婚物語』昭和一八年、大日本傷痍軍人会本部、九八－一一〇頁。
(9) 小原ミチの語り、菊池敬一・大牟羅良編『あの人は帰ってこなかった』昭和三九年、岩波書店、一六二－一六三頁。
(10) 五十嵐万佐子「四人の兄弟を失って」仁木悦子編『妹たちのかがり火』昭和四七年、講談社。
(11) 唐沢富太郎『図説明治百年の児童史下』前掲書、四五七頁。
(12) ベン・ウィックス、都留信夫・都留敬子訳『ぼくたちの戦争』平成四年、ありえす書房、全章（Ben

Wicks "No Time To Wave Goodbye" 1988)。

(13) 東京朝日新聞、昭和一九年八月五日。

(14) 月光原国民学校編「学童疎開の記録」唐沢富太郎、前掲書、四五九頁。

(15) 堀七蔵編『東京女子高等師範学校、学童の疎開』昭和四〇年、同校、一三二－一三三頁。

(16) 学童疎開記録保存グループ編著『疎開の子ども　六〇〇日の記録』平成六年、径書房、一六四頁。

(17) 学童疎開記録保存グループ編著、前掲書、一二一頁。

(18) 学童疎開記録保存グループ編著、前掲書、九二頁。

(19) 塚原清一「父のみた学童疎開」平凡社編『ドキュメント昭和世相史　戦中編』昭和五〇年、同社、二六四－二七二頁。

(20) 加賀乙彦『帰らざる夏』平成五年、講談社文芸文庫、四三頁。

(21) この記録の日時については、都立六中卒業五十年記念『木々の翠をあとにして』平成一〇年、同会、学校行事年表による。

(22) 高知ミモザの会『戦地から土佐への手紙』平成二一年、同会、七九頁。菊池敬一・大牟羅良編『あの人は帰ってこなかった』昭和五四年、岩手県農村文化懇談会編『戦没農民兵士の手紙』昭和五四年、早乙女勝元『東京大空襲』昭和五五年、以上3冊はいずれも岩波新書。平凡社編『ドキュメント昭和世相史　戦中編』昭和三五年、同社。筑摩書房編『記録現代史・日本の百年』昭和五二年、同社。

あとがき

昭和二〇年五月二五日、東京山手大空襲の夜、銀色にきらめくB－29爆撃機から何百もの焼夷弾が落ちてくる真下に私は立っていた。しかし風のためか、焼夷弾は大雨のような激しい音を立てながらも流されて、一〇〇メートルも東側へ落ちていった。山手線の高い土手にさえぎられて私は無事生き残った。

その年の八月一五日、終戦の日、私は東京三鷹にある中島飛行機の工場で働いていた。勤労動員の一番低年齢の中学生として前年秋から学校を離れていたのである。正午少し前、ジュラルミンの大きな円筒にドリルで穴をあける作業をしていたのを中止して、工員たちと共に小さな中庭に集められた。中央の台に乗せられた古いラジオから流れる玉音放送はよく聞き取れなかったが、どうやら戦争は敗北に終わったことは皆にも分かってきた。

しばらくは、静けさだけがあたりを支配した。真夏の青空の下にいるのに、セミの声も、人のささやきも、工場の騒音も聞こえなかった。

かなりたったのち、目をぬぐった先生が「戦争は終わった。君達は学校へ戻って本来の仕事である勉強を始めよう」と言われたが、私には上の空に聞こえた。「一五歳までは普通の暮らしだが、一六歳からは何かの軍人になって戦死するのだ」というのが私が持っていた漠然としたライフプランであった。それが、一五歳になる前に戦争が終わってしまったので、どうしていいか分からなくなってしまったのだ。意識を失いフラフラしながら道をたどり、畑と焼け跡の中を通って帰路についた。ふしぎに、その日も電車はちゃんと走っていた。

大切な人間を数多く失い、住む所も資産も一挙に失った苦しさは筆舌に尽くしがたいほど大きいものだったが、終戦までの一八年余りの昭和がすべてこうであったわけではない。

昭和一〇～一二年頃の大都市では、終戦前日本としての文化や科学の最盛期を迎え、高収入に恵まれた中上層の家族は、かなりの物資にも囲まれて、それなりの幸せを享受していた。しかし他方、農村の小作農家はすさまじい貧困がずっと続き、都市でも労働者や下層の職人・商人などの家族は絶対的な貧しさから生涯抜け出すことができなかった。そしてまた一方では、中国で始まった戦争は一時的には戦争景気をもたらし、その時には戦争を歓迎する声すらあったのである。

終戦までの昭和は、政治・経済・軍事・外交などの事態は常に複雑に輻輳《ふくそう》し、理解がまことに難しい時代だった。そのなかで家族がどう暮らしたかは、結局人間がどう生きたかにつながる問題である。

日本に長く居住している外国人は、「日本人は伝統が好きで歴史を大切にしていますね。映画でもテレビでも歴史物がとても多い」とよく言う。確かにそういうドラマは多いが、歴史好きにはつながらないと私には思われる。戦国時代や幕末のサムライ姿は多く登場しても、近代日本の庶民生活はあまり出てこない。とくに、大正や昭和前期の家庭生活像はほとんど登場しないから、一般人にはよく知られていない。今の若者は、三代前の祖先が何を食べ、何を苦労としてきたかを少しも知らないのだから、歴史好きな国民とはとても言えないのではないだろうか。

学校生活のどの段階でも教えられなかったから知らないのだが、それは教える方にも、まとまった資料がないので教えようもなかった、ということでもある。しかしこれは残念なことなので、何とかその穴埋めをしたいというのが、本書執筆の一つの動機であった。

私は、各種の大学で三〇年近くも家族の生活史にふれる講義をする機会をもち、そのたびに昭和前期の家族問題を採り上げたいと願っていたのだがついに果たすことができなかった。それは何よりも適切な文献がなかったからである。後に続く教育者や研究者の方々が、本書などを活用してこの穴を埋める授業をしてくだされば大変有難いことだと思う。また一般の方々も、本書がこの難しい時代を生きた人々と家族のことを少しでもつかんでいただけるようにしていただければ、著者の喜びはこれにすぎるものはない。

平成二三（二〇一一）年春

湯沢雍彦

参考文献

青木正和『結核の歴史』平成一五年、講談社。

秋山加代「小泉信三と妻富子」『文藝春秋　四月臨時増刊号』平成一四年、文藝春秋社。

有地亨『日本の親子二百年』昭和六一年、新潮社。

有地亨『近代日本の家族観・明治編』昭和五二年、弘文堂。

安藤勝野「よろい田の村」高知の女性の生活史『ひとくちに話せる人生じゃない』平成一七年、同会。

五十嵐万佐子「四人の兄弟を失って」仁木悦子編『妹たちのかがり火』昭和四七年、講談社。

石井桃子「『世界名作選』のころの思い出」山本有三編『世界名作選二』平成一〇年復刊、新潮社。

石川達三『蒼氓』（発表は『星座』一号、昭和一〇年）『日本文学全集六四』昭和四七年、集英社。

石川達三『三代の矜持』（昭和一三年作）『日本文学全集六四』昭和四七年、集英社。

井口貞子の語り、岩田阿喜子「杉の子で学んだことは正しい」杉並区女性史編さんの会編『杉並の女性史』平成一四年、ぎょうせい。

伊藤整『女性に関する十二章』昭和四九年、中央公論社。

稲葉操「満州開拓団の思い出」NHK長野放送局編『満蒙開拓の手記――長野県人の記録』昭和五四年、日本放送出版協会。

井上友一郎「三原火口の悲劇を悼む」『セルパン』昭和一〇年八月号。

岩瀬彰『「月給百円」サラリーマン』平成一八年、講談社。

岩手県農村文化懇談会編『戦没農民兵士の手紙』昭和五四年、岩波新書。

ベン・ウィックス、都留信夫・都留敬子訳『ぼくたちの戦争』平成四年、ありえす書房、全章（Ben Wicks "No Time To Wave Goodbye" 1988）。

江崎秀夫「或る日のインテリ失業者」『中央公論』昭和五年八月号。

S「出征家族の家計、運転手さんの留守宅」『婦人之友』昭和一二年一一月号。

遠藤保子「不況と闘う農村の娘の日記」『婦人倶楽部』昭和七年一〇月号。

及川和浩編『嫁と姑』昭和三八年、未来社。

大熊信行「戦時下の結婚道徳」『婦人公論』昭和一七年三月号。

「大阪毎日新聞」昭和五年四月二八日。

大阪・桃代「私の隣組八軒」『婦人之友』昭和一六年一一月号。

大橋隆憲『日本の階級構成』昭和四六年、岩波書店。

岡崎文規「戦争と結婚率の変動」『結婚と人口』昭和一六年、千倉書房。

岡崎文規「家族心中と情死」『岡崎文規著作選集　第四巻』平成七年、クレス出版。

小笠原克「昭和文学の形成」紅野敏郎編『昭和の文学』昭和四七年、有斐閣。

小木新造『ある明治人の生活史』昭和五八年、中央公論社。

荻野憲祐編『傷痍軍人結婚物語』昭和一八年、大日本傷痍軍人会本部。

小田切進「作家と作品」『日本文学全集六四』昭和四七年、集英社パンフレット。

小原ミチの語り、菊池敬一・大牟羅良編『あの人は帰ってこなかった』昭和三九年、岩波書店。

加賀乙彦『帰らざる夏』平成五年、講談社文芸文庫。

風早八十二解題『全国民事慣例類集』昭和一九年、日本評論社。

片岡君「ブラジル移住」高知の女性の生活史『ひとくちに話せる人生じゃない』平成一七年、同会。

学童疎開記録保存グループ編著『疎開の子ども　六〇〇日の記録』平成六年、径書房。

金子光晴『詩人』昭和五〇年、旺文社。

唐沢富太郎『学生の歴史』昭和三一年、創文社。

唐沢富太郎『図説明治百年の児童史下』昭和四三年、講談社。

河合隼雄「復刊にあたっての解説」山本有三編『世界名作選二』平成一〇年復刊、新潮社。

川島武宜『結婚』昭和二九年、岩波書店。

樺俊雄「愛情の倫理」『婦人公論』昭和一七年七月号。

菊池敬一・大牟羅良編『あの人は帰ってこなかった』昭和五四年、岩波新書。

厨川白村「近代の恋愛観」『編年体大正文学全集一〇』平成一四年、ゆまに書房。

月光原小学校編「学童疎開の記録」唐沢富次郎『学生の歴史』昭和三一年、創文社。

小泉信三『海軍主計大尉小泉信吉』昭和五〇年、文藝春秋社。

厚生省統計情報部『人口動態統計一〇〇年の動向』平成一一年、厚生統計協会。

高知ミモザの会『戦地から土佐への手紙』平成二一年、同会。

国立社会保障・人口問題研究所編『人口の動向――日本と世界』二〇〇八年版、厚生統計協会。

国立社会保障・人口問題研究所『我が国夫婦の結婚過程と出生力』平成一九年、同所。

小西四郎「戦時下の国民生活」森末義彰編『生活史Ⅲ』昭和四四年、山川出版社。

小林俊三「人事調停委員であった頃」『ケース研究』昭和二六年特集号。

小峰茂之「昭和年間に於ける親子心中の医学的観察」『社会事業研究』二二巻七号、大阪社会事業連盟、昭和九年。

早乙女勝元『東京大空襲』昭和五五年、岩波新書。

キャサリン・サンソム、大久保美春訳『東京に暮らす』平成六年、岩波書店（Katharine Sansom "LIVING IN TOKYO" 1937）。

獅子文六「国民服史」『改造』昭和二一年三月号。

司法省『思想犯の保護に就て』昭和一二年、司法省資料。

司法省「遺家族を繞る紛争及風紀」『思想月報』五六号、昭和一四年。

子母沢さだ「陸軍中尉のやりくり家計」『婦人之友』昭和四年一二月号
島内勝徑「必ず僕は帰ってくる」高知ミモザの会『戦地から土佐への手紙』平成二一年、同会。

下川耿史「ボーナスで買えた豪邸」『昭和・平成家庭史年表』平成一三年、河出書房新社。

週刊朝日編『値段史年表』昭和六三年、朝日新聞社。

主婦之友社編『主婦之友・花嫁講座』昭和一四年、同社。

人口問題研究所「平均寿命」「性別乳児死亡数」『人口統計資料集』平成二〇年。

管賀江留郎『戦前の少年犯罪』平成一九年、築地書館。

鈴木実「遺言状」『新版きけわだつみのこえ』平成七年、岩波文庫。

鈴木はるの語り、葛飾女性史の会編『つづら——葛飾に生きた女性五〇人の聞書き集』平成一七年、同会。

千駄谷第三尋常小学校保護者会編『我が児童』昭和一五年、同会。

相馬愛蔵『記録現代史・日本の百年』八巻のパンフレット、昭和三五年、筑摩書房。

総理府統計局「昭和一五年の国勢調査など結果報告摘要」昭和二四年。

高木久子「ひのえうま生まれの実業家」江東区女性史編集委員会『江東に生きた女性たち』平成一一年、ドメス出版。

高田保「鰻どんの『どん』——代用食物語」『文藝春秋』昭和一五年九月号。

高橋幸春『日系ブラジル移民史』平成五年、三一書房。

武井正臣「山陰における内縁報告書」『法社会学』五号、昭和二九年。

竹下牛松「ゴハンモ　オカズモ　タクサン　タベナサイ」高知ミモザの会、上掲書。

竹田菊子ほか座談会「恋愛と結婚を語る座談会」『主婦之友』昭和一一年七月号。

田中道子「デパート女店員の内幕」『女人芸術』昭和五年四月号
田村五郎『家庭の裁判——夫婦』昭和四〇年、日本評論社。

田村五郎『家庭の裁判——親子』昭和四五年、日本評論社。

筑摩書房編『記録現代史・日本の百年』昭和五二年、筑摩書房。

中央公論記者「東京だより」『中央公論』昭和一五年二月号。

中央社会事業協会・全日本方面委員連盟「新聞に現れた親子心中に関する調査」昭和九年。

塚原清一「父のみた学童疎開」平凡社編『ドキュメント昭和世相史　戦中編』昭和五〇年、平凡社。

土屋祝郎『紅萌ゆる』昭和五三年、岩波書店。

壺井栄「野菜行列の弁」『改造』昭和一六年一〇月号。

暉峻義等「乳児死亡の社会的原因」一番ヶ瀬康子編『日本婦人問題資料集成　第六巻』昭和五三年、ドメス出版。

「東京朝日新聞」昭和二年三月一八日、二九日、三〇日、昭和三年四月一九日、八月九日、昭和四年三月三一日、昭和五年八月一九日、昭和七年五月一〇日、一一日、一二日、一九日、六月一〇日、七月一二日、一二月一三日、昭和九年一一月一七日、一二月一〇日、昭和一〇年一二月九日、昭和一九年八月五日
「東京朝日新聞」「女性相談」昭和九年一月二九、昭和一〇年一月七日、二一日。

東京朝日新聞編『女性相談』昭和七年、木村書房。

東京市結婚会館「結婚会館超繁盛記」『都政週報』昭和一九年三月一一日
東京・久恵「煙突と南と北と」『婦人之友』昭和七年一月号。

利谷信義「戦時体制と家族」『家族・政策と法』六巻、昭和五九年、東京大学出版会。

豊田正子『綴方教室』（初版昭和一二年作）昭和五九年版、木鶏社。

豊田正子「あとがき」『粘土のお面』昭和一六年。

中野好夫「国民道徳について」『日本評論』昭和一九年二月号。

中野孝次「職人の家の気風」『文藝春秋　四月臨時増刊号　家族の絆』平成一六年。

中原順子「病気の盛行と衛生の不備」湯沢雍彦編『大正期の家庭生活』平成二〇年、クレス出版。

永嶺重敏「雑誌と読者の近代」平成一五年、日本エディタースクール出版部。

西田良子「講談社の絵本――昔話」鳥越信編『はじめて学ぶ日本の絵本史　Ⅱ』平成一四年、ミネルヴァ書房。

西多セイ「掛値なしの話」豊島区立男女平等推進センター編『風の交差点二』平成五年、ドメス出版。

日外アソシエーツ編『二〇世紀日本人名事典』平成一六年、同社。

沼畑金四郎「代用品の取扱い方」『婦人朝日』昭和一七年七月号。

林ハナ「荷車のうた」豊島区立男女平等推進センター編『風の交差点』平成四年、ドメス出版。

半藤一利『文藝春秋　九月増刊号　半藤一利が見た昭和』平成二一年、文藝春秋社。

平山亜聖「母国への出稼ぎ見守り続け」東京朝日新聞、平成二一年八月二二日
広津和郎「ニヒリスト・サラリーマン」『中央公論』昭和七年五月号。

藤崎康夫『母と子でみる・ブラジルへ』平成一一年、草の根出版会。

古川緑波「銀座と浅草」『婦人画報』昭和五年一月号。

平凡社編『ドキュメント昭和世相史　戦中編』昭和三五年、平凡社。

細井和喜蔵『女工哀史』昭和二九年、岩波文庫。

穂積重遠「二十七年前の一ケース」家庭事件研究会『ケース研究』二号、昭和二四年。

穂積重遠『結婚訓』昭和一六年、中央公論社。

堀七蔵編『東京女子高等師範学校、学童の疎開』昭和四〇年、同校。

堀辰雄『風立ちぬ』（昭和一二年、新潮社）平成七年版、新潮文庫。

本間久雄「動かぬ恋愛の二字」「東京日々新聞」大正一五年一〇月一三日。

松田道雄「医者と裁判官」『法律時報』二七巻四号、昭和三〇年、日本評論社。

丸山真男「『君たちはどう生きるか』をめぐる回想」吉野源三郎『君たちはどう生きるか』昭和五七年、岩波書店。

村上兵衛「子供の目に映った昭和一ケタ代」毎日新聞社編『一億人の昭和史1　満洲事変前後』昭和五〇年。

目黒晃「父への手紙」『新版きけわだつみのこえ』平成七年、岩波文庫。

柳田国男「明治大正史——世相論」『柳田国男全集　二六巻』平成一二年、筑摩書房。

矢野記念会編『数字でみる日本の一〇〇年』昭和五六年、国勢社。

山川暁『満洲に消えた分村』平成七年、草思社。

山川均「東北飢餓農村を見る」『改造』昭和九年一二月号。

山本七平「無縁の世界」『昭和東京ものがたり一』平成二年、読売新聞社。

湯沢雍彦『大正期の家族問題』平成二二年、ミネルヴァ書房。

湯沢雍彦編『大井町のお年寄りたち』コミュニティ二六号、昭和六二年、地域社会研究所。

湯沢雍彦編『兼業農家のお年寄りたち』（高年齢を生きる一四号）昭和五六年、地域社会研究所。

吉田新一「戦中期の〈講談社の絵本〉」の講演録、平成二〇年。

吉村冬彦「千人針」『セルパン』昭和七年。

米山好雄「半生の記」NHK長野放送局編『満蒙開拓の手記——長野県人の記録』昭和五四年、日本放送出版協会。

「読売新聞」昭和一一年一一月五日。

和田登『旧満州開拓団の戦後』平成五年、岩波書店。

和田隆三「光のない世界で」『中央公論』昭和五年一二月号。

《著者紹介》

湯沢 雍彦（ゆざわ・やすひこ）

1930年　東京都生まれ。

東京都立大学人文学部社会学専攻・同法学専攻卒業。

東京家庭裁判所調査官，お茶の水女子大学教授，郡山女子大学教授，東洋英和女学院大学教授を経て，

現　在　お茶の水女子大学名誉教授，養子と里親を考える会理事，地域社会研究所理事。

主　著　『少子化をのりこえたデンマーク』朝日新聞社，2001年。

『里親制度の国際比較』ミネルヴァ書房，2004年。

『里親入門』ミネルヴァ書房，2005年。

『明治の結婚　明治の離婚』角川書店，2005年。

『大正期の家庭生活』クレス出版，2008年。

『新版　データで読む家族問題』日本放送出版協会，2008年。

『大正期の家族問題』ミネルヴァ書房，2010年ほか。

昭和前期の家族問題
――1926～45年，格差・病・戦争と闘った人びと――

2011年6月30日　初版第1刷発行　〈検印廃止〉

定価はカバーに
表示しています

著　者　湯　沢　雍　彦
発行者　杉　田　啓　三
印刷者　中　村　知　史

発行所　株式会社　ミネルヴァ書房
607-8494　京都市山科区日ノ岡堤谷町1
電　話（075）581-5191（代表）
振替口座　01020-0-8076番

中村印刷・藤沢製本

ISBN 978-4-623-06063-4

Printed in Japan

人名索引

あ　行

か　行

さ　行

た　行

な・は行

ま　行

や・ら・わ行

事項索引

あ 行

か 行

さ　行

た　行

な　行

は　行

ま　行

や・ら・わ行